EUROPA-FACHBUCHREIHE
für IT-Berufe

Prüfungsvorbereitung aktuell

Teil 1 der gestreckten Abschlussprüfung

Alle IT-Berufe

2. Auflage

VERLAG EUROPA-LEHRMITTEL • Nourney, Vollmer GmbH & Co. KG
Düsselberger Straße 23 • 42781 Haan-Gruiten

Europa-Nr.: 30982

Autoren:

Dirk Hardy, Oberhausen

Annette Schellenberg, Frechen-Königsdorf

Achim Stiefel, Königsbronn

2. Auflage 2022 (korrigierter Nachdruck 2023)

Druck 5 4 3

Alle Drucke derselben Auflage sind parallel einsetzbar, da sie bis auf die Korrektur von Druckfehlern identisch sind.

ISBN 978-3-7585-3177-4

Alle Rechte vorbehalten. Das Werk ist urheberrechtlich geschützt. Jede Verwertung außerhalb der gesetzlich geregelten Fälle muss vom Verlag schriftlich genehmigt werden.

© 2022 by Verlag Europa-Lehrmittel, Nourney, Vollmer GmbH & Co. KG, 42781 Haan-Gruiten

www.europa-lehrmittel.de

Umschlagfotos: Sergey Nivens – stock.adobe.com; carloscastiela – stock.adobe.com
Umschlag: braunwerbeagentur, 42477 Radevormwald
Satz und Grafiken: Typework Layoutsatz & Grafik GmbH, 86167 Augsburg
Druck: Plump Druck & Medien GmbH, 53619 Rheinbreitbach

Vorbemerkung

Im August 2020 trat eine Neuordnung der IT-Berufe in Kraft. Der Fachinformatiker mit seinen zwei Fachrichtungen Anwendungsentwicklung und Systemintegration wurde durch zwei weitere Fachrichtungen ergänzt. Diese Fachrichtungen konzentrieren sich auf die zukünftigen Herausforderungen im Bereich der digitalen Vernetzung sowie der Daten- und Prozessanalyse. Der IT-Systemelektroniker blieb als Beruf erhalten und die kaufmännischen Berufe spezialisierten sich zu Kaufmann/Kauffrau für IT-Systemmanagement und Kaufmann/Kauffrau für Digitalisierungsmanagement.

Im Unterschied zur bisherigen Abschlussprüfung der IT-Berufe entfällt die Zwischenprüfung und wird durch den ersten Teil einer gestreckten Abschlussprüfung ersetzt. **Dieser erste Teil der Abschlussprüfung ist für alle IT-Berufe gleich und prüft die Kompetenzen im Bereich „Einrichten eines IT-gestützten Arbeitsplatzes".** Diese praxisbezogene schriftliche Prüfung geht mit einer Gewichtung von 20 % in die gesamte Prüfung ein. Am Schluss der Ausbildung folgen dann das betriebliche Projekt mit Dokumentation sowie Präsentation und Fachgespräch (50 % der gesamten Prüfung), zwei fachbezogene schriftliche Prüfungen (jeweils 10 % der gesamten Prüfung) und eine schriftliche Prüfung im Bereich Wirtschafts- und Sozialkunde (10 % der gesamten Prüfung).

In diese 2. Auflage des Buches wurden weitere wichtige Aspekte aus den Bereichen Qualitätsmanagement, IT-Systeme, Software sowie Netzwerktechnik aufgenommen.

Aufbau des Buches

Dieses Buch dient der Prüfungsvorbereitung für den ersten Teil der gestreckten IHK-Abschlussprüfung aller IT-Berufe. Das Buch startet mit einer allgemeinen Einführung in den Prüfungsablauf und beleuchtet dann ausführlich die Verordnung der IT-Berufsausbildung und die Vorgaben für die Prüfung in diesem ersten Teil der gestreckten Abschlussprüfung.

Der eigentliche Schwerpunkt liegt dann auf der Prüfungsvorbereitung für die erste schriftliche Prüfung. Dazu gliedert sich das Buch in drei weitere Teile:

- Vertiefung und Erweiterung der nötigen Fachkompetenzen
- Drei Prüfungssimulationen im Bereich „Einrichten eines IT-gestützten Arbeitsplatzes"
- Lösungen zu allen Aufgaben und Simulationen

Für Anregungen und Kritik zu diesem Buch sind wir Ihnen dankbar (gerne auch per E-Mail).

Die Autoren   Winter 2021/2022

Verlag Europa-Lehrmittel
E-Mail: lektorat@europa-lehrmittel.de

Inhaltsverzeichnis

1. Die IHK-Abschlussprüfung im Überblick ... 7
1.1 Teil 1 der gestreckten Abschlussprüfung ... 8
- 1.1.1 Inhalt ... 8
- 1.1.2 Hinweise zur schriftlichen Prüfung ... 10

1.2 Bestehen der Prüfung ... 11

2. Fachkompetenz ... 15
2.1 Fachkompetenz Projektmanagement ... 17
- 2.1.1 Grundlagen 1 ... 18
- 2.1.2 Grundlagen 2 ... 19
- 2.1.3 Grundlagen 3 ... 20
- 2.1.4 Gantt-Diagramm ... 22
- 2.1.5 Netzplan ... 23
- 2.1.6 Wasserfallmodell ... 24
- 2.1.7 Agile Modelle ... 26
- 2.1.8 SCRUM ... 28

2.2 Fachkompetenz Qualitätsmanagement ... 30
- 2.2.1 Grundlagen 1 ... 31
- 2.2.2 Grundlagen 2 ... 32
- 2.2.3 DIN EN ISO 9000 ff. ... 35
- 2.2.4 Qualitätsmanagementsysteme ... 36
- 2.2.5 Total Quality Management ... 38
- 2.2.6 Softwarequalität ... 40
- 2.2.7 Barrierefreiheit ... 42

2.3 Fachkompetenz Datenschutz ... 44
- 2.3.1 Grundlagen 1 ... 45
- 2.3.2 Grundlagen 2 ... 47
- 2.3.3 Grundlagen 3 ... 49
- 2.3.4 Standard-Datenschutzmodell ... 51
- 2.3.5 Kontaktformular ... 53

2.4 Fachkompetenz IT-Sicherheit ... 55
- 2.4.1 Gefährdung der IT-Sicherheit ... 56
- 2.4.2 Maßnahmen gegen Gefährdung der IT-Sicherheit ... 60
- 2.4.3 IT-Grundschutz ... 61
- 2.4.4 Schutzbedarfsfeststellung ... 63
- 2.4.5 IT-Sicherheitsgesetz ... 65
- 2.4.6 Überblick IT-Sicherheit ... 67
- 2.4.7 Verschlüsselungsverfahren ... 68

Inhaltsverzeichnis

2.5	**Fachkompetenz IT-Systeme**	70
2.5.1	Datensicherungskonzept	71
2.5.2	Konzeption einer IT-Ausstattung	73
2.5.3	Installation von Hardware	75
2.5.4	Beratung in IT-Grundlagen	77
2.5.5	Beratung zu Dateiformaten und Codes	79
2.5.6	Einsatz von Cloud Computing	81
2.5.7	Virtualisierung	84
2.5.8	Schutzmaßnahmen nach DIN VDE 100-410	86
2.5.9	Betriebssysteme	87
2.5.10	Schnittstellen	88
2.5.11	Industrie 4.0	90
2.5.12	Anwendungssysteme	91
2.5.13	Prozessoren und Speicher	92
2.5.14	Datenspeicherung und Ausfallsicherheit	94
2.6	**Fachkompetenz Software**	95
2.6.1	Einordnung von Programmierprachen	96
2.6.2	Pseudo-Code	98
2.6.3	Algorithmus	100
2.6.4	HTML und XML	102
2.6.5	UML-Klassendiagramm	104
2.6.6	UML-Use-Case-Diagramm	106
2.6.7	Programmablaufplan – Refactoring	108
2.6.8	Einordnung Datenbankaspekte	110
2.6.9	Entity-Relationship-Diagramm	111
2.6.10	SQL-Abfragen	112
2.6.11	Softwareentwicklungsprozess	114
2.6.12	Fehlersuche (Debugging)	115
2.7	**Fachkompetenz Netzwerke**	116
2.7.1	OSI-Modell, TCP/IP-Modell und Protokolle	117
2.7.2	Wireless Local Area Network (WLAN)	121
2.7.3	Gebäudeverkabelung	125
2.7.4	Konfiguration von IP-Adressen	128
2.7.5	Internet Protokoll Version 6	131
2.7.6	Netzwerkverkabelung – Kupferkabel	134
2.7.7	Fehlersuche im Netzwerk	136
2.7.8	Fernwartung	139

2.8	Fachkompetenz Arbeits- und Geschäftsprozesse	141
2.8.1	Das Unternehmen und sein Umfeld	142
2.8.2	Unternehmensziele und Wirtschaftlichkeitsüberlegungen	148
2.8.3	Prozesse im Unternehmen – der Beschaffungsprozess	153
2.8.4	Beschaffungs- und Absatzprozesse im Unternehmen – rechtliche Hintergründe	157
2.8.5	Auftragseingangsprozesse im Unternehmen und Preisbildung	161

3. Prüfungssimulationen 166

3.1	Prüfungssimulation 1	166
3.2	Prüfungssimulation 2	177
3.3	Prüfungssimulation 3	187

Lösungen 197

2.1	Fachkompetenz Projektmanagement	198
2.2	Fachkompetenz Qualitätsmanagement	208
2.3	Fachkompetenz Datenschutz	218
2.4	Fachkompetenz IT-Sicherheit	223
2.5	Fachkompetenz IT-Systeme	231
2.6	Fachkompetenz Software	254
2.7	Fachkompetenz Netzwerke	269
2.8	Fachkompetenz Arbeits- und Geschäftsprozesse	286
3.1	Prüfungssimulation 1	304
3.2	Prüfungssimulation 2	311
3.3	Prüfungssimulation 3	317

1. Die IHK-Abschlussprüfung im Überblick

Mit der Neuordnung der IT-Berufe ab August 2020 wird eine gestreckte IHK-Abschlussprüfung durchgeführt. Dazu gliedert sich die Prüfung in zwei Teile. **Der erste Teil dieser gestreckten Abschlussprüfung ist eine praxisbezogene schriftliche Prüfung von 90 Minuten** und der zweite Teil der gestreckten Abschlussprüfung besteht aus der betrieblichen Projektarbeit und drei weiteren schriftlichen Prüfungen. Die folgende Übersicht zeigt die Prüfungen in einem zeitlichen Ablauf mit den entsprechenden Gewichtungen der Teilprüfungen:

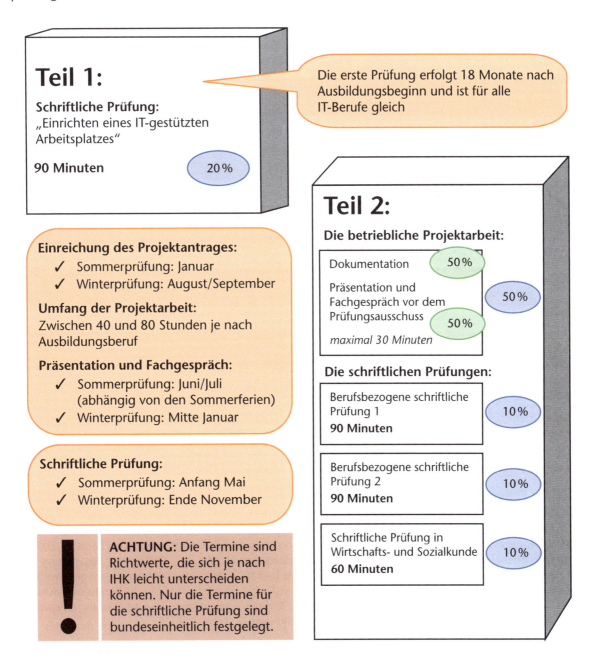

Die IHK-Abschlussprüfung im Überblick

1.1 Teil 1 der gestreckten Abschlussprüfung

1.1.1 Inhalt

Die erste Prüfung der gestreckten Abschlussprüfung ist eine 90-minütige, praxisbezogene, schriftliche Prüfung, die unter der Thematik „Einrichten eines IT-gestützten Arbeitsplatzes" steht. Diese Prüfung ist für alle IT-Berufe gleich (Fachinformatiker/in, System-Elektroniker/in und kaufmännische IT-Berufe). Dabei stehen fünf Kompetenzbereiche im Vordergrund:

- Kundenbedarfe zielgruppengerecht ermitteln
- Hard- und Software auswählen und ihre Beschaffung einleiten
- einen IT-Arbeitsplatz konfigurieren und testen und dabei die Bestimmungen und die betrieblichen Vorgaben zum Datenschutz, zur IT-Sicherheit und zur Qualitätssicherung einhalten
- Kunden und Kundinnen in die Nutzung des Arbeitsplatzes einweisen
- die Leistungserbringung kontrollieren und protokollieren

Die Aufgaben der Prüfung werden dabei ganzheitlich sein. Damit ist gemeint, dass es bei der Prüfung nicht um das reine Abfragen von Wissen geht, sondern um die Lösung komplexer Aufgabenstellungen zu konkreten betrieblichen Handlungssituationen. Die Prüfung besteht aus vier ungebundenen Aufgaben. Die Punktzahl pro Aufgabe variiert zwischen 20 und 30 Punkten. Insgesamt können 100 Punkte erreicht werden.

Die Inhalte der Prüfung sind in den Verordnungen zu den einzelnen IT-Berufen vorgegeben und für diese erste Prüfung identisch. Die folgende Auflistung zeigt diese gemeinsamen Inhalte für die ersten 18 Monate der Ausbildung (Quellen: Verordnung über die Berufsausbildung zum Fachinformatiker und zur Fachinformatikerin (Fachinformatikerausbildungsverordnung – FIAusbV), Verordnung über die Berufsausbildung zum IT-System-Elektroniker und zur IT-System-Elektronikerin (IT-System-Elektroniker-Ausbildungsverordnung – ITSEAusbV), Verordnung über die Berufsausbildung zum Kaufmann für IT-System-Management und zur Kauffrau für IT-System-Management (IT-System-Management-Kaufleute-Ausbildungsverordnung – ITSManKflAusbV), Verordnung über die Berufsausbildung zum Kaufmann für Digitalisierungsmanagement und zur Kauffrau für Digitalisierungsmanagement (Digitalisierungsmanagement-Kaufleute-Ausbildungsverordnung – DigiManKflAusbV), alle vom 28. Februar 2020):

Teil 1 der gestreckten Abschlussprüfung

Nummer	Teil des Ausbildungsberufsbildes	Zu vermittelnde Fertigkeiten, Kenntnisse und Fähigkeiten
1	Planen, Vorbereiten und Durchführen von Arbeitsaufgaben in Abstimmung mit den kundenspezifischen Geschäfts- und Leistungsprozessen	a) Grundsätze und Methoden des Projektmanagements anwenden b) Auftragsunterlagen und Durchführbarkeit des Auftrags prüfen, insbesondere im Hinblick auf rechtliche, wirtschaftliche und terminliche Vorgaben, und den Auftrag mit den betrieblichen Prozessen und Möglichkeiten Abstimmen c) Zeitplan und Reihenfolge der Arbeitsschritte für den eigenen Arbeitsbereich festlegen d) Termine planen und abstimmen sowie Terminüberwachung durchführen e) Probleme analysieren und als Aufgabe definieren sowie Lösungsalternativen entwickeln und beurteilen f) Arbeits- und Organisationsmittel wirtschaftlich und ökologisch unter Berücksichtigung der vorhandenen Ressourcen und der Budgetvorgaben einsetzen g) Aufgaben im Team sowie mit internen und externen Kunden und Kundinnen planen und abstimmen h) betriebswirtschaftlich relevante Daten erheben und bewerten und dabei Geschäfts- und Leistungsprozesse berücksichtigen i) eigene Vorgehensweise sowie die Aufgabendurchführung im Team reflektieren und bei der Verbesserung der Arbeitsprozesse mitwirken
2	Informieren und Beraten von Kunden und Kundinnen	a) im Rahmen der Marktbeobachtung Preise, Leistungen und Konditionen von Wettbewerbern vergleichen b) Bedarfe von Kunden und Kundinnen feststellen sowie Zielgruppen unterscheiden c) Kunden und Kundinnen unter Beachtung von Kommunikationsregeln informieren sowie Sachverhalte präsentieren und dabei deutsche und englische Fachbegriffe anwenden d) Maßnahmen für Marketing und Vertrieb unterstützen e) Informationsquellen auch in englischer Sprache aufgabenbezogen auswerten und für die Kundeninformation nutzen
3	Beurteilen marktgängiger IT-Systeme und kundenspezifischer Lösungen	a) marktgängige IT-Systeme für unterschiedliche Einsatzbereiche hinsichtlich Leistungsfähigkeit, Wirtschaftlichkeit und Barrierefreiheit beurteilen b) Angebote zu IT-Komponenten, IT-Produkten und IT-Dienstleistungen einholen und bewerten sowie Spezifikationen und Konditionen vergleichen
4	Entwickeln, Erstellen und Betreuen von IT-Lösungen	a) IT-Systeme zur Bearbeitung betrieblicher Fachaufgaben analysieren sowie unter Beachtung, insbesondere von Lizenzmodellen, Urheberrechten und Barrierefreiheit konzeptionieren, konfigurieren, testen und dokumentieren b) Programmiersprachen, insbesondere prozedurale und objektorientierte Programmiersprachen, unterscheiden
5	Durchführen und Dokumentieren von qualitätssichernden Maßnahmen	a) betriebliche Qualitätssicherungssysteme im eigenen Arbeitsbereich anwenden und Qualitätssicherungsmaßnahmen projektbegleitend durchführen und dokumentieren

Die IHK-Abschlussprüfung im Überblick

Nummer	Teil des Ausbildungsberufsbildes	Zu vermittelnde Fertigkeiten, Kenntnisse und Fähigkeiten
6	Umsetzen, Integrieren und Prüfen von Maßnahmen zur IT-Sicherheit und zum Datenschutz	a) betriebliche Vorgaben und rechtliche Regelungen zur IT-Sicherheit und zum Datenschutz einhalten b) Sicherheitsanforderungen von IT-Systemen analysieren und Maßnahmen zur IT-Sicherheit ableiten, abstimmen, umsetzen und evaluieren
7	Erbringen der Leistungen und Auftragsabschluss	a) Leistungen nach betrieblichen und vertraglichen Vorgaben dokumentieren b) Leistungserbringung unter Berücksichtigung der organisatorischen und terminlichen Vorgaben mit Kunden und Kundinnen abstimmen und kontrollieren c) Veränderungsprozesse begleiten und unterstützen d) Kunden und Kundinnen in die Nutzung von Produkten und Dienstleistungen einweisen e) Leistungen und Dokumentationen an Kunden und Kundinnen übergeben sowie Abnahmeprotokolle anfertigen f) Kosten für erbrachte Leistungen erfassen sowie im Zeitvergleich und im Soll-Ist-Vergleich bewerten

1.1.2 Hinweise zur schriftlichen Prüfung

Die erste schriftliche Prüfung findet 18 Monate nach dem Ausbildungsbeginn statt. Eine Vorbereitung auf diese Prüfung sollte frühzeitig beginnen. Die Vorbereitung kann mit diesem Buch, in der Schule oder auch mithilfe externer Vorbereitungskurse durchgeführt werden. Die folgenden Hinweise sollen bei der eigentlichen Prüfung helfen.

Hinweise:

– Nehmen Sie sich zu Beginn der Prüfung ungefähr 6–8 Minuten Zeit und lesen Sie die Aufgaben der Prüfung in Ruhe durch. Entscheiden Sie dann, welche Aufgaben Sie zuerst und welche eventuell später bearbeiten wollen. Entscheiden Sie aber nicht danach, ob Ihnen das Thema gefällt, sondern schätzen Sie ab, mit welchen Aufgaben Sie zeitlich zurechtkommen und möglichst viele Punkte erreichen können.

– In der Prüfung geht es nicht um den Schönheitspreis in Schrift und Strukturierung. Ihre Antworten sollten gut leserlich sein und der Aufbau nachvollziehbar. Also: kein Perfektionismus beim Design, mehr Schwerpunkt auf den Inhalt und damit effizient arbeiten.

– Bei den Aufgaben, die Sie bearbeiten, sollten Sie zu allen Teilaufgaben etwas schreiben. Der Prüfungsausschuss ist in der Regel auf Ihrer Seite und vergibt auch Teilpunkte für Ansätze. Das geht allerdings nicht, wenn Sie überhaupt nichts schreiben.

– **WICHTIG:** Wenn eine Aufgabenstellung unklar ist, dann sollten Sie wie folgt vorgehen: Beschreiben Sie kurz, wie Sie die Aufgabe interpretieren und wie Ihr Lösungsansatz zu verstehen ist. Dann kann der Prüfungsausschuss entscheiden, ob Ihre Argumentation nachvollziehbar ist und Sie erhalten eventuell Teilpunkte oder, wenn die Aufgabenstellung wirklich komplett unverständlich oder fehlinterpretierbar ist, dann könnten Sie auch die volle Punktzahl erhalten. In jedem Fall sind Sie mit dieser Vorgehensweise auf der sicheren Seite.

1.2 Bestehen der Prüfung

Diese erste schriftliche Prüfung ist nur ein Teil der gesamten Abschlussprüfung und geht mit einer Gewichtung von 20 % in die Bewertung ein. Die Verordnung nennt 4 Kriterien, um die gesamte Prüfung erfolgreich zu bestehen:

Die Abschlussprüfung ist bestanden, wenn die Prüfungsleistungen (auch unter Berücksichtigung einer mündlichen Ergänzungsprüfung) wie folgt bewertet worden sind:

1. im Gesamtergebnis von Teil 1 und Teil 2 mit mindestens „ausreichend"
2. im Ergebnis von Teil 2 mit mindestens „ausreichend"
3. in mindestens drei Prüfungsbereichen von Teil 2 mit mindestens „ausreichend"
4. in keinem Prüfungsbereich von Teil 2 mit „ungenügend"

Weitere Hinweise:

- Die erste schriftliche Prüfung (Teil 1) kann nach den oben genannten Kriterien auch mit „nicht ausreichend" bewertet werden. Trotzdem kann die Abschlussprüfung insgesamt bestanden werden.
- Werden im zweiten Teil der Prüfung schriftliche Prüfungen mit mangelhaft bewertet, so kann der Prüfling eine mündliche Ergänzungsprüfung für einen der mangelhaften Prüfungsteile beantragen. Diese Prüfung wird im Anschluss an das Fachgespräch durchgeführt. Die Note der mündlichen Prüfung wird mit der Note aus der schriftlichen Prüfung im Verhältnis 1:2 verrechnet. Mit dieser neuen Note wird die Gesamtnote erneut berechnet und führt dann (hoffentlich) zu einer Punktzahl von 50 Punkten oder mehr. Die Ergänzungsprüfung wird nur dann durchgeführt, wenn die Möglichkeit zum Bestehen der Prüfung vorhanden ist.
- Eine nicht bestandene Prüfung kann zweimal wiederholt werden. Ausreichende Prüfungen können auf Antrag bei der Wiederholung angerechnet werden und müssen dann nicht erneut absolviert werden. Deshalb ist es auch wichtig, dass der erste Teil der gestreckten Abschlussprüfung mindestens mit ausreichend bestanden wurde, damit nicht beide Teilprüfungen wiederholt werden müssen.
- Der offizielle IHK-Notenschlüssel sieht so aus:

Punkte	Note
100 – 92 Punkte	sehr gut
unter 92 – 81 Punkte	gut
unter 81 – 67 Punkte	befriedigend
unter 67 – 50 Punkte	ausreichend
unter 50 – 30 Punkte	mangelhaft
unter 30 – 0 Punkte	ungenügend

Die IHK-Abschlussprüfung im Überblick

Die folgenden Beispiele sollen die o. a. Erläuterungen konkreter und verständlicher machen:

Beispiel 1: bestanden mit ausreichend (59 Punkte)

Prüfungsteile	Punkte (von 100)	Gewicht	Gesamtpunkte	Teilprüfung bestanden
Schriftliche Prüfung Teil 1	40	20%	8	
Dokumentation 50%	65	50%	30	✓
Präsentation und Fachgespräch 50%	55			
Berufsbezogene schriftliche Prüfung 1	70	10%	7	✓
Berufsbezogene schriftliche Prüfung 2	80	10%	8	✓
Schriftlichte Prüfung in Wirtschafts- und Sozialkunde	60	10%	6	✓
Gesamtergebnis			59	✓

(Zwischen Dokumentation und Präsentation: 60)

Bestehen der Prüfung

Beispiel 2: nicht bestanden trotz ausreichender Punktzahl (51 Punkte), aber ungenügender Teilleistung in Teil 2

Prüfungsteile	Punkte	Gewicht	Gesamtpunkte	Teilprüfung bestanden
Schriftliche Prüfung Teil 1	80	20%	16	
Dokumentation 50%	20	50%	14	Nein, da ungenügend
Präsentation und Fachgespräch 50%	36			
Berufsbezogene schriftliche Prüfung 1	70	10%	7	✓
Berufsbezogene schriftliche Prüfung 2	80	10%	8	✓
Schriftlichte Prüfung in Wirtschafts- und Sozialkunde	60	10%	6	✓
Gesamtergebnis			51	Nein, wegen ungenügend in Teil 2

(Zwischenwert: 28)

Die IHK-Abschlussprüfung im Überblick

Beispiel 3: bestanden mit Ergänzungsprüfung (56,8 Punkte)

Prüfungsteile	Punkte	Gewicht	Gesamtpunkte	Teilprüfung bestanden
Schriftliche Prüfung Teil 1	80	20%	16	
Dokumentation 50%	50	50%	26	✓
Präsentation und Fachgespräch 50%	54 *(52)*			
Berufsbezogene schriftliche Prüfung 1	50	10%	5	✓
Berufsbezogene schriftliche Prüfung 2	32	10%	3,2	Nein, aber Ergänzungsprüfung möglich
Schriftlichte Prüfung in Wirtschafts- und Sozialkunde	50	10%	5	✓
Gesamtergebnis			55,2	Nein, wegen mangelhafter Leistung in Teil 2 (39,2 Punkte und damit weniger als 50%)

---

mit Ergänzungsprüfung für Prüfung 2:

*Teil 2 = 0,5 · Projekt + 0,1 · P1 + 0,1 · (2/3 · P2 + 1/3 · **Erg**) + 0,1 · WiSo*

Angenommen die Ergänzungsprüfung wurde mit 80 Punkten bewertet:

*Teil 2 = 0,5 · 52 + 0,1 · 50 + 0,1 · (2/3 · 32 + 1/3 · **80**) + 0,1 · 50 =*

26 + 5 + 4,8 + 5 = **40,8**

Damit wäre Teil 2 mit ausreichend bestanden (mehr als 50% von 80 möglichen Punkten) und die Abschlussprüfung ist insgesamt mit 56,8 Punkten bestanden.

2. Fachkompetenz

Die Ausbildung in einem IT-Beruf soll zu einer beruflichen Handlungsfähigkeit führen. Diese berufliche Handlungsfähigkeit wird im Berufsbildungsgesetz so beschrieben:

Die Berufsausbildung hat die für die Ausübung einer qualifizierten beruflichen Tätigkeit in einer sich wandelnden Arbeitswelt notwendigen beruflichen Fertigkeiten, Kenntnisse und Fähigkeiten (berufliche Handlungsfähigkeit) in einem geordneten Ausbildungsgang zu vermitteln. Sie hat ferner den Erwerb der erforderlichen Berufserfahrungen zu ermöglichen. (§ 1 Abs. 3 BBiG).

Zu dieser beruflichen Handlungsfähigkeit gehören verschiedene Kompetenzen, die in der folgenden Grafik dargestellt sind.

Ein wichtiger Baustein der beruflichen Handlungsfähigkeit ist die Fachkompetenz. Durch die Aufgaben in diesem Kapitel soll diese Kompetenz aufgebaut und erweitert werden. Die Aufgaben sind dabei so gewählt, dass sie den Themengebieten aus den Verordnungen und Bildungsplänen der einzelnen IT-Berufe entsprechen. Damit fördern sie auch die berufliche Handlungsfähigkeit, die im ersten Teil der gestreckten Abschlussprüfung im Rahmen einer „Einrichtung eines IT-gestützten Arbeitsplatzes" geprüft wird. Die Aufgaben sind dabei in folgenden Themengebieten (Unterkapiteln) zusammengefasst:

Fotos ©: WrightStudio, Olivier Le Moal, Weissblick, Song_about_summer, Sikov, monsitj, Murrstock (stock.adobe.com); www.photocreo.com

Fachkompetenz

Das Ziel der beruflichen Handlungsfähigkeit wird allerdings nicht durch die isolierte Betrachtung der einzelnen Themenbereiche erreicht, sondern durch eine übergreifende verzahnte Anwendung der Inhalte. Die folgende Grafik soll diese Verzahnung deutlich machen. **Die Verzahnung erfolgt dann vor allem im dritten Kapitel durch Prüfungssimulationen.**

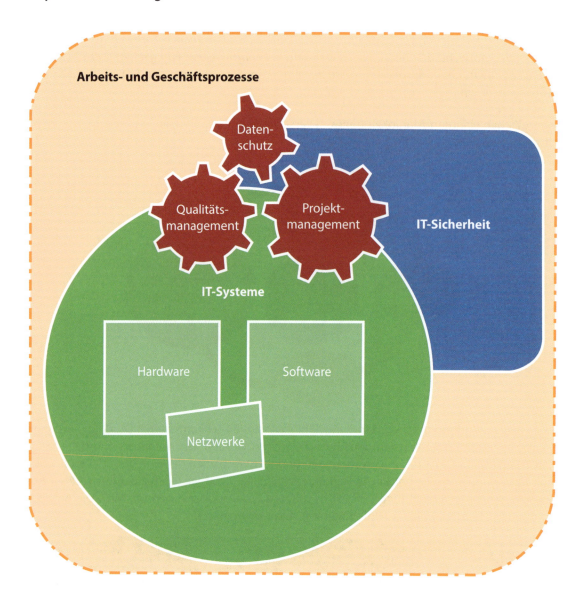

Die einzelnen Unterkapitel starten jeweils mit einer kurzen Einführung in das Themengebiet. Damit soll der globale Überblick gefördert und die Aufgaben entsprechend eingeordnet werden können.

Für alle Aufgaben wird das folgende Ausgangsszenario zugrunde gelegt:
Die IT-Firma *ConSystem GmbH* bietet Consulting-Dienstleistungen in verschiedenen IT-Bereichen an. Das können Beratungen in den Bereichen Projektmanagement, Qualitätsmanagement, Datenschutz und IT-Sicherheit sein. Ebenso bietet die Firma Unterstützung im Zusammenhang mit Softwareentwicklung und Netzwerktechnik an. Die Planung und Konfiguration von IT-Systemen gehören auch zu den Dienstleistungen der Firma. Sie sind Auszubildende/r der Firma und arbeiten an verschiedenen Aufgabenstellungen in diesen Bereichen unterstützend mit.

2.1 Fachkompetenz Projektmanagement

Projektmanagement im Überblick

Wenn es um Planen, Steuern und Kontrollieren von Projekten geht, dann ist Projektmanagement gefragt. Dabei geht es um die Anwendung von Methoden, Hilfsmitteln, Techniken sowie Kompetenzen in einem Projekt (nach DIN ISO 21500). Zusätzlich sind beim Projektmanagement auch Kenntnisse im Zeitmanagement, Risikomanagement oder auch Qualitätsmanagement gefordert. Natürlich gehören auch das Initiieren und Abschließen eines Projektes zum Projektmanagement.

Wenn eine Firma das Projektmanagement systematisch einführen will, dann muss sie ein Projektmanagementsystem etablieren. Ein solches System muss organisatorisch verankert sein (Definition von Rollen und Verantwortlichkeiten) und die entsprechenden Methoden für die Projekte festlegen und dokumentieren. Weiterhin müssen die Mitarbeiterinnen und Mitarbeiter qualifiziert und IT-gestützte Strukturen geschaffen werden, die den Projektverlauf unterstützen. Die DIN 69901 beschreibt die Anforderungen an solche Projektmanagementsysteme.

Neben den Normen nach DIN/ISO gibt es weitere international anerkannte Vorgehensweisen, um Projekte durchzuführen. Beispielsweise die prozessorientierte und skalierbare Vorgehensweise PRINCE 2 (engl. **Pr**ojects **in C**ontrolled **E**nvironments). Diese Vorgehensweise ist weltweit verbreitet und bietet einen kompletten Handlungsrahmen für die Abwicklung von Projekten. Ein Vorteil von PRINCE 2 ist die Einbeziehung von erfolgreichen und praktisch erprobten Maßnahmen in das Regelwerk. Damit hat die Vorgehensweise einen hohen Grad an Praktikabilität.

Vor allem aus dem Bereich der Softwareentwicklung hat sich eine neue Art des Projektmanagements entwickelt – das agile Projektmanagement. Dabei gilt als Grundlage das sogenannte „Agile Manifest", das bespielweise vorgibt, dass Menschen und Interaktionen mehr zählen als Prozesse und Werkzeuge oder, dass das Reagieren auf Veränderungen wichtiger ist, als einen Plan zu verfolgen.

Projektmanagement ist also eine umfassende Aufgabe, die durch anerkannte Vorgehensweisen oder Normen unterstützt werden kann. Insgesamt beinhaltet oder verwendet das Projektmanagement die folgenden Managementbereiche:

– **Qualitätsmanagement**
– **Kommunikationsmanagement**
– **Risikomanagement**
– **Integrationsmanagement**
– **Inhalts- und Umfangsmanagement**
– **Terminmanagement**
– **Kostenmanagement**
– **Personalmanagement**
– **Beschaffungsmanagement**

Fachkompetenz

2.1.1 Grundlagen 1

Ausgangsszenario:

Die Geschäftsleitung der IT-Firma *ConSystem GmbH* möchte, dass die Kenntnisse im Projektmanagement in den einzelnen Abteilungen verbessert werden. Dazu soll eine kleine Schulung vorbereitet werden, die mit einem Test abschließt. Als Auszubildender der Firma erhalten Sie den Auftrag, an dieser Schulung mitzuarbeiten.

Aufgabenstellung:

Der Test zum Abschluss der Schulung ist bereits entwickelt worden. Entwerfen Sie eine Musterlösung zu den Fragen.

Test zu Thema Fachkompetenz Projektmanagement

Aufgabe 1: Überprüfen Sie den Text auf fehlerhafte Aussagen.

Ein Projekt ist ein immer wiederkehrendes Vorhaben mit einem klaren Ziel sowie einem Anfangstermin und variablem Endtermin.

Aufgabe 2: Im Projektmanagement spricht man von einem „magischen Dreieck", welches den Zusammenhang zwischen wichtigen Kenngrößen darstellt. Wählen Sie die Kenngrößen aus den vorgegebenen Begriffen aus und tragen sie diese in die Platzhalter ein.

Leitung	Auftrag	Qualität
Kosten	Kontrolle	Ausstattung
Transparenz	Führung	Zeit

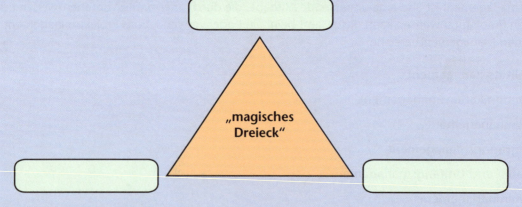

Aufgabe 3: Das Ziel eines Projekts sollte nach der „SMART"-Regel entwickelt werden. Welche der folgenden Eigenschaften muss das Ziel haben?

- ☐ spezifisch
- ☐ speziell
- ☐ mittelmäßig
- ☐ realistisch
- ☐ spontan
- ☐ messbar
- ☐ redundant
- ☐ terminiert
- ☐ metrisch
- ☐ temporär
- ☐ akzeptiert
- ☐ traditionell

Projektmanagement

2.1.2 Grundlagen 2

Ausgangsszenario:

Die Geschäftsleitung der IT-Firma *ConSystem GmbH* möchte, dass die Kenntnisse im Projektmanagement in den einzelnen Abteilungen weiter verbessert werden. Dazu wird eine weitere Schulung vorbereitet, die ebenfalls mit einem Test abschließt.

Aufgabenstellung:

Der Test zum Abschluss der Schulung ist bereits entwickelt worden. Entwerfen Sie eine Musterlösung zu den Fragen.

Weiterer Test zu Thema Fachkompetenz Projektmanagement

Aufgabe 1: Die englische Projektmanagementmethode PRINCE2 definiert ein Projekt wie folgt:

"A temporary organization that is created for the purpose of delivering one or more business products according to an agreed Business Case"

Übersetzen Sie diese Definition ins Deutsche:

Aufgabe 2: Welche Personen umfasst der Begriff „Stakeholder" bei einem Projekt? Nennen Sie mindestens drei Personen bzw. Personengruppen.

Aufgabe 3: Ein Projekt durchläuft in der Regel bestimmte Phasen. Bringen Sie die folgenden Projektphasen in die zeitlich korrekte Reihenfolge. Ordnen Sie dann jeder Projektphase alle ihre Bestandteile *(kursiv gedruckt)* zu.

- Projektdurchführung
- Projektabschluss

- Projektauftrag/Projektdefinition
- Projektplanung

- *Meilensteine*
- *Machbarkeitsstudie*
- *Abschlussbericht*
- *Gantt-Diagramm*

1.
2.
3.
4.

Fachkompetenz

2.1.3 Grundlagen 3

Ausgangsszenario:
Als Auszubildender der IT-Firma *ConSystem GmbH* sollen Sie Ihre Kenntnisse in der Projektplanung verbessern. Ihr Abteilungsleiter hat dazu einige Fragen formuliert.

Aufgabenstellung:
Beantworten Sie die Fragen des Abteilungsleiters in kurzen Sätzen oder auch stichpunktartig.

Fragen des Abteilungsleiters zur Projektplanung

Aufgabe 1: Was unterscheidet eine Stakeholderanalyse von einer Machbarkeitsstudie?

Aufgabe 2: Ist der folgende Text zum Thema Risikoanalyse korrekt übersetzt worden?

Englischer Text:
"Risk analysis helps identify potential problems that could arise during a project or process."

Übersetzung:
„Die Risikoanalyse identifiziert Probleme, die vor oder nach einem Projekt innerhalb eines Prozesses auftreten könnten."

Ihre Einschätzung:

Projektmanagement

Ihre Einschätzung – Fortsetzung zu Aufgabe 2:

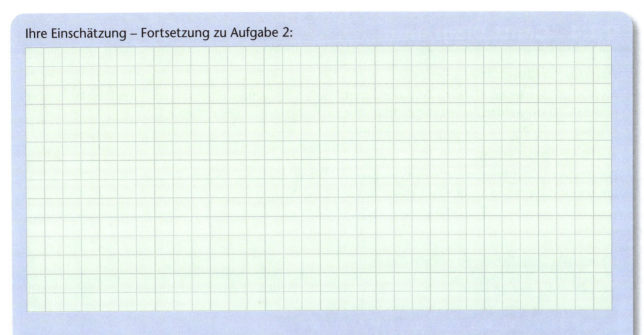

Aufgabe 3: Ist die Reihenfolge der Schritte in der folgenden englischen Beschreibung korrekt?

Englischer Text:

"5 Steps to Any Effective Risk Management Process

1. *Identify the risk.*
2. *Treat the risk.*
3. *Prioritize the risk.*
4. *Analyze the risk.*
5. *Monitor the risk."*

Ihre Einschätzung:

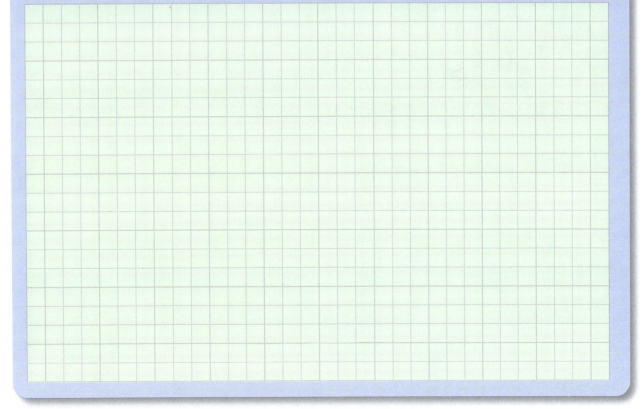

Fachkompetenz

2.1.4 Gantt-Diagramm

Ausgangsszenario:
Als Auszubildender der IT-Firma *ConSystem GmbH* sollen Sie weitere Erfahrungen in der Projektplanung sammeln. Dazu werden Sie mit der Zeitplanung eines Softwareprojektes betraut.

Aufgabenstellung:
Die Phasen für das Projekt sind bereits vorgeplant. Setzen Sie diese Vorgabe in einem Gantt-Diagramm um und kennzeichnen Sie den kritischen Pfad des Projektes.

Planung des Software-Projektes

Vorplanung der Phasen:

Nr.	Phase	Dauer	Vorgänger
A	Analyse	1	–
B	Planung	4	A
C	Design 1	3	A
D	Modul 1	6	C, B
E	Design 2	4	B
F	Modul 2	8	E, D
G	Testphase Design 1	5	C
H	Übergabe	3	F, G

Ihr Gantt-Diagramm (inkl. kritischem Pfad):

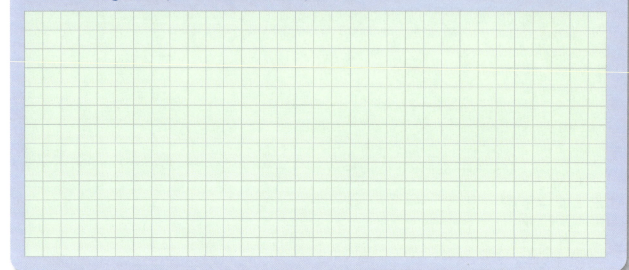

2.1.5 Netzplan

Ausgangsszenario:
Als Auszubildender der IT-Firma *ConSystem GmbH* sollen Sie weitere Erfahrungen in der Projektplanung sammeln. Dazu werden Sie mit der Zeitplanung eines Softwareprojektes betraut.

Aufgabenstellung:
Nach der erfolgreichen Umsetzung als Gantt-Diagramms soll zusätzlich ein Netzplan erstellt werden. Setzen Sie diese Vorgabe in einem Netzplan um und geben Sie den kritischen Pfad des Projektes an.

Planung des Software-Projektes

Vorplanung der Phasen:

Nr.	Phase	Dauer	Vorgänger
A	Analyse	1	–
B	Planung	4	A
C	Design 1	3	A
D	Modul 1	6	C, B
E	Design 2	4	B
F	Modul 2	8	E, D
G	Testphase Design 1	5	C
H	Übergabe	3	F, G

Vorgabe Netzplanelement:

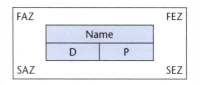

FAZ = frühester Anfangszeitpunkt
SAZ = spätester Anfangszeitpunkt
FEZ = frühester Endzeitpunkt
SEZ = spätester Endzeitpunkt
D = Dauer des Vorgangs
P = Pufferzeit

Ihr Netzplan (inkl. kritischem Pfad):

Fachkompetenz

2.1.6 Wasserfallmodell

Ausgangsszenario:
Der Leiter der Abteilung Entwicklung der IT-Firma *ConSystem GmbH* arbeitet an einer speziellen Präsentation zum Thema Wasserfallmodell. In einer kleinen Präsentation möchte er den Mitarbeiterinnen und Mitarbeitern die wesentlichen Aspekte des Modells vorstellen.

Aufgabenstellung:
Als Auszubildender der IT-Firma *ConSystem GmbH* erhalten Sie den Auftrag, einige Begrifflichkeiten im Zusammenhang mit dem Wasserfallmodell zu klären sowie Vor- und Nachteile des Modells zu benennen. Weiterhin sollen Qualitätsmerkmale einer Präsentation benannt werden.

Aspekte des Wasserfallmodells

Definieren Sie die folgenden Begriffe im Zusammenhang mit dem Wasserfallmodell:

Dokumentgetrieben (inkl. Meilenstein, Lasten- und Pflichtenheft):

Top-Down-Methode:

Projektmanagement

Schreiben Sie mindestens drei Vor- und Nachteile zum Wasserfallmodell auf:

Vorteile	Nachteile

Benennen Sie 4 Kriterien, die die Qualität einer Präsentation steigern können:

Ihre Antwort:

Fachkompetenz

Fachkompetenz

2.1.7 Agile Modelle

Ausgangsszenario:

Der Leiter der Abteilung Entwicklung der IT-Firma *ConSystem GmbH* arbeitet an einer speziellen Präsentation zum Thema „Agile Modelle". In einer kleinen Präsentation möchte er den Mitarbeiterinnen und Mitarbeitern die wesentlichen Aspekte vorstellen.

Aufgabenstellung:

Als Auszubildender der IT-Firma *ConSystem GmbH* erhalten Sie den Auftrag, einige Begrifflichkeiten im Zusammenhang mit der agilen Softwareentwicklung zu klären sowie eine englische Beschreibung zu übersetzen.

Agile Modelle

Definieren Sie die folgenden Begriffe im Zusammenhang mit agiler Softwareentwicklung:

Agile Methode:

Agiler Prozess:

Übersetzen Sie die Leitsätze der agilen Softwareentwicklung ins Deutsche:

"We are uncovering better ways of developing software by doing it and helping others do it. Through this work we have come to value:

- individuals and interactions over processes and tools
- working software over comprehensive documentation
- customer collaboration over contract negotiation
- responding to change over following a plan

That is, while there is value in the items on the right, we value the items on the left more."

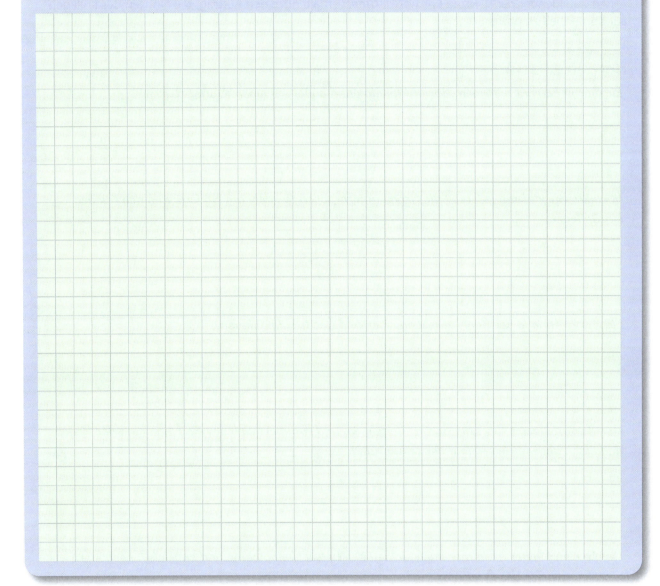

2.1.8 SCRUM

Ausgangsszenario:
Der Leiter der Abteilung Entwicklung der IT-Firma *ConSystem GmbH* hat sich entschlossen eine agile Softwareentwicklungsmodell einzusetzen. Dazu wurde ein Mitarbeiter auf eine Schulung zu „Scrum" geschickt. Er hat einige wesentliche Aspekte des Modells während der Schulung notiert.

Aufgabenstellung:
Als Auszubildender der IT-Firma *ConSystem GmbH* erhalten Sie den Auftrag, die Notizen des Kollegen auf Korrektheit zu prüfen.

Notizen zu Scrum

Ein Sprint beginnt mit einem Sprint-Planning und endet mit einem Sprint-Review.

In einem Sprint kann jederzeit die Arbeit unterbrochen werden, um Änderungen des Kunden einzupflegen.

Ein Sprint kann in der Regel zwischen einer und vier Wochen dauern.

Der Scrum Master führt die Scrum-Regeln ein und kümmert sich um die Einhaltung der Regeln und einen ungestörten Ablauf der Entwicklung.

Der Scrum Master ist immer auch ein Teil des Entwicklungsteams und entwickelt besonders wichtige Aspekte des Produktes.

Das Entwicklungsteam kann aus einer Person oder mehreren Personen bestehen.

Das Entwicklungsteam sollte so zusammengesetzt sein, dass verschiedene Experten beteiligt sind (Entwickler, Tester, Architekten …).

Der Product Owner ist gleichbedeutend mit dem Kunden.

Der Product Owner ist für das Product Backlog verantwortlich.

Das Product Backlog ist eine übersichtliche Anordnung der Anforderungen an das Produkt.

Das Daily Scrum ist ein tägliches 15-minütiges Treffen des Entwicklerteams.

Scrum Master und Product Owner dürfen nicht am Daily Scrum teilnehmen.

Im Daily Scrum werden alle Probleme des Entwicklerteams gelöst.

Ein wesentliches Ziel von Scrum ist es, dass die Stakeholder möglichst vom Entwicklungsprozess ferngehalten werden und erst am Ende der Entwicklung das Produkt sehen können.

2.2 Fachkompetenz Qualitätsmanagement

Qualitätsmanagement im Überblick

Produkte oder auch Dienstleistungen besitzen eine bestimmte Qualität. Der Grad der Qualität zeigt, ob das Produkt oder die Dienstleistung den gestellten Anforderungen entspricht. Das Qualitätsmanagement hilft diese Ziele zu erreichen, indem die Prozesse und alle anderen organisatorischen Maßnahmen gesteuert und optimiert werden. Damit ist Qualitätsmanagement auch zum großen Teil Prozessmanagement.

Wenn eine Firma das Qualitätsmanagement systematisch einführen will, dann muss sie ein Qualitätsmanagementsystem etablieren. Ein solches System muss organisatorisch verankert sein (Definition von Rollen und Verantwortlichkeiten) und die entsprechenden Regeln und Prozesse festlegen und dokumentieren.

Eine hervorragende Vorlage für die Einführung eines Qualitätsmanagementsystems bietet die DIN EN ISO 9000 ff. Diese Norm hat umfassende Kriterien, die alle Bereiche eines Unternehmens betreffen. Dabei steht beispielsweise nicht nur die Verbesserung der Prozess-, Produkt- oder Dienstleistungsqualität im Vordergrund, sondern auch die angemessene Behandlung von Lieferanten oder verantwortliche Umgang mit den Mitarbeitern. Firmen können sich für diese Norm zertifizieren lassen und dokumentieren damit ihren Partnern, dass sie Ziele ernst nehmen und umsetzen. Die Zertifizierung (ein sogenanntes Audit = Untersuchungsverfahren) wird von speziell ausgebildeten Auditoren durchgeführt.

Die Norm definiert dabei 7 Grundsätze der Qualitätsmanagements:

- **Kundenorientierung**
- **Verantwortlichkeit der Führung**
- **Einbeziehung der beteiligten Personen**
- **Prozessorientierter Ansatz**
- **Kontinuierliche Verbesserung**
- **Sachbezogener Entscheidungsfindungsansatz**
- **Lieferantenbeziehungen zum gegenseitigen Nutzen**

Eine alternative Möglichkeit eines Qualitätsmanagementsystems bietet das EFQM-Modell (European Foundation for Quality Management-Modell). Dieses Modell basiert auf dem Total-Quality-Management-Modell, das in den 1940er Jahren in den USA erfunden und in den 1950er Jahren erfolgreich in Japan umgesetzt wurde. Der Kern dieses Modells ist der Einbezug aller Mitarbeiter in einen kontinuierlichen Verbesserungsprozess mit dem Ziel, möglichst hochwertige Produkte zu erschaffen.

Qualitätsmanagement

2.2.1 Grundlagen 1

Ausgangsszenario:
Die IT-Firma *ConSystem GmbH* bietet Consulting-Dienstleistungen in verschiedenen IT-Bereichen an. Das kann auch Hilfe bei der Einführung eines Qualitätsmanagementsystems sein. Die Geschäftsleitung der Firma hat beschlossen, dass die Kenntnisse der Mitarbeiter im Bereich Qualitätsmanagement verbessert werden sollten.

Aufgabenstellung:
Der Leiter der Abteilung Entwicklung hat dazu verschiedene Begriffe zu diesem Bereich recherchiert und versucht, sie in einer Mindmap zu strukturieren. Als Auszubildender der Abteilung bittet er Sie, die Mindmap fertigzustellen.

Internetrecherche zu Qualitäts-Aspekten

Qualitätsprüfung	Qualitätsbegriff	Qualitätssicherung
EFQM-Modell	Qualitätslenkung	Philosophie
DIN EN ISO 9001	Produktqualität	Qualitätsmanagement
Inhärentes Merkmal	TQM *(Total-Quality-Management)*	Norm
Prozessqualität	Qualitätspolitik	DIN EN ISO 9004
Qualitätsplanung	DIN EN ISO 9000 ff.	

Fachkompetenz

2.2.2 Grundlagen 2

Ausgangsszenario:
Nach einigen Schulungen im Bereich Qualitätsmanagement möchte die Geschäftsleitung der IT-Firma *ConSystem GmbH* prüfen, ob sich die Kenntnisse der Mitarbeiterinnen und Mitarbeiter verbessert haben. Dazu wurde ein kleiner Test entwickelt.

Aufgabenstellung:
Als erfahrener Auszubildender der Firma erhalten Sie den Auftrag, eine Musterlösung zu dem Test zu erstellen.

Test zum Thema Qualitätsmanagement

Aufgabe 1:

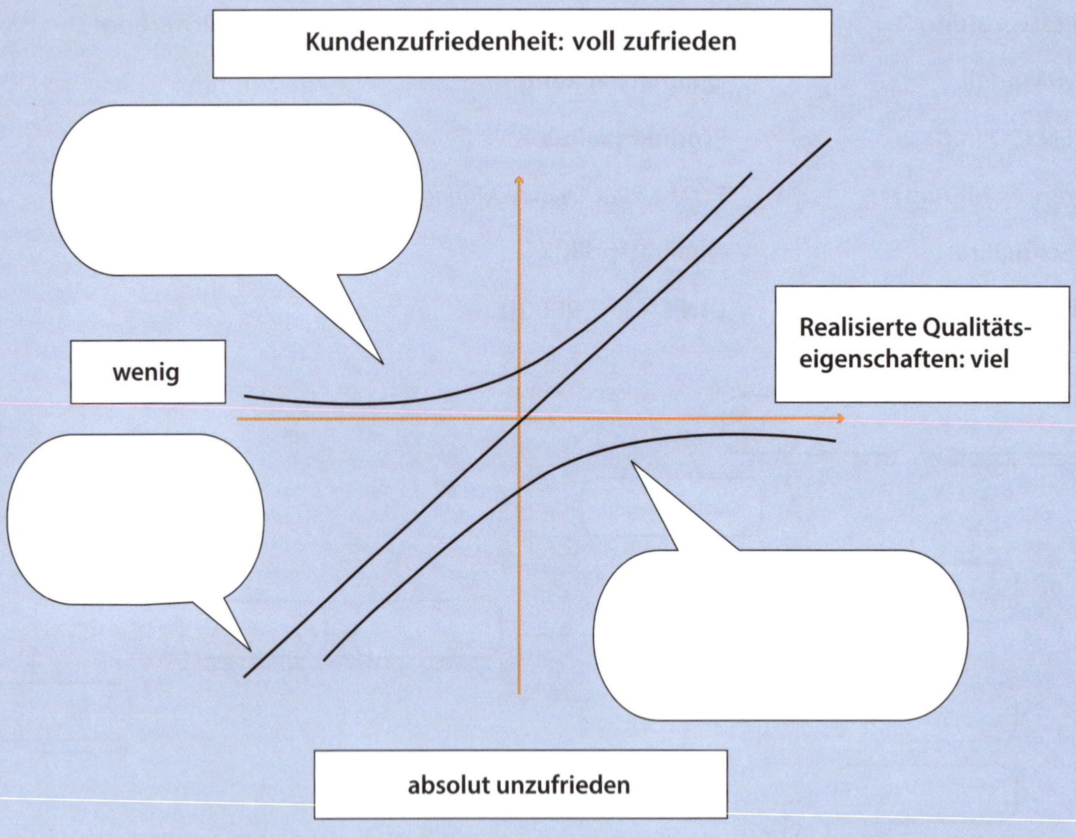

Kundenzufriedenheit: voll zufrieden

wenig

Realisierte Qualitätseigenschaften: viel

absolut unzufrieden

Die Grafik zeigt das Modell von Kano (Professor aus Tokio, 1978) und stellt die Kundenzufriedenheit in einen Zusammenhang mit realisierter Qualität. Dabei werden drei Merkmale unterschieden. Beschriften Sie die Grafik mit den folgenden Merkmalen:
- Basismerkmale
- Leistungsmerkmale
- Begeisterungsmerkmale

Aufgabe 2: Definieren Sie die folgenden Begriffe kurz:

Qualität =

DIN =

EN =

ISO =

IEC =

Fachkompetenz

Aufgabe 3: Kennzeichnen Sie die korrekten Grundsätze des Qualitätsmanagements nach DIN EN ISO 9000 ff.:

☐ Kundenorientierung

☐ Streben nach maximaler Effizienz

☐ Verantwortlichkeit der Führung

☐ Durchführung eines Lieferantenaudits

☐ Einbeziehung der Mitarbeiter

☐ Prozessorientierter Ansatz

☐ Produktorientierter Ansatz

☐ Systemorientierter Managementansatz

☐ Kostenbezogener Entscheidungsfindungsansatz

☐ Kontinuierliche Verbesserung

☐ Sachbezogener Entscheidungsfindungsansatz

☐ Lieferantenbeziehungen zum gegenseitigen Nutzen

Qualitätsmanagement

2.2.3 DIN EN ISO 9000 ff.

Ausgangsszenario:
Durch den Entschluss der Geschäftsleitung der IT-Firma *ConSystem GmbH* in Zukunft mehr Wert auf Qualitätsmanagement zu legen, müssen die Abteilungen sich auch mit den aktuellen ISO-Normen auseinandersetzen.

Aufgabenstellung:
Der Leiter der Abteilung Entwicklung möchte in den Büros ein Plakat mit den wesentlichen Inhalten der DIN EN ISO 9000 sowie einem wichtigen Aspekt der DIN EN ISO 9001 aufhängen. Das Grundgerüst des Plakates ist bereits entworfen worden. Als Auszubildender der Firma bittet er Sie, das Plakat mit Inhalt zu füllen.

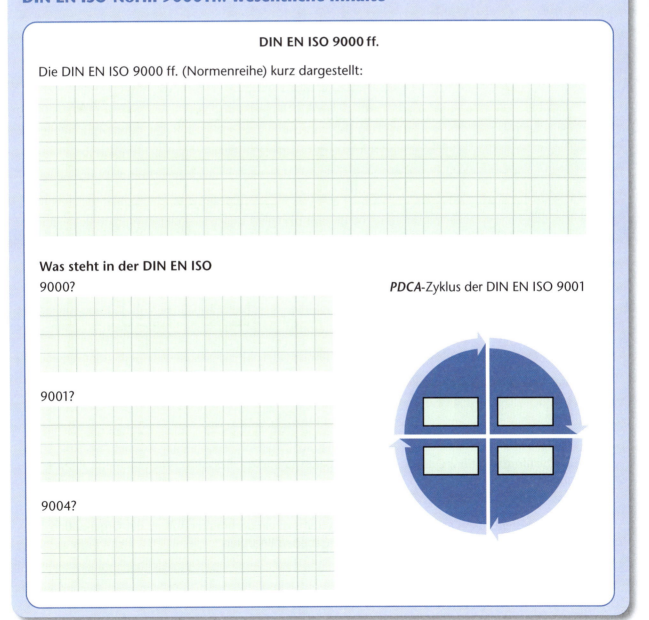

Fachkompetenz

2.2.4 Qualitätsmanagementsysteme

Ausgangsszenario:
Die ersten Tests der Mitarbeiter im Bereich Qualitätsmanagement waren erfolgreich. Nun möchte die Geschäftsleitung der IT-Firma *ConSystem GmbH* die Kenntnisse erweitern und bietet weitere Schulungen an. Dazu wurde ebenfalls ein kleiner Test entwickelt.

Aufgabenstellung:
Als erfahrener Auszubildender der Firma erhalten Sie den Auftrag, eine Musterlösung zu dem Test zu erstellen.

Test zum Thema Qualitätsmanagementsysteme

Aufgabe 1:

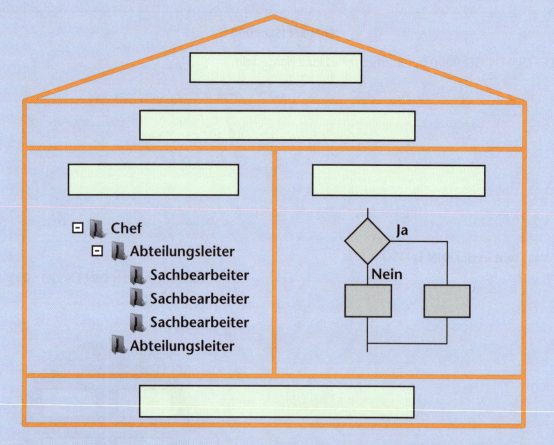

Begriffe: Ablauforganisation, Qualitätspolitik, Aufbauorganisation, Ressourcenmanagement, Rahmenbedingungen

Ein Grundbaustein eines Qualitätsmanagementsystems ist ein bestimmter Aufbau der Organisation. Beschriften Sie dieses Diagramm mit den vorgegebenen Begriffen.

Qualitätsmanagement

Aufgabe 2: Definieren Sie kurz die folgenden Begriffe im Zusammenhang mit Qualitätsmanagementsystemen

Qualitätsplanung

Qualitätspolitik

Aufgabe 3: Die Einführung eines Qualitätsmanagementsystems erfolgt in mehreren Schritten. Bringen Sie die aufgeführten Schritte in die korrekte Reihenfolge.

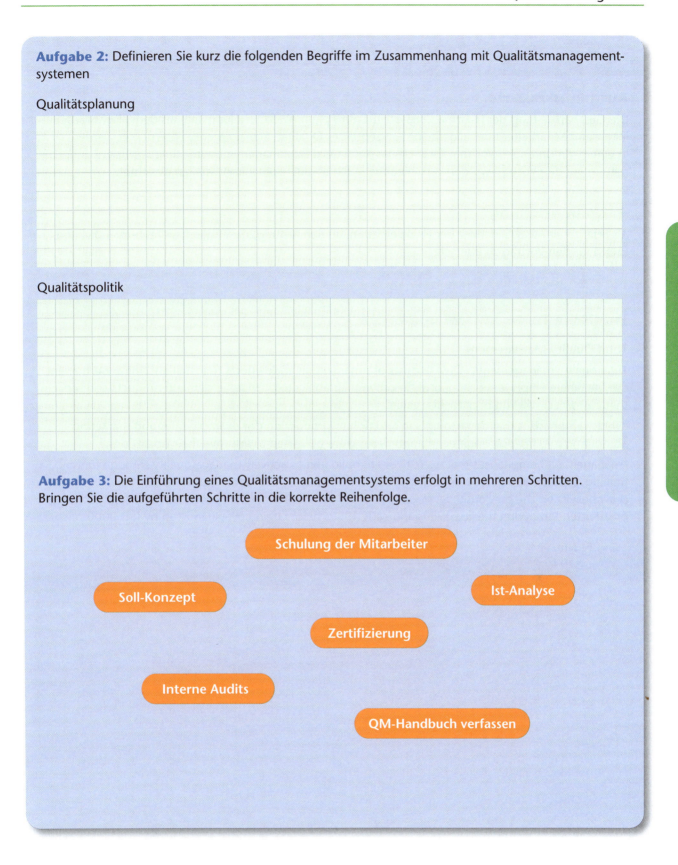

Fachkompetenz

2.2.5 Total Quality Management

Ausgangsszenario:

Die Geschäftsleitung der IT-Firma *ConSystem GmbH* plant einen Schulungstag, an dem alle Mitarbeiterinnen und Mitarbeiter über allgemeine Konzepte des Qualitätsmanagements unterrichtet werden.
In einem einführenden Vortrag soll auch das Total Quality Management vorgestellt werden. Zur Vorbereitung auf den Vortrag wurden verschiedene (auch englischsprachige) Quellen gesichtet.

Aufgabenstellung:

Als erfahrener Auszubildender der Firma erhalten Sie den Auftrag, die englischen Texte zu TQM und EFQM für den Vortrag zu übersetzen.

Englische Texte zu TQM und EFQM

Total Quality Management

Total quality management (TQM) consists of organization-wide efforts to install and make permanent climate where employees continuously improve their ability to provide on demand products and services that customers will find of particular value.

"Total" emphasizes that departments in addition to production (for example sales and marketing, accounting and finance, engineering and design) are obligated to improve their operations.

"management" emphasizes that executives are obligated to actively manage quality through funding, training, staffing, and goal setting. While there is no widely agreed-upon approach, TQM efforts typically draw heavily on the previously developed tools and techniques of quality control. TQM enjoyed widespread attention during the late 1980s and early 1990s before being overshadowed by ISO 9000.

Ihre Übersetzung:

Qualitätsmanagement

Ihre Übersetzung – Fortsetzung:

European Foundation for Quality Management

EFQM (the European Foundation for Quality Management) is a not-for-profit membership foundation in Brussels, established in 1989 to increase the competitiveness of the European economy. The initial impetus for forming EFQM was a response to the work of W. Edwards Deming and the development of the concepts of Total Quality Management.

Ihre Übersetzung:

2.2.6 Softwarequalität

Ausgangsszenario:
Im Rahmen der Verbesserung der Kenntnisse im Bereich des Qualitätsmanagements soll die Entwicklungsabteilung der IT-Firma *ConSystem GmbH* sich verstärkt mit dem Thema Softwarequalität befassen.

Aufgabenstellung:
Der Leiter der Entwicklungsabteilung möchte dazu einen kleinen Vortrag halten. Für eine Vorlage bittet er Sie, als Auszubildenden der Firma, Begriffe zur Softwarequalität zuzuordnen und Testverfahren kurz zu beschreiben.

Softwarequalität

Begrifflichkeiten:

Austauschbarkeit	Bedienbarkeit	Analysierbarkeit	Sicherheit
Wiederherstellbarkeit	Reife	Interoperabilität	Zeitverhalten
Erlernbarkeit	Angemessenheit	Änderbarkeit	Verbrauchsverhalten
Verständlichkeit	Installierbarkeit	Anpassbarkeit	Fehlertoleranz

Qualitätsmerkmal	Begrifflichkeit
Zuverlässigkeit	
Funktionalität	
Benutzbarkeit	
Effizienz	
Wartbarkeit	
Portabilität	

Qualitätsmanagement

Ihre Antworten:

Modultest

Integrationstest

Systemtest

Abnahmetest

Fachkompetenz

2.2.7 Barrierefreiheit

Ausgangsszenario:
Die Mitarbeiter der IT-Firma *ConSystem GmbH* sollen über den Aspekt der Barrierefreiheit von IT-Systemen informiert werden. Dazu plant der Leiter der Entwicklungsabteilung eine Präsentation.

Aufgabenstellung:
Als erfahrener Auszubildender erhalten Sie den Auftrag, einige Informationen zur Barrierefreiheit und zu Recherchemethoden zusammenzutragen.

Informationen zur Barrierefreiheit

Die Barrierefreiheit ist durch eine Richtlinie der EU 2016/2102 sowie durch das Behindertengleichstellungsgesetzes und das BITV 2.0 geregelt.

Beschreiben Sie das BITV 2.0.

Wie ist Barrierefreiheit im IT-Bereich definiert?

Qualitätsmanagement

Als anschauliches Beispiel soll die folgende Webseite dienen. Ergänzen Sie Hinweise zur Barrierefreiheit in den vorgegebenen Legenden:

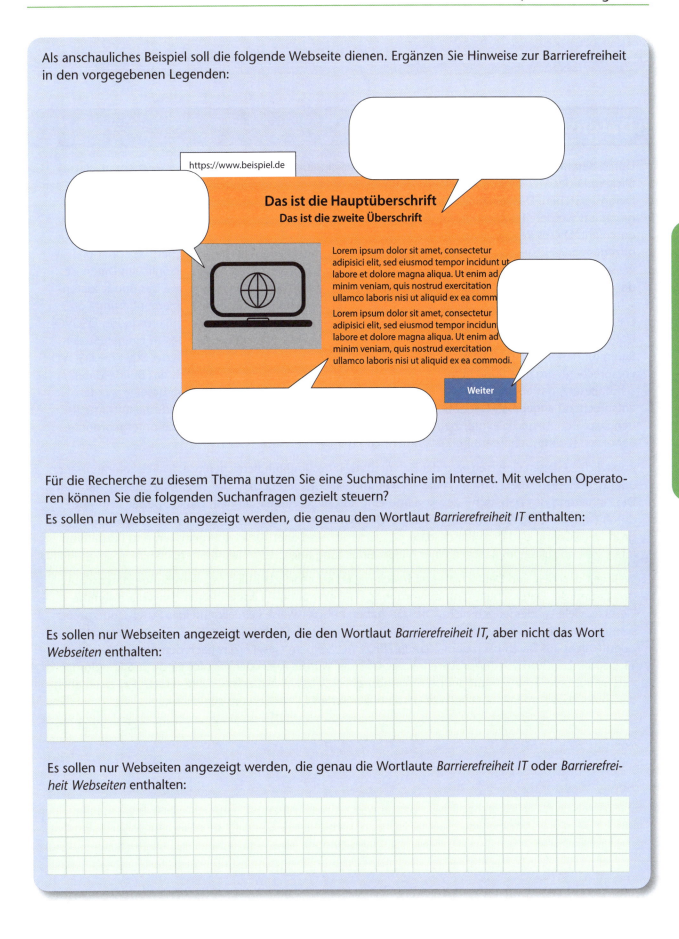

Für die Recherche zu diesem Thema nutzen Sie eine Suchmaschine im Internet. Mit welchen Operatoren können Sie die folgenden Suchanfragen gezielt steuern?

Es sollen nur Webseiten angezeigt werden, die genau den Wortlaut *Barrierefreiheit IT* enthalten:

Es sollen nur Webseiten angezeigt werden, die den Wortlaut *Barrierefreiheit IT*, aber nicht das Wort *Webseiten* enthalten:

Es sollen nur Webseiten angezeigt werden, die genau die Wortlaute *Barrierefreiheit IT* oder *Barrierefreiheit Webseiten* enthalten:

2.3 Fachkompetenz Datenschutz

Datenschutz im Überblick

Durch den rasanten Anstieg der digitalen Medien rückt auch der Datenschutz immer mehr in den Blickpunkt der Menschen. Unter Datenschutz kann man den Schutz vor Missbrauch personenbezogener Daten verstehen. Dadurch sollen auch Rechte wie „das Recht auf informationelle Selbstbestimmung" geschützt werden. Der Mensch sollte selbst entscheiden können, was mit seinen persönlichen Daten geschieht. Dieses Recht wird aber ständig gebrochen, denn die Sammlung von Daten und die daraus gezogenen Schlüsse sind eine der wichtigsten Informationsquellen für die Wirtschaft, aber beispielsweise auch für die Geheimdienste. Ein Schutz gegen solchen Missbrauch der persönlichen Daten ist der eigene verantwortungsvolle Umgang mit seinen Daten, aber auch Gesetze wie das Bundesdatenschutzgesetz oder die europäische Datenschutz-Grundverordnung sowie die Implementierung von Datenschutzbeauftragen in Behörden und Unternehmen. Die Datenschutz-Grundverordnung DSGVO trat im Jahr 2018 in Kraft und regelt den Datenschutz EU-weit. Dabei lässt sie aber an einigen Stellen Raum für nationale Regelungen durch so genannte „Öffnungsklauseln", so dass jeder Staat die DSGVO entsprechend ergänzen und erweitern kann. Das geschieht in Deutschland durch das Bundesdatenschutzgesetz, das ebenfalls im Jahr 2018 in Kraft trat. Auch die Landesdatenschutzgesetze wurden entsprechend angepasst. Der „oberste" Datenschützer in Deutschland ist der Bundesbeauftragte für den Datenschutz und die Informationsfreiheit. Seine Behörde kontrolliert und berät untergeordnete Behörden (Landesbehörden) im Zusammenhang mit Datenschutz.

Zusätzlich zu diesen Gesetzen wird der Datenschutz in bestimmten Bereichen wie der Telekommunikation oder den Medien zusätzlich durch das Telekommunikationsgesetz bzw. das Telemediengesetz geregelt. Die Einhaltung des Datenschutzes ist damit eine komplexe Angelegenheit, die in Spezialfällen nur durch Experten machbar ist. Die grundsätzlichen Gesetze und Verordnungen aus der Datenschutzgrundverordnung und dem Bundesdatenschutzgesetz sind aber für alle Bürgerinnen und Bürger von Interesse und sollten im Rahmen einer Allgemeinbildung auch vermittelt werden.

Weltweit gesehen sind Deutschland und auch die EU sehr fortschrittlich mit dem Bundesdatenschutzgesetz und der Datenschutz-Grundverordnung. Einzelne andere Länder haben ähnlich ausgereifte Gesetze, viele Länder jedoch nicht. Die USA haben beispielsweise kein allgemeines Datenschutzgesetz, sondern branchenspezifische Lösungen. Weiterhin haben die Behörden in den USA umfangreiches Zugriffsrecht auf Daten nach dem „USA PATRIOT Act", einem Gesetz, das nach den Anschlägen vom 11. September 2001 zur Terrorabwehr verabschiedet wurde. Auch der nachfolgende „US Freedom Act" erlaubt weiterhin Zugriff auf personenbezogene Daten. Aus diesen Gründen raten Experten auch davon ab, dass Firmen ihre Daten auf US-amerikanischen Cloud-Servern speichern.

Datenschutz

2.3.1 Grundlagen 1

Ausgangsszenario:

Wegen der relativ neuen Datenschutz-Grundverordnung DSGVO (2018) und der darauffolgenden Neufassung des Bundesdatenschutzgesetzes BDSG (2018) hat die Geschäftsleitung der IT-Firma *ConSystem GmbH* alle Abteilungsleitungen beauftragt, die Mitarbeiter über wesentliche Aspekte des Datenschutzes zu informieren.

Aufgabenstellung:

Der Leiter der Abteilung Entwicklung hat einige wesentliche Aspekte des Datenschutzes zusammengetragen. Für eine Info-Mail an alle Mitarbeiter bittet er Sie, diese Stichpunkte auszuführen und zu ergänzen.

Wichtige Datenschutzaspekte

Was regelt die DSGVO und was regelt das BDSG?

Fachkompetenz

Ausgewählte Rechte betroffener Personen nach der DSGVO:

Recht auf Auskunft:

Recht auf Berichtigung:

Recht auf Löschung:

2.3.2 Grundlagen 2

Ausgangsszenario:

Die Geschäftsleitung der IT-Firma *ConSystem GmbH* ist unsicher, ob die Firma eines Kunden einen Datenschutzbeauftragen benennen muss und hat den Leiter der Vertriebsabteilung beauftragt, eine Entscheidungshilfe zu erstellen.

Aufgabenstellung:

Der Leiter der Vertriebsabteilung hat die relevanten Artikel aus der DSGVO und dem BDSG zusammengetragen. Als Auszubildender der Firma erhalten Sie den Auftrag, einen Programmablaufplan zu erstellen, der eine Entscheidung für die Benennung ermöglicht.

Artikel zur Benennung eines Datenschutzbeauftragten

§ 38 BDSG
Datenschutzbeauftragte nichtöffentlicher Stellen

1. Ergänzend zu Artikel 37 Absatz 1 Buchstabe b und c der Verordnung (EU) 2016/679 benennen der Verantwortliche und der Auftragsverarbeiter eine Datenschutzbeauftragte oder einen Datenschutzbeauftragten, soweit sie in der Regel mindestens zehn Personen ständig mit der automatisierten Verarbeitung personenbezogener Daten beschäftigen. Nehmen der Verantwortliche oder der Auftragsverarbeiter Verarbeitungen vor, die einer Datenschutz-Folgenabschätzung nach Artikel 35 der Verordnung (EU) 2016/679 unterliegen, oder verarbeiten sie personenbezogene Daten geschäftsmäßig zum Zweck der Übermittlung, der anonymisierten Übermittlung oder für Zwecke der Markt- oder Meinungsforschung, haben sie unabhängig von der Anzahl der mit der Verarbeitung beschäftigten Personen eine Datenschutzbeauftragte oder einen Datenschutzbeauftragten zu benennen. […]

Art. 35 DSGVO
Datenschutz-Folgenabschätzung

1. Hat eine Form der Verarbeitung, insbesondere bei Verwendung neuer Technologien, aufgrund der Art, des Umfangs, der Umstände und der Zwecke der Verarbeitung voraussichtlich ein hohes Risiko für die Rechte und Freiheiten natürlicher Personen zur Folge, so führt der Verantwortliche vorab eine Abschätzung der Folgen der vorgesehenen Verarbeitungsvorgänge für den Schutz personenbezogener Daten durch. Für die Untersuchung mehrerer ähnlicher Verarbeitungsvorgänge mit ähnlich hohen Risiken kann eine einzige Abschätzung vorgenommen werden.

2. Der Verantwortliche holt bei der Durchführung einer Datenschutz-Folgenabschätzung den Rat des Datenschutzbeauftragten, sofern ein solcher benannt wurde, ein.

Art. 37 DSGVO
Benennung eines Datenschutzbeauftragten

1. Der Verantwortliche und der Auftragsverarbeiter benennen auf jeden Fall einen Datenschutzbeauftragten, wenn
   a) […]
   b) die Kerntätigkeit des Verantwortlichen oder des Auftragsverarbeiters in der Durchführung von Verarbeitungsvorgängen besteht, welche aufgrund ihrer Art, ihres Umfangs und/oder ihrer Zwecke eine umfangreiche regelmäßige und systematische Überwachung von betroffenen Personen erforderlich machen, oder
   c) die Kerntätigkeit des Verantwortlichen oder des Auftragsverarbeiters in der umfangreichen Verarbeitung besonderer Kategorien von Daten gemäß Artikel 9 oder […]

Fachkompetenz

Fortsetzung: Artikel zur Benennung eines Datenschutzbeauftragten

Art. 9 DSGVO
Verarbeitung besonderer Kategorien personenbezogener Daten

1. Die Verarbeitung personenbezogener Daten, aus denen die rassische und ethnische Herkunft, politische Meinungen, religiöse oder weltanschauliche Überzeugungen oder die Gewerkschaftszugehörigkeit hervorgehen, sowie die Verarbeitung von genetischen Daten, biometrischen Daten zur eindeutigen Identifizierung einer natürlichen Person, Gesundheitsdaten oder Daten zum Sexualleben oder der sexuellen Orientierung einer natürlichen Person ist untersagt.
2. Absatz 1 gilt nicht in folgenden Fällen: […]

Benennung eines Datenschutzbeauftragten – Programmablaufplan:

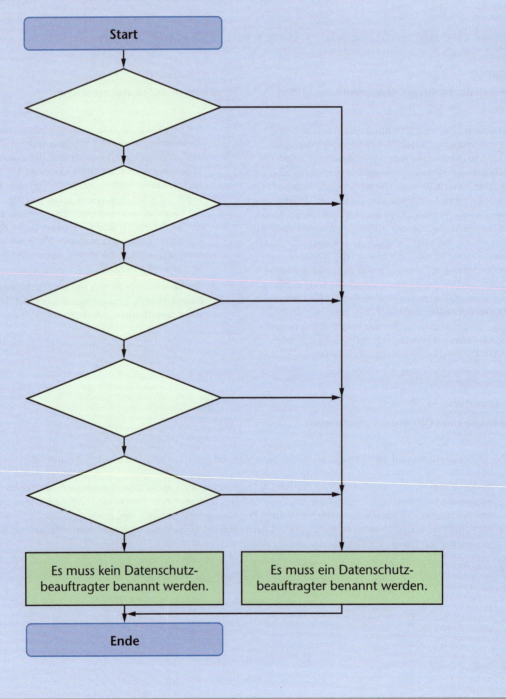

Datenschutz

2.3.3 Grundlagen 3

Ausgangsszenario:

Die IT-Firma *ConSystem GmbH* berät ihre Kunden auch im Bereich Datenschutz. Einige Kunden haben neue Projektideen, die auch mit der Verarbeitung personenbezogener Daten verbunden sind.

Aufgabenstellung:

Die Geschäftsleitung von *ConSystem GmbH* hat dem Leiter der Entwicklungsabteilung diese Projektideen übermittelt und bittet nun um eine Einschätzung, ob diese Projektideen datenschutzkonform sind. Als Auszubildender der Firma erhalten Sie den Auftrag, die Ideen zu prüfen. Als Grundlage hat Ihnen der Leiter der Entwicklungsabteilung den Artikel 5 der DSGVO zur Verfügung gestellt.

Art. 5 DSGVO:
Grundsätze für die Verarbeitung personenbezogener Daten

1. Personenbezogene Daten müssen
   a) auf rechtmäßige Weise, nach Treu und Glauben und in einer für die betroffene Person nachvollziehbaren Weise verarbeitet werden („Rechtmäßigkeit, Verarbeitung nach Treu und Glauben, Transparenz");
   b) für festgelegte, eindeutige und legitime Zwecke erhoben werden und dürfen nicht in einer mit diesen Zwecken nicht zu vereinbarenden Weise weiterverarbeitet werden; eine Weiterverarbeitung für im öffentlichen Interesse liegende Archivzwecke, für wissenschaftliche oder historische Forschungszwecke oder für statistische Zwecke gilt gemäß Artikel 89 Absatz 1 nicht als unvereinbar mit den ursprünglichen Zwecken („Zweckbindung");
   c) dem Zweck angemessen und erheblich sowie auf das für die Zwecke der Verarbeitung notwendige Maß beschränkt sein („Datenminimierung");
   d) sachlich richtig und erforderlichenfalls auf dem neuesten Stand sein; es sind alle angemessenen Maßnahmen zu treffen, damit personenbezogene Daten, die im Hinblick auf die Zwecke ihrer Verarbeitung unrichtig sind, unverzüglich gelöscht oder berichtigt werden („Richtigkeit");
   e) in einer Form gespeichert werden, die die Identifizierung der betroffenen Personen nur so lange ermöglicht, wie es für die Zwecke, für die sie verarbeitet werden, erforderlich ist; personenbezogene Daten dürfen länger gespeichert werden, soweit die personenbezogenen Daten vorbehaltlich der Durchführung geeigneter technischer und organisatorischer Maßnahmen, die von dieser Verordnung zum Schutz der Rechte und Freiheiten der betroffenen Person gefordert werden, ausschließlich für im öffentlichen Interesse liegende Archivzwecke oder für wissenschaftliche und historische Forschungszwecke oder für statistische Zwecke gemäß Artikel 89 Absatz 1 verarbeitet werden („Speicherbegrenzung");
   f) in einer Weise verarbeitet werden, die eine angemessene Sicherheit der personenbezogenen Daten gewährleistet, einschließlich Schutz vor unbefugter oder unrechtmäßiger Verarbeitung und vor unbeabsichtigtem Verlust, unbeabsichtigter Zerstörung oder unbeabsichtigter Schädigung durch geeignete technische und organisatorische Maßnahmen („Integrität und Vertraulichkeit");
2. […]

Fachkompetenz

Projektidee 1:
Auf der Internetseite einer Firma sollen potenzielle Interessenten erfasst werden, die über das Produkt der Firma informiert werden sollen. Dazu sollen die Interessenten folgende Daten in einem Formular eingeben: *Name, Vorname, E-Mail, Telefon, Geburtsdatum und Familienstand*

Ihre Einschätzung:

Projektidee 2:
Eine Firma hat die Daten ihrer Kunden erfasst, die einen Wartungsvertrag abgeschlossen haben. Die Firma möchte diese Daten nutzen, um die Kunden auf interessante Angebote in anderen Bereichen, auch von Partnerfirmen, aufmerksam zu machen.

Ihre Einschätzung:

Projektidee 3:
Eine Firma hat Daten von Interessenten zu einem bestimmten Event erfasst. Dieses Event ist bereits durchgeführt worden. Die Firma möchte die Daten dieser Interessenten gerne weiter speichern, da es in der Zukunft möglich sein könnte, dass ein ähnliches Event durchgeführt wird.

Ihre Einschätzung:

Datenschutz

2.3.4 Standard-Datenschutzmodell

Ausgangsszenario:
Die IT-Firma *ConSystem GmbH* berät ihre Kunden auch im Bereich Datenschutz. Einige Kunden brauchen Unterstützung bei der praktischen Umsetzung der DSGVO.

Aufgabenstellung:
Die Geschäftsleitung von *ConSystem GmbH* möchte ihren Kunden eine Übersicht zum Standard-Datenschutzmodell geben, um die Kunden bei der praktischen Umsetzung des Datenschutzes zu unterstützen. Dazu wurden die Gewährleistungsziele des Standard-Datenschutzmodells zusammengetragen und kurz erläutert. Als erfahrener Auszubildender der Firma erhalten Sie den Auftrag, einige wichtige Anforderungen den entsprechenden Gewährleistungszielen zuzuordnen.

Das Standard-Datenschutzmodell:

Allgemeine Beschreibung:

Das **Standard-Datenschutzmodell (SDM)** wurde von der Konferenz der Datenschutzbehörden des Bundes und der Länder entwickelt. Es ist eine Methode, um die Anforderungen der DSGVO praktisch umzusetzen – vor allem auch in technisch-organisatorischer Hinsicht. Dazu wurden so genannte Gewährleistungsziele vereinbart, in denen die Aspekte der DSGVO praktisch umgesetzt werden sollen.

Die Gewährleistungsziele:

Datenminimierung
Das Gewährleistungsziel Datenminimierung erfasst die grundlegende datenschutzrechtliche Anforderung, die Verarbeitung personenbezogener Daten auf das dem Zweck angemessene, erhebliche und notwendige Maß zu beschränken.

Verfügbarkeit
Das Gewährleistungsziel Verfügbarkeit bezeichnet die Anforderung, dass der Zugriff auf personenbezogene Daten und ihre Verarbeitung unverzüglich möglich ist und sie ordnungsgemäß im vorgesehenen Prozess verwendet werden können.

Integrität
Das Gewährleistungsziel Integrität bezeichnet einerseits die Anforderung, dass informationstechnische Prozesse und Systeme die Spezifikationen kontinuierlich einhalten, die zur Ausübung ihrer zweckbestimmten Funktionen für sie festgelegt wurden. Integrität bezeichnet andererseits die Eigenschaft, dass die zu verarbeitenden Daten unversehrt, vollständig, richtig und aktuell bleiben.

Vertraulichkeit
Das Gewährleistungsziel Vertraulichkeit bezeichnet die Anforderung, dass keine unbefugte Person personenbezogene Daten zur Kenntnis nehmen oder nutzen kann.

Nichtverkettung
Das Gewährleistungsziel Nichtverkettung bezeichnet die Anforderung, dass personenbezogene Daten nicht zusammengeführt, also verkettet, werden.

Transparenz
Das Gewährleistungsziel Transparenz bezeichnet die Anforderung, dass in einem unterschiedlichen Maße sowohl Betroffene, als auch die Betreiber von Systemen sowie zuständige Kontrollinstanzen erkennen können, welche Daten wann und für welchen Zweck bei einer Verarbeitungstätigkeit erhoben und verarbeitet werden, welche Systeme und Prozesse dafür genutzt werden, wohin die Daten zu welchem Zweck fließen und wer die rechtliche Verantwortung für die Daten und Systeme in den verschiedenen Phasen einer Datenverarbeitung besitzt.

Intervenierbarkeit
Das Gewährleistungsziel Intervenierbarkeit bezeichnet die Anforderung, dass den betroffenen Personen die ihnen zustehenden Rechte auf Benachrichtigung, Auskunft, Berichtigung, Löschung, Einschränkung, Datenübertragbarkeit, Widerspruch und Erwirkung des Eingriffs in automatisierte Einzelentscheidungen bei Bestehen der gesetzlichen Voraussetzungen unverzüglich und wirksam gewährt werden und die verarbeitende Stelle verpflichtet ist, die entsprechenden Maßnahmen umzusetzen.

Fachkompetenz

Ordnen Sie den Anforderungen der DSGVO die entsprechenden Gewährleistungsziele zu:

Anforderungen DSGVO	Gewährleistungsziel(e)
Zweckbindung (Art. 5)	
Datenminimierung (Art. 5)	
Richtigkeit (Art. 5)	
Speicherbegrenzung (Art. 5)	
Vertraulichkeit (Art. 5)	
Identifizierung und Authentifizierung (Art. 12)	
Belastbarkeit (Art. 32)	
Berichtigungsmöglichkeit von Daten (Art. 5)	
Datenschutzfreundliche Voreinstellungen (Art. 25)	
Verfügbarkeit (Art. 32)	
Löschbarkeit von Daten (Art. 17)	
Wiederherstellbarkeit (Art. 32)	
Einwilligungsmanagement (Art. 4)	
Unterstützung bei der Wahrnehmung von Betroffenenrechten (Art. 12)	

Datenschutz

2.3.5 Kontaktformular

Ausgangsszenario:

Ein Kunde der IT-Firma *ConSystem GmbH* möchte seinen Internet-Auftritt modernisieren und auch verschiedene neue Kontaktformulare anbieten. Ein Formular soll zu einer umfassenden Information des potenziellen Kunden in Form einer E-Mail-Antwort führen.

Aufgabenstellung:

Der Kunde hat einen Prototyp eines Kontaktformulars erstellt und möchte eine Einschätzung bezüglich der Datenschutzkonformität. Als erfahrener Auszubildender der Firma erhalten Sie den Auftrag, das Kontaktformular zu prüfen und auf eventuelle Datenschutzproblematiken hinzuweisen.

Prototyp des Kontaktformulars:

http://www.TestKunde.de/Kontakt.html

Name:

Vorname:

E-Mail:

Telefon:

Kommentar:

✓ Ja, ich möchte den monatlichen Newsletter per E-Mail erhalten

✓ Ja, ich bin mit der Weiterverwendung meiner Kontaktdaten zu Werbezecken einverstanden

Absenden

Fachkompetenz

Ihre Einschätzung:

2.4 Fachkompetenz IT-Sicherheit

IT-Sicherheit im Überblick

Die Sicherheit von Informationen ist enorm wichtig, nicht nur im privaten Bereich, sondern vor allem auch in der Wirtschaft. Im Rahmen der Informationssicherheit sind drei grundlegende Aspekte zu beachten:

- **Vertraulichkeit** als Schutz gegen unbefugte Informationsbeschaffung
- **Integrität** als Schutz gegen unbefugte Manipulation von Informationen
- **Verfügbarkeit** als Schutz gegen die Beeinträchtigung der Funktionalität des Systems

Die IT-Sicherheit ist ein Teil der Informationssicherheit, die sich auf elektronisch gespeicherte Daten und Informationen bezieht. Die IT-Sicherheit hat damit eine Schlüsselrolle in der digitalisierten Welt. Vertraulichkeit, Integrität und Verfügbarkeit sind dabei vielfältigen Bedrohungen ausgesetzt, vom Virus bis hin zu professionell angelegtem Abhören von Datenleitungen oder auch Täuschungsmanövern über manipulierte Internetseiten. Aber auch das unbefugte Lesen von Dokumenten von Mitarbeitern muss entsprechend verhindert werden (beispielsweise durch elektronische Zugangskontrollen).

Die geplante Vorgehensweise, um IT-Sicherheit zu gewährleisten ist der Aufbau eines IT-Sicherheitsmanagementsystems. Dazu kann vor allem die *ISO/IEC-Norm 27000* sowie deren Nachfolger dienen. Diese Norm beschreibt den Aufbau eines ISMS (Informationssicherheitsmanagementsystem). Alternativ bietet das *Bundesamt für Sicherheit in der Informationstechnik (BSI)* einen Leitfaden zum Aufbau eines IT-Sicherheitsmanagementsystems in Form des *IT-Grundschutzes.* Der IT-Grundschutz ist aber eng an die ISO/IEC-Norm 27000 angelehnt und dient auch als Basis für eine mögliche Zertifizierung für diese Norm.

Neben diesen Normen und Standards zur IT-Sicherheit wurde bereits 2015 ein Gesetz zur Erhöhung der Sicherheit informationstechnischer Systeme (IT-Sicherheitsgesetz) eingeführt und soll dazu dienen, die IT-Systeme und digitalen Infrastrukturen Deutschlands zu den sichersten weltweit zu machen. Dazu gehören vor allem die Bereiche der Kritischen Infrastrukturen (*KRITIS*), wie beispielsweise die Strom- und Wasserversorgung.

Ergänzt wird das Gesetz durch eine Partnerschaft von Staat und Wirtschaft mit dem Ziel, die Dienstleistungen kritischer Infrastrukturen aufrecht zu erhalten und zu schützen. Diese Partnerschaft begann schon im Jahr 2007 und hat auch maßgeblich zur Gestaltung des IT-Sicherheitsgesetzes beigetragen. Die Partnerschaft hieß zu Beginn *Umsetzungsplan kritischer Infrastrukturen* (UP KRITIS) und wird unter diesem Eigennamen *UP KRITIS* nun fortgeführt.

Fachkompetenz

2.4.1 Gefährdung der IT-Sicherheit

Ausgangsszenario:
Ein Kunde der IT-Firma *ConSystem GmbH* möchte eine umfassende Beratung zum Thema „Gefährdung der IT-Sicherheit". In einem ersten Meeting möchte er umfassend über mögliche Angriffsmethoden und Angriffsszenarien informiert werden, die seine IT-Sicherheit gefährden könnten.

Aufgabenstellung:
Als erfahrener Auszubildender der Firma erhalten Sie den Auftrag die wesentlichen Informationen zu diesen potenziellen Risiken kurz darzustellen.

Angriffsmethoden und Angriffsszenarien auf die IT-Sicherheit

Beschreiben Sie kurz die folgenden Methoden und Szenarien:

Identitätsdiebstahl:

Phishing:

Vishing:

Pharming:

IT-Sicherheit

Identitätsdiebstahl – Fortsetzung:

Spoofing:

Nicknapping:

Schadprogramme (Malware):

Spam:

Spyware:

Adware:

Fachkompetenz

Schadprogramme (Malware) – Fortsetzung:

Virus:

Trojaner:

Wurm:

Ransomware:

IT-Sicherheit

DDoS:

Botnetze:

APT-Angriffe (Advanced Persistent Threats):

Fachkompetenz

2.4.2 Maßnahmen gegen Gefährdung der IT-Sicherheit

Ausgangsszenario:
Nachdem der Kunde der IT-Firma *ConSystem GmbH* über die möglichen Gefährdungen der IT-Sicherheit informiert wurde, möchte er gezielte Handlungsanweisungen für bestimmte Gefährdungen bekommen.

Aufgabenstellung:
Als erfahrener Auszubildender der Firma erhalten Sie den Auftrag, diese Handlungsanweisungen zu den Gefährdungen zu erstellen.

Maßnahmen gegen die Gefährdung der IT-Sicherheit

Der Kunde hat folgende potenzielle Gefährdungen für seine IT-Systeme identifiziert. Zu jeder Gefährdung sollen drei wesentliche Abwehrmaßnahmen aufgelistet werden. Die Abwehrmaßnahmen sollen so beschrieben werden, dass alle IT-Mitarbeiter des Kunden die Handlungsanweisungen umsetzen können.

Vermeidung von Phishing:

Verhalten bei einer Ransomware-Gefährdung:

Vermeidung von DDoS:

IT-Sicherheit

2.4.3 IT-Grundschutz

Ausgangsszenario:
Die Geschäftsleitung der IT-Firma *ConSystem GmbH* möchte das Wissen über den IT-Grundschutz in der Firma erhöhen. Neben einigen Schulungen zu dem Thema soll auch ein kleiner Test überprüfen, ob die Mitarbeiter ihr Wissen erhöht haben.

Aufgabenstellung:
Der Leiter der Abteilung Entwicklung hat einen kleinen Test zu diesem Thema erstellt. Als erfahrener Auszubildender der Firma erhalten Sie den Auftrag, eine Musterlösung zu diesem Test zu erstellen.

Test zu Thema IT-Grundschutz

Aufgabe 1: Was ist das BSI?

Aufgabe 2: Was versteht man unter IT-Grundschutz?

Aufgabe 3: Was ist eine Sicherheitsleitlinie im Vergleich zu einem Sicherheitskonzept?

Fachkompetenz

Aufgabe 4: Im Rahmen des IT-Grundschutzes wird ein Sicherheitskonzept (Standard-Absicherung) vom BSI vorgeschlagen. Tragen Sie die Schritte dieser Absicherung in der korrekten Reihenfolge in das Diagramm ein.

Schritte:
- *Auswahl der Sicherheitsanforderungen*
- *Analyse des IT-Zustandes*
- *Realisierung der Maßnahmen*
- *Aufrechterhaltung und kontinuierliche Verbesserung*
- *Schutzbedarfsfeststellung*

Aufgabe 5: Welche Aufgaben hat ein Informationssicherheitsbeauftragter?

☐ Konfiguration der Sicherheitstechnik in der Firma

☐ Koordination der Entwicklung eines Sicherheitskonzeptes

☐ Berichte an die Geschäftsleitung über den aktuellen Stand der Informationssicherheit

☐ Fragen der Presse oder interessierter Bürger zum Stand der Informationssicherheit beantworten

☐ Leitung des Einkaufs der Software zur Abwehr von Schadprogrammen

IT-Sicherheit

2.4.4 Schutzbedarfsfeststellung

Ausgangsszenario:
Ein Geschäftsleiter der IT-Firma *ConSystem GmbH* hat alle Abteilungen beauftragt eine Schutzbedarfsfeststellung im Rahmen der Umsetzung des IT-Grundschutzes durchzuführen.

Aufgabenstellung:
Der Leiter der Abteilung Entwicklung hat bereits wesentliche Aspekte für seine Abteilung zusammengetragen. Er bittet Sie als erfahrenen Auszubildenden der Firma diese Zusammenstellung zu einer aussagekräftigen Schutzbedarfsfeststellung zu vervollständigen. Dazu gehört auch, wichtige Begriffe zu definieren, damit die Mitarbeiterinnen und Mitarbeiter der Abteilung die Feststellung besser verstehen können.

Schutzbedarfsfeststellung Abteilung Entwicklung

Begriffsdefinitionen:

Vertraulichkeit:

Integrität:

Verfügbarkeit:

Fachkompetenz

Fachkompetenz

Schutzbedarfe:

System	Schutzziel mit Schutzbedarf	Begründung
Entwickler-PC mit Software zur Anwendungsentwicklung	Vertraulichkeit:	
	Integrität:	
	Verfügbarkeit:	
Internet-Router	Vertraulichkeit:	
	Integrität:	
	Verfügbarkeit:	

Hinweis: Kategorien des Schutzbedarfes
normal: Die Schadensauswirkungen sind begrenzt und überschaubar.
hoch: Die Schadensauswirkungen können beträchtlich sein.
sehr hoch: Die Schadensauswirkungen können ein existentiell bedrohliches, katastrophales Ausmaß erreichen.

IT-Sicherheit

2.4.5 IT-Sicherheitsgesetz

Ausgangsszenario:

Die Geschäftsleitung der IT-Firma *ConSystem GmbH* möchte Kunden gewinnen, die nach dem IT-Sicherheitsgesetz (gültig seit Juli 2015) zur *kritischen Infrastruktur* gehören. Dazu wird die Entwicklungsabteilung beauftragt, wesentliche Informationen bereitzustellen.

Aufgabenstellung:

Der Leiter der Abteilung Entwicklung hat bereits Informationen zum IT-Sicherheitsgesetz zusammengetragen. Als erfahrener Auszubildender der Firma erhalten Sie den Auftrag, diese Informationen zu vervollständigen.

Informationen zum IT-Sicherheitsgesetz

Kurzbeschreibung des IT-Sicherheitsgesetz:

Sektoren der kritischen Infrastruktur:

Fachkompetenz

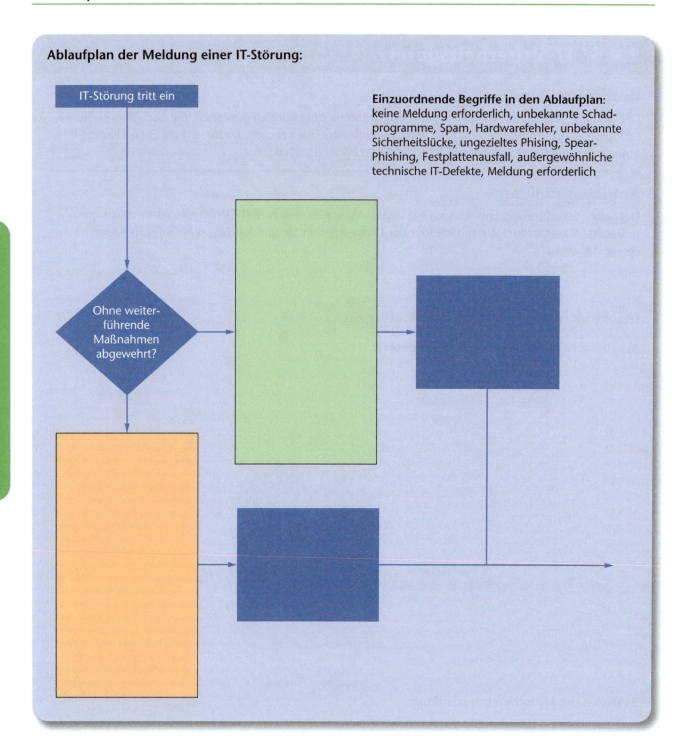

2.4.6 Überblick IT-Sicherheit

Ausgangsszenario:
Die IT-Firma *ConSystem GmbH* möchte die Consulting-Dienstleistungen auch verstärkt im Bereich der IT-Sicherheit anbieten. Das schließt auch die Hilfe bei der Einführung eines Informationssicherheitsmanagementsystems sein. Die Geschäftsleitung der Firma hat beschlossen, dass die Kenntnisse der entsprechenden Mitarbeiter in diesem Bereich verbessert werden sollten.

Aufgabenstellung:
Der Leiter der Abteilung Entwicklung hat dazu verschiedene Begriffe zu diesem Bereich recherchiert und versucht, sie in einer Mindmap zu strukturieren. Als Auszubildender der Abteilung bittet er Sie, die Mindmap fertigzustellen.

Internetrecherche zur IT-Sicherheit

Begriffe:

Informationssicherheitsmanagementsystem · DIN ISO / IEC 27001 · BSI
Gesetze · Schutzbedarfsfeststellung · DSGVO / BDSG · Strukturanalyse
Auftragsdatenverarbeitung · IT-Grundschutz · KRITIS
Sicherheitskonzept · IT-Sicherheitsgesetz
Industrielle Steuerungs- und Automatisierungssysteme (ICS)-Security

Mindmap:

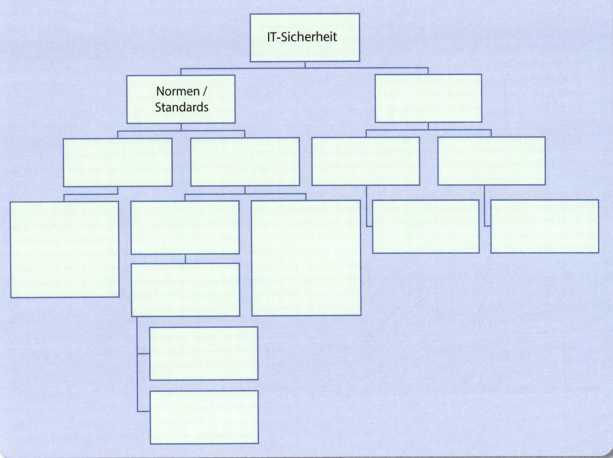

Fachkompetenz

2.4.7 Verschlüsselungsverfahren

Ausgangsszenario:
Ein Kunde der IT-Firma *ConSystem GmbH* plant einer Neustrukturierung seiner IT-Sicherheit. In diesem Zusammenhang soll er im Bereich der Verschlüsselung beraten werden.

Aufgabenstellung:
Der Kunde hat dazu einige Fragen zusammengestellt, die Sie als erfahrener Auszubildender beantworten sollen.

Verschlüsselungsverfahren

Der Kunde hat von symmetrischer und asymmetrischer Verschlüsselung gehört. Erläutern Sie ihm die beiden Verfahren kurz.

Ihre Antworten:

Symmetrische Verschlüsselung:

Asymmetrische Verschlüsselung:

IT-Sicherheit

Fortsetzung: Verschlüsselungsverfahren

Der Kunde fragt danach, welche Verschlüsselungsverfahren den heutigen Sicherheitsstandards entsprechen. Markieren Sie die jeweiligen Verfahren mit einem „ja" oder „nein".

Ihre Einschätzung:

Verfahren	heutiger Sicherheitsstandard
DES (Digital Encryption Standard)	
Triple-DES	
AES (Advanced Encryption Standard)	
Blowfish	
RSA-OAEP	
Diffie-Hellmann	
MD5	

In einem ersten Schritt möchte der Kunde, dass sensible E-Mails nur noch verschlüsselt versendet werden. Sie empfehlen dem Kunden den OpenPGP-Standard, für den es einige kostenfreie Implementierungen gibt. Erläutern Sie ihm in Stichworten, wie dieser Standard funktioniert und auf welcher Verschlüsselungsmethode er basiert.

OpenPGP:

Fachkompetenz

2.5 Fachkompetenz IT-Systeme

IT-Systeme im Überblick

Eine sehr weit gefasste Definition von IT-Systemen beschreibt ein solches System als eine Funktionseinheit, die Daten verarbeiten kann. Damit wäre streng genommen auch der Mensch ein IT-System. In den meisten Definitionen wird allerdings vorausgesetzt, dass ein IT-System eine technische Anlage ist, die der Informationsverarbeitung dient (siehe beispielsweise *IT-Grundschutz*, BSI).

Das beginnt mit einfachen IT-Systemen wie dem PC, dem Laptop, dem Tablet oder dem Smartphone. Komplexe IT-Systeme wären beispielsweise Rechenzentren oder auch Großrechner. Wenn verschiedene Komponenten untereinander kommunizieren, dann kann man auch von vernetzten IT-Systemen sprechen (beispielsweise Server-Client-Architekturen). Dazu gehört auch das *IoT* (Internet of Things) als Vernetzung verschiedener Endgeräte oder auch eingebettete Systeme, die in einem Produkt oder System integriert sind (beispielweise Kühlschränke mit Internetanbindung).

Für jedes IT-System ist es wichtig, dass es klar definierte Schnittstellen gibt, über die kommuniziert werden kann. Allein an einem Arbeitsplatz-PC gibt es viele verschiedene Schnittstellen, um den Monitor, den Drucker oder auch weitere externe Geräte anzuschließen (beispielsweise die USB-Schnittstelle oder die HDMI-Schnittstelle).

Neben der Hardware eines IT-Systems ist natürlich auch die Software-Seite von Bedeutung. Ohne Betriebssysteme, Datenbanksysteme oder Anwendungssysteme könnte das IT-System keine Informationen verarbeiten. IT-Systeme sind also ein komplexes Zusammenspiel von Hardware und Software, aber auch von Kommunikationstechnik.

Das Themengebiet der IT-Systeme ist deshalb auch enorm weit gefasst. Von den Grundlagen der digitalen Informationsverarbeitung (Bits und Bytes) bis zur Datenübertragungsrate moderner Schnittstellen oder auch der Speicherdichte von modernen Speichermedien. Daneben sind verschiedene Betriebssysteme (Windows, Linux, Android und weitere) oder auch Datenbankmanagementsysteme (beispielsweise relationale Datenbankmanagementsysteme wie Oracle) zu betrachten. Zusätzlich gehören auch elektrotechnische Grundlagen zu IT-Systemen, vor allem, wenn es um die Sicherheit der Geräte geht. Die Kenntnis der entsprechenden Schutzmaßnahmen ist deshalb ebenfalls wichtig.

IT-Systeme

2.5.1 Datensicherungskonzept

Ausgangsszenario:
Ein Kunde der IT-Firma *ConSystem GmbH* hat einen Webshop für Kfz-Ersatzteile. Täglich gehen sehr viele Bestellungen ein, die der Kunde auf seinen Servern speichern muss. Bislang hatte der Kunde kein Datensicherungskonzept.

Aufgabenstellung:
Für die Erstellung des Konzepts erhalten Sie als Auszubildender der IT-Firma *ConSystem GmbH* den Auftrag, die nötigen Informationen zusammenzustellen.

Informationen zu Datensicherungskonzepten

Beschreiben Sie stichpunktartig die drei unten angegebenen Möglichkeiten einer Datensicherung

Vollsicherung:

Differenzielle Sicherung:

Inkrementelle Sicherung:

Fachkompetenz

Der Kunde weist darauf hin, dass die Datensicherung revisionssicher sein soll. Unterstreichen Sie die Angaben, die für die Revisionssicherheit relevant sind.

- ✓ Datensicherung nur auf externen Festplatten
- ✓ Vollständigkeit
- ✓ Schutz vor Veränderung und Verfälschung
- ✓ Daten dürfen nur komprimiert gesichert werden
- ✓ Sicherung vor Verlust
- ✓ Nutzung nur durch Berechtigte
- ✓ Die Aufbewahrungsfrist der Daten ist frei wählbar
- ✓ Dokumentation des Verfahrens

Für die Speicherung der Daten kommen verschiedene Medien infrage. Die maximale Lebensdauer eines Mediums kann allerdings durch äußere Einflüsse deutlich gesenkt werden. Geben Sie stichpunktartig jeweils eine solche Einflussmöglichkeit an.

Medium	Max. Lebensdauer in Jahren	Mögliche Beeinflussung der Lebensdauer
CD	30	
DVD	30	
Blu-ray Disk	50 – 100	
Solid-State-Disk	10	
USB-Stick	30	
Externe Festplatte	10	
Interne Festplatte	5 – 10	

IT-Systeme

2.5.2 Konzeption einer IT-Ausstattung

Ausgangsszenario:

Ein Kunde der IT-Firma *ConSystem GmbH* möchte eine neue Zweigstelle eröffnen und mit den entsprechenden IT-Systemen ausstatten. Für die Konzeption der IT-Ausstattung der Zweigstelle sollen im Vorfeld die marktgängigen IT-Systeme auf die Verwendbarkeit geprüft werden.

Aufgabenstellung:

Als erfahrener Auszubildender der IT-Firma *ConSystem GmbH* erhalten Sie den Auftrag, diese Einschätzungen und Analysen durchzuführen.

Analyse der marktgängigen IT-Systeme

Für die EDV-Arbeitsplätze stellt sich die Frage, ob klassische Desktop-PCs, Laptops oder Tablet-PCs eingesetzt werden sollen. Beurteilen Sie den Einsatz im Hinblick auf Leistungsfähigkeit, Wirtschaftlichkeit, Erweiterbarkeit und Zukunftsfähigkeit.

Ihre Beurteilung:

Fachkompetenz

Der Kunde möchte, dass die obige Beurteilung in Form einer Nutzwertanalyse dargestellt wird. Erstellen Sie die entsprechende Tabelle mit den o. a. Kriterien und legen Sie folgende Gewichtungen zugrunde:

- Leistungsfähigkeit 20 %
- Wirtschaftlichkeit 50 %
- Erweiterbarkeit 15 %
- Zukunftsfähigkeit 15 %

Vergeben Sie jeweils 0 bis 10 Punkte für die Kriterien und ziehen Sie ein Fazit

Kriterien	Gewicht	Desktop	Punkte	Laptop	Punkte	Tablet	Punkte
Leistungsfähigkeit							
Wirtschaftlichkeit							
Erweiterbarkeit							
Zukunftsfähigkeit							
Summe							

Bei der Ausstattung der EDV mit Standardsoftware steht zur Diskussion, ob freie Software eingesetzt werden soll. Definieren Sie dazu die folgenden Begrifflichkeiten:

Ihre Definitionen:

Open Source:

GNU/GPL:

Public Domain:

OEM:

EULA:

IT-Systeme

2.5.3 Installation von Hardware

Ausgangsszenario:

Nachdem die Konzeption der neuen Zweigstelle des Kunden der IT-Firma *ConSystem GmbH* erfolgreich umgesetzt wurde, soll nun die konkrete Installation der Hardware erfolgen. Dazu hat der Kunde einige Fragen, die er im Vorfeld klären möchte.

Aufgabenstellung:

Als erfahrener Auszubildender der IT-Firma *ConSystem GmbH* erhalten Sie den Auftrag, diese Fragen für den Kunden zu beantworten.

Fragen zur Installation der Hardware

Frage 1: Für die Anschlüsse der Peripheriegeräte wird überlegt, ob parallele oder serielle Datenübertragung eingesetzt werden soll. Was ist der Unterschied und welche Vor- und Nachteile haben die einzelnen Übertragungstechniken?

Ihre Antwort:

Fachkompetenz

Frage 2: Wöchentlich müssen alle Daten der Zweigstelle gesichert und als Backup in der Zentrale hinterlegt werden. Dabei fallen ungefähr 12 GiB an Daten an. Der Kunde möchte das Backup über eine Internetleitung überspielen. Welche Übertragungsrate (im Upload) muss die Verbindung bieten, damit die komplette Übertragung innerhalb von zwei Stunden erledigt ist? Führen Sie auch eine Berechnung durch!

Ihre Antwort:

Hinweis: Tabelle der Upload Geschwindigkeiten

Internetverbindung	Upload
DSL 16000	bis 1000 kbit/s
VDSL 25	bis 5000 kbit/s
VDSL 50	bis 10 000 kbit/s
VDSL 100	bis 20 000 kbit/s

Frage 3: Der Kunde möchte ein sicheres Medium zur externen Datensicherung. Es bieten sich eine externe Festplatte (HD) oder ein Solid State Drive (SSD) an. Beantworten Sie dazu folgende Fragen mit Ja oder Nein.

Aussage	Korrekt (ja/nein)
Solid State Drives sind mindestens doppelt so schnell wie konventionelle Festplatten.	
Je mehr Speicherkapazität eine SSD hat, desto höher ist die Haltbarkeit.	
Festplatten sind resistenter gegen Erschütterungen als Solid State Drives.	
Solid State Drive und Festplatte haben gleiche maximale Kapazitäten.	
Das Solid State Drive hat mehr Schreibzyklen als die Festplatte.	
Solid State Drives sollten regelmäßig defragmentiert werden.	
Festplatten sind deutlich lauter im Betrieb als Solid State Drives.	

IT-Systeme

2.5.4 Beratung in IT-Grundlagen

Ausgangsszenario:

Der Kunde der IT-Firma *ConSystem GmbH* hat einige Auszubildende im IT-Bereich und möchte eine interne Schulung vorbereiten, um den Kenntnisstand der Auszubildenden auf den gleichen Stand zu bringen. Dazu hat der Schulungsleiter des Kunden einen Test erstellt, der grundlegende Kenntnisse der Auszubildenden überprüfen soll.

Aufgabenstellung:

Als erfahrener Auszubildender der IT-Firma *ConSystem GmbH* erhalten Sie den Auftrag, eine Musterlösung für diesen Test zu erstellen.

Test zu IT-Grundkenntnissen

Aufgabe 1: Wandeln Sie die Dezimalzahl 78 in eine Dualzahl um.

Ihre Antwort:

Aufgabe 2: Wandeln Sie die Dualzahl 11001011 in eine Dezimalzahl um.

Ihre Antwort:

Aufgabe 3: Wandeln Sie die Dualzahl 111110100001 in eine Hexadezimalzahl um.

Ihre Antwort:

Fachkompetenz

Fachkompetenz

Aufgabe 4: Ein Schulungsunternehmen hat 75 PCs in den Schulungsräumen. Wie hoch ist die elektrische Arbeit (in KWh) an einem Tag (8 Stunden), wenn alle PCs benutzt werden und jeder PC eine Leistungsaufnahme von 300 Watt hat?

Ihre Antwort:

Aufgabe 5: Ein Internetprovider möchte ein kleines Blade-Server-System aufstellen, das eine Leistungsaufnahme von 2400 Watt hat. Der Anschluss soll mit 10 A bei 230 V abgesichert werden. Ist das ausreichend?

Ihre Antwort:

Aufgabe 6: Die boolesche Algebra ist die Grundlage von logischen Schaltungen. Analysieren Sie dazu die untenstehende logische Schaltung und schreiben Sie die zugehörige Logikfunktion auf.

Ihre Logikfunktion:

Z =

Hinweis:

Verwenden Sie folgende Symbole:

UND: *   ODER: +   NICHT: ~

IT-Systeme

2.5.5 Beratung zu Dateiformaten und Codes

Ausgangsszenario:
Für eine interne Präsentation braucht ein Kunde der IT-Firma *ConSystem GmbH* Beratung im Bereich Dateiformate und Codes. Der Kunde hat bereits einige Informationen zusammengestellt, die aber noch korrekt zugeordnet und erläutert werden müssen.

Aufgabenstellung:
Als erfahrener Auszubildender der IT-Firma *ConSystem GmbH* erhalten Sie den Auftrag, die Informationen des Kunden entsprechend zu ergänzen.

Beratung im Bereich Dateiformate und Codes

Der Kunde hat eine Übersicht von gängigen Dateiformaten zusammengestellt und braucht nun Hilfe bei der Zuordnung. Ordnen Sie die Formate entsprechend zu.

Ihre Zuordnung:

Dateiformate: PNG, PDF, DOCX, TIFF, MP4, XLSX, CSV, ODP, ODT, JPG

Bezeichnung	Format
Ein Dateiformat zur Speicherung von Microsoft Word Dateien (ab Office 2007).	
Ein Dateiformat zur Speicherung von Bilddaten ohne Verlust. Die Bilddaten werden bei diesem Format in Blöcken gespeichert. Das Format ist für Web-Anwendungen eher ungeeignet.	
Ein Dateiformat zur Speicherung einfach strukturierter Daten, die in der Regel durch Kommata getrennt werden.	
Ein Dateiformat zur plattformunabhängigen Speicherung von Dokumenten.	
Ein Dateiformat zur Speicherung von Microsoft Excel Dateien (ab Office 2007).	
Ein Dateiformat zur Speicherung von Open-Office-Textdokumenten.	
Ein Dateiformat zur Speicherung von Bilddaten ohne Verlust. Dieses Format ist das weitest verbreitete im Internet.	
Ein Dateiformat zur Speicherung von komprimierten Audio- und Videodaten.	
Ein Dateiformat zur Speicherung von Bilddaten mit Verlust.	
Ein Dateiformat zur Speicherung von Open-Office-Präsentationen.	

Fachkompetenz

Fachkompetenz

In der Präsentation soll beispielhaft der Speicherbedarf eines Bildes berechnet werden. Führen Sie eine eigene Rechnung zur Kontrolle durch.

Bilddaten: Für ein Foto mit den Maßen 30 cm x 18 cm und einer Auflösung von 300 ppi (Pixel per Inch) soll der Speicherplatz in MiB berechnet werden. Die Farbtiefe beträgt 24 Bit.

Hinweise:
- 1 Inch = 2,54 cm
- Ergebnisse auf zwei Stellen hinter dem Komma runden.

Ihre Lösung:

Der Kunde hat einige Aussagen zur Kodierung zusammengetragen. Unterstreichen Sie die korrekten Aussagen.

Ihre Unterstreichungen:

- Die UTF-8-Kodierung von Unicode hat immer nur 8 Bit zur Verfügung.
- UTF-32 kodiert immer mit 32 Bit.
- In der Programmiersprache Java ist ein Zeichen immer 1 Byte groß.
- UTF-16 kommt in der Regel mit 2 Byte aus, kann aber auch 4 Byte nutzen.
- Der Latin-1-Zeichensatz ist in den ersten 256 Zeichen identisch mit Unicode.
- Alle Zeichensätze sind in den ersten 156 Zeichen mit dem ASCII-Code identisch.

IT-Systeme

2.5.6 Einsatz von Cloud Computing

Ausgangsszenario:
Die IT-Firma *ConSystem GmbH* berät auch Kunden im Bereich Cloud Computing. Ein langjähriger Kunde der Firma möchte Cloud Computing einsetzen und hat Beratungsbedarf in diesem Bereich.

Aufgabenstellung:
Für eine einführende Präsentation zu dem Thema Cloud Computing hat der Leiter der Entwicklungsabteilung relevante Informationen (teilweise in Englisch) zusammengetragen. Als erfahrener Auszubildender der IT-Firma *ConSystem GmbH* erhalten Sie den Auftrag, diese Informationen zu übersetzen bzw. zu vervollständigen.

Informationen zum Bereich Cloud Computing

Bei der European Union Agency for Cybersecurity (ENISA) hat der Leiter der Entwicklungsabteilung einen Text über die Risikoeinschätzung des Cloud-Computings gefunden. Übersetzen Sie den Text für die Präsentation.

Auszug aus dem englischen Text:

The key conclusion of this paper is that the cloud's economies of scale and flexibility are both a friend and a foe from a security point of view. The massive concentrations of resources and data present a more attractive target to attackers, but cloud-based defences can be more robust, scalable and cost-effective. This paper allows an informed assessment of the security risks and benefits of using cloud computing – providing security guidance for potential and existing users of cloud computing …

Ihre Übersetzung:

Fachkompetenz

Weiterhin möchte der Leiter der Entwicklungsabteilung verschiedene Nutzungsmodelle in der Präsentation vorstellen. Erläutern Sie kurz diese Modelle.

Ihre Erläuterungen:

Infrastructure as a Service:

Software as a Service:

Platform as a Service:

IT-Systeme

Am Ende der Präsentation möchte der Leiter der Entwicklungsabteilung eine Auflistung von drei Vorteilen und drei Nachteilen des Cloud-Computings zeigen, um damit eine Diskussion anzuregen. Listen Sie dazu drei wesentliche Vor- und Nachteile auf.

Ihre Auflistung:

Vorteile:

Nachteile:

Fachkompetenz

2.5.7 Virtualisierung

Ausgangsszenario:
Als Auszubildender der IT-Firma *ConSystem GmbH* sollen Sie virtualisierte Systeme mitbetreuen und auch Kunden bezüglich Virtualisierung beraten.

Aufgabenstellung:
Stellen Sie Informationen zusammen, die den Einsatz von Virtualisierung rechtfertigen und dokumentieren.

Aufgabe 1: Notieren Sie sich eine kurze Erklärung von „Server-Virtualisierung".

Ihre Antwort:

Aufgabe 2: Nennen Sie in diesem Zusammenhang zwei Vorteile und einen Nachteil der „Server-Virtualisierung".

Ihre Antwort:

Aufgabe 3: Ihnen liegt eine Sammlung von Aussagen zur Virtualisierung vor. Ordnen Sie die Aussagen durch Ankreuzen entweder dem „Bare-Metal-Hypervisor"-Ansatz, dem „Hosted-Hypervisor"-Ansatz oder beiden Ansätzen zu.

Ihre Zuordnung:

Aussage	Bare Metal	Hosted
Setzt direkt auf der Hardware auf		
Verwaltet die Systemressourcen besonders effizient		
Läuft als Anwendung in einem Host-Betriebssystem		
Ist im privaten Einsatz gebräuchlich		
Unterstützt gleichzeitig mehrere virtuelle Maschinen		
Hypervisor ist das Betriebssystem		

IT-Systeme

Aufgabe 4: Bei der Verwendung von virtuellen Maschinen wird häufig mit Snapshots gearbeitet. Erklären Sie kurz das Prinzip eines Snapshots.

Ihre Antwort:

Aufgabe 5: Es gibt eine Vielzahl von Produkten, die genutzt werden können, um virtuelle Maschinen anzulegen und zu betreiben.

Nennen Sie mindestens zwei aktuell verfügbare Virtualisierungsprodukte.

Ihre Antwort:

Fachkompetenz

2.5.8 Schutzmaßnahmen nach DIN VDE 100-410

Ausgangsszenario:

Ein Kunde der IT-Firma *ConSystem GmbH* plant den Aufbau eines kleinen Rechenzentrums. Da bei dem Aufbau auch Auszubildende teilnehmen, möchte der Kunde in einer Präsentation einige wesentliche Aspekte der Schutzmaßnahmen darstellen.

Aufgabenstellung:

Als erfahrener Auszubildender der IT-Firma *ConSystem GmbH* erhalten Sie den Auftrag, folgende Informationen aufzuarbeiten und dem Kunden zu Verfügung zu stellen.

Informationen zum Thema Schutzmaßnahmen nach DIN VDE 100-410

Kurzbeschreibung der DIN VDE 100-410:

Beschreibung der Schutzmaßnahmen nach DIN VDE 100-410. Ordnen Sie die Beschreibung der entsprechenden Schutzmaßnahme zu.

Schutzmaßnahme	Beschreibung
Basisschutz	Wenn es durch Fehler zu einer Spannung an Teilen (beispielsweise Gehäuseteilen) kommt, die normalerweise nicht unter Spannung stehen, so verhindert dieser Schutz durch Abschalten gefährliche Spannungen bei einer Berührung.
Fehlerschutz	Dieser Schutz verhindert das direkte Berühren von spannungsführenden Leitungen oder Teilen des Systems. Das kann durch Isolierung oder Abdeckung oder auch Absperrungen erreicht werden.
Zusatzschutz	Dieser Schutz wird in der Regel mit Fehlerstrom-Schutzschaltern erreicht und dient als weitere Stufe des Schutzes.

In den Büros des neuen Rechenzentrums werden verschiedene Elektrogeräte zum Einsatz kommen. Im Vorfeld sollen diese Geräte in die entsprechenden Schutzklassen (1–3) einsortiert werden.

Schutzklasse	Gerät
1.	
2.	
3.	

Elektrogeräte in den Büros:

Handy-Aufladegerät
PC mit Monitor
Laser-Drucker
Kopierer
Schreibtischlampe
Powerbank

IT-Systeme

2.5.9 Betriebssysteme

Ausgangsszenario:
Für die neuen Auszubildenden der IT-Firma *ConSystem GmbH* soll ein eigener Schulungsraum eingerichtet werden. In diesem Raum sollen wesentliche IT-Grundlagen in Form von Plakaten dargestellt werden. Für das Thema Betriebssysteme hat der Leiter der Entwicklungsabteilung bereits eine Vorlage entworfen.

Aufgabenstellung:
Als erfahrener Auszubildender der IT-Firma *ConSystem GmbH* erhalten Sie den Auftrag, die Plakat-Vorlage mit den korrekten Fachbegriffen zu vervollständigen.

Plakat zum Thema Betriebssysteme

Marktanteile der aktuellen Betriebssysteme:

Die folgenden Betriebssysteme sind in den Grafiken eintragen: Android, weitere Betriebssysteme (mobil), Windows, iOS, Linux, MacOS X, weitere Betriebssysteme (PC)

Desktop-PCs/Server

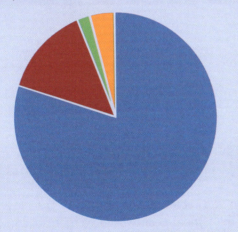

Mobile Computing

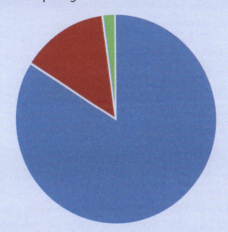

Zusammenhang Betriebssystem, Hardware und Anwendungen:

Folgende Begriffe sind entsprechend einzuordnen:
Betriebssystemkern (…), Hardware (…), Anwendungsprogramme (…)

Innerhalb der Einordnung sind die folgenden Begriffe zuzuordnen:
Prozesse, Gerätetreiber, Entwicklungswerkzeuge, Speicher, Textverarbeitung, Netzwerkzugriff, Dateiverwaltung, Prozessor, Geräte, Browser

Fachkompetenz

2.5.10 Schnittstellen

Ausgangsszenario:

Ein Kunder der IT-Firma *ConSystem GmbH* möchte seine IT-Ausstattung umstrukturieren. Dabei soll sowohl die vorhandene Hardware auf Zukunftsfähigkeit als auch neue Hardware auf Funktionalität geprüft werden. In einem ersten Schritt sollen Schnittstellen betrachtet werden.

Aufgabenstellung:

Der Kunde hat einige Informationen zu den vorhandenen IT-Schnittstellen zusammengetragen. Als erfahrener Auszubildender der IT-Firma *ConSystem GmbH* erhalten Sie den Auftrag, die Informationen korrekt zu ergänzen und die Fragen des Kunden zu beantworten.

Schnittstellen in der IT-Ausstattung

Der Kunde hat verschiedene Schnittstellen an den vorhandenen Geräten identifiziert und möchte nun eine Einschätzung bezüglich der weiteren Verwendung. Ergänzen Sie die Tabelle entsprechend.

Funktionalität	VGA	DVI-D	HDMI 1	HDMI 2	Displayport 1.2	Displayport 1.3
Auflösung HD 1280 x 720 Pixel	✓	✓				
Auflösung FULL HD 1920 x 1080 Pixel	–					
Auflösung 4K 3840 x 2160 Pixel	–					
Sound						

Dem Kunden wurde empfohlen, bei einer Neuanschaffung von Tablets auf einen USB-C-Anschluss zu achten. Dazu hat der Kunde einige Fragen formuliert, die mit ja/nein beantwortet werden sollen.

Fragen	Antwort (ja/nein)
Kann der Stecker in den USB-C-Anschluss in beide Richtungen eingesteckt werden?	
Passen andere USB-Stecker (USB 1.0 – 3.0) in den USB-C-Anschluss?	
Können HDMI-Geräte über USB-C angeschlossen werden (mit Adapter)?	
Können Displayport-Geräte über USB-C angeschlossen werden (mit Adapter)?	
Können mit USB-C schneller Daten übertragen werden als mit USB 3.0?	
USB-C ist nicht mehr auf 5 Volt beschränkt. Kann mit einem USB-C-Anschluss ein Gerät mit 60 Volt betrieben werden?	

IT-Systeme

Die Sachbearbeiter des Kunden sollen jeden Tag ein Backup wichtiger Daten auf einem USB-Stick erstellen. Es fallen jeden Tag ungefähr 1 GByte an Daten pro Sachbearbeiter an. Die Haltbarkeit der Sticks wird mit einem Jahr angesetzt. Ein Sachbearbeiter kostet den Kunden 24 Euro/Stunde (brutto). Dem Kunden liegen zwei Angebote vor. Berechnen Sie für den Kunden, welcher Stick sinnvollerweise eingesetzt werden sollte.

USB 3.0 Highspeed-Stick
Schreibrate: 420 MByte/s
Kapazität: 32 GB
Preis: 45 €

USB 2.0 Stick
Schreibrate: 132 MBit/s
Kapazität: 32 GB
Preis: 7,5 €

Ihre Berechnung und Antwort:

Fachkompetenz

2.5.11 Industrie 4.0

Ausgangsszenario:
Ein Kunde der IT-Firma *ConSystem GmbH* produziert im industriellen Bereich. Um zukunftsfähig zu werden, möchte der Kunde die Firma auf Industrie 4.0 vorbereiten. In einem ersten Schritt sollen den Abteilungsleitern des Kunden die grundlegenden Zusammenhänge erläutert werden.

Aufgabenstellung:
Der Leiter der Abteilung Entwicklung hat dazu verschiedene Begriffe zu diesem Bereich recherchiert und versucht, sie in einer Mindmap zu strukturieren. Als Auszubildender der Abteilung bittet er Sie, die Mindmap fertigzustellen.

Internetrecherche zu Industrie 4.0

Begriffe:

- Industrial Internet of Things (IIoT)
- kognitive Systeme
- Smart Home
- Technische Assistenz
- Sensoren
- Smartphones
- Big Data
- Internet of Things (IoT)
- Maschinen

Mindmap:

[Mindmap mit zentralem Knoten "Industrie 4.0" und leeren Feldern zum Ausfüllen]

IT-Systeme

2.5.12 Anwendungssysteme

Ausgangsszenario:
Im Rahmen der Ausbildung der IT-Firma *ConSystem GmbH* führt der Leiter der Entwicklungsabteilung monatliche Workshops für die Auszubildenden durch. Eines der Workshop-Themen sind Anwendungssysteme. Dazu hat der Leiter der Entwicklungsabteilung einen kleinen Test erstellt.

Aufgabenstellung:
Als erfahrener Auszubildender bittet er Sie, eine Musterlösung zu erstellen.

Test zu Anwendungssystemen

Aufgabe 1: Ein Anwendungssystem ist so definiert:

Ein Anwendungssystem beinhaltet die gesamte Software, die für ein bestimmtes betriebliches Aufgabengebiet entwickelt wurde. Weiterhin beinhaltet ein Anwendungssystem die komplette IT-Infrastruktur, auf der die Software läuft (inkl. der Daten, die vom Anwendungssystem genutzt werden).

Nennen Sie 4 verschiedene Anwendungssysteme für betriebliche Aufgaben:

Ihre Antwort:

Aufgabe 2: Die Installation von Anwendungssystemen ein komplexer Prozess, der weitestgehend automatisiert werden sollte. Für eine solche Automatisierung sind Kenntnisse in der Shell-Programmierung (Kommandozeilenprogrammierung) sehr hilfreich. Beschreiben Sie kurz die Auswirkungen der folgenden Shell-Befehle (CMD-Befehle):

Windows:

tree:

chkdsk:

diskpart:

del:

Linux

pwd:

df:

ls:

rm:

Fachkompetenz

Aufgabe 3: Mit welchen Befehlen (Windows oder Linux) können alle Dateien des Ordners „install" auf den Ordner „tmp" kopiert werden? Der Befehl wird auf dem Ordner ausgeführt, in dem die beiden anderen Ordner „install" und „tmp" enthalten sind.

- ☐ copy install*.* tmp
- ☐ copy tmp install
- ☐ copy install to tmp
- ☐ cp install/*.* tmp
- ☐ cp tmp/*.* install
- ☐ xcopy install tmp
- ☐ cp install to tmp
- ☐ copy tmp*.* install

2.5.13 Prozessoren und Speicher

Ausgangsszenario:
Ein Kunde der IT-Firma *ConSystem GmbH* braucht Beratung im Zusammenhang mit Prozessoren und Speicher, da er einige Hardwarekomponenten ersetzen möchte.

Aufgabenstellung:
Als erfahrener Auszubildender erhalten Sie den Auftrag, dem Kunden einige Fragen zu dieser Thematik zu beantworten.

Informationen zu Prozessoren und Speicher

Aufgabe 1: Was ist der Unterschied zwischen Mehrprozessorsystemen und Mehrkernprozessoren?

Aufgabe 2: Welche Vorteile bieten Mehrkernprozessoren?

Aufgabe 3: Welche Kernanzahl der Prozessoren sind bei den folgenden Systemen zu empfehlen?

System	Empfohlene Anzahl Kerne
CAD-System für komplexe Grafiken	
Office-System für die täglichen Büroanwendungen	
System für den Einsatz von virtuellen Maschinen	

IT-Systeme

Aufgabe 4: Was bedeutet die Angabe der Taktfrequenz eines Prozessors (in MHz oder GHz)?

Aufgabe 5: Wo ist der Unterschied zwischen den RAM-Typen DDR-SDRAM und SDR-SDRAM?

Aufgabe 6: Für ein Speichermodul DDR4-3200 (Speichertakt 400 MHz, Prefetching-Faktor 8) wird eine Datenrate von 25,6 GByte/s angegeben. Ist diese Angabe korrekt?

Ihre Berechnung:

[Nutzen sie dabei die Formel: Übertragungsrate (in MB/s) = Speichertakt (in MHz) · Prefetching-Faktor · Busbreite (in Bit) : 8]

Aufgabe 7: Welches der beiden Angebote würden Sie für einen modernen Office-PC favorisieren? Begründen Sie Ihre Antwort.

PC 1:

AMD Ryzen 3, 4 × 3600 MHz

16 GB DDR4-RAM, 3200 MHz

500 GB SSD

AMD Radeon Vega 8, 2 GB

PC 2:

Intel Core i7-1068NG7, 4 × 2300 MHz

24 GB DDR3-RAM, 1600 MHz

1 TB HDD

GeForce RTX 3080

Begründung:

2.5.14 Datenspeicherung und Ausfallsicherheit

Ausgangsszenario:
Ein Kunde der IT-Firma *ConSystem GmbH* plant eine Neustrukturierung seiner Datenspeicherung und möchte dabei auch die Ausfallsicherheit erhöhen.

Aufgabenstellung:
Als erfahrener Auszubildender erhalten Sie den Auftrag, dem Kunden einige Fragen zu dieser Thematik zu beantworten.

Informationen zu Datenspeicherung und Ausfallsicherheit

Aufgabe 1: Was bedeutet ein RAID-System und welche Vorteile bietet es?

Aufgabe 2: Wie lauten die weiteren korrekten Angaben in der folgenden Tabelle?

RAID-LEVEL	Kurzbeschreibung	Berechnungsformel Kapazität	Redundanz	Ausfallsicherheit	Kapazität bei 3 Platten (jeweils 1 TB)
RAID 0	Geschwindigkeitsvorteil durch Anordnung der Platten zu einer zusammenhängenden Platte (Striping).		nein	gering	3 TB
RAID 1		Die Kapazität ist maximal so groß wie die der kleinsten Platte		groß	
RAID 5			ja		

Aufgabe 3: Eine Entscheidung für RAID 1 ist gleichzeitig auch eine Backup-Lösung, da die Daten gespiegelt werden. Stimmt diese Einschätzung?

2.6 Fachkompetenz Software

Software im Überblick

In den Anfängen der Computertechnik wurden die physischen Komponenten eines Computersystems als Hardware bezeichnet. Das Programm des Computersystems war oft direkt an diese Hardware gekoppelt (fest verdrahtet). Erst später entwickelte sich der Begriff Software als Gegenstück zu dem Begriff Hardware und definierte damit die Programme aber auch Daten, die auf einem Computersystem arbeiten bzw. verarbeitet werden. Neue Definitionen beziehen auch Dokumentationen in den Begriff Software ein.

Grundsätzlich kann Software in Systemsoftware (beispielsweise Betriebssysteme wie Windows) und Anwendungssoftware (beispielsweise Textverarbeitungsprogramme wie Word) unterschieden werden. Zusätzlich gibt es Software, die das Erstellen von Software ermöglicht (beispielsweise Entwicklungsumgebungen wie Eclipse). Weiterhin kann Software installiert werden (also fest im Betriebssystem verankert werden) oder auch als portable Version vorliegen. Wichtig ist auch das Nutzungsrecht von Software. Im Unterschied zu käuflich zu erwerbenden Vollversionen einer Software, wird manche Software als Freeware oder als Shareware angeboten, manche Software arbeitet mit Werbung (Adware).

Alle Varianten von Software haben gemeinsam, dass sie letztendlich in Form von Maschinencode vorliegen (nichts anderes als eine Folge von Nullen und Einsen). Der Computer (oder die Hardware) kann diesen Maschinencode ausführen und damit ein Betriebssystem oder eine Anwendung starten. Das Erzeugen dieses Maschinencodes übernimmt in der Regel die Entwicklungsumgebung. Dazu wird ein Programm in einer höheren Programmiersprache verfasst (beispielsweise in der Sprache C++) und anschließend durch die Entwicklungsumgebung in diesen Maschinencode übersetzt. Das Erstellen von Software ist also in der Regel das Anwenden einer Programmiersprache und das Übersetzen in die Maschinensprache durch die Entwicklungsumgebung.

Die Entwicklung der Programmiersprachen ist ein stetiger Prozess. In den Anfängen waren strukturierte Sprachen marktbeherrschend, wurden dann durch die objektorientierten Sprachen ergänzt und teilweise abgelöst. Zusätzlich wurden deklarative (wie SQL) oder funktionale (wie Haskell) Programmiersprachen entwickelt. Von besonderem Interesse war und ist die Entwicklung von künstlicher Intelligenz KI. Eine der ersten Programmiersprachen für KI war beispielsweise die Sprache LISP (List-Processing). Heute sind wir bereits von KI umgeben (beispielsweise durch Alexa, Siri, Cortana, Google u. a. oder im Bereich der Robotik). Die heutige KI ist kein herkömmliches Computerprogramm, das einen Algorithmus abarbeitet, sondern ein lernendes System. Dazu muss die KI Unmengen von Daten sammeln und verarbeiten und anschließend daraus „lernen". Der Begriff Big Data steht deshalb in direktem Zusammenhang mit KI.

Fachkompetenz

2.6.1 Einordnung von Programmierprachen

Ausgangsszenario:
Der Leiter der Abteilung Entwicklung möchte durch eine Präsentation zu den „Grundlagen der Softwareentwicklung" den zukünftigen Auszubildenden den Einstieg erleichtern. Ein Teil der Präsentation soll eine Einordnung von Programmier-Sprachen und -Konzepten sein. Leider sind die Notizen des Leiters in Unordnung geraten.

Aufgabenstellung:
Als erfahrener Auszubildender der Abteilung erhalten Sie den Auftrag, die Notizen übersichtlich und fachlich korrekt zu ordnen.

Ungeordnete Notizen zu Programmiersprachen und Konzepten

- Strukturierte Programmierung
- Grundsätzliches Konzept zur Beschreibung einer Programmiersprache
- Das „Wie" steht im Vordergrund
- Objektorientierte Programmierung
- SQL
- LISP
- Imperative Programmierung
- Deklarative Programmierung
- Mit Kontrollstrukturen den Ablauf gestalten
- Aufteilen eines Programmes in kleine Einheiten
- Funktionale Programmierung
- C++
- C#
- Java
- Prozedurale Programmierung
- Das „Was" steht im Vordergrund
- Mengen-orientierte Programmierung
- Objekte und Klassen stehen im Vordergrund
- Programmierparadigma

96

Software

Ihre Einordnung:

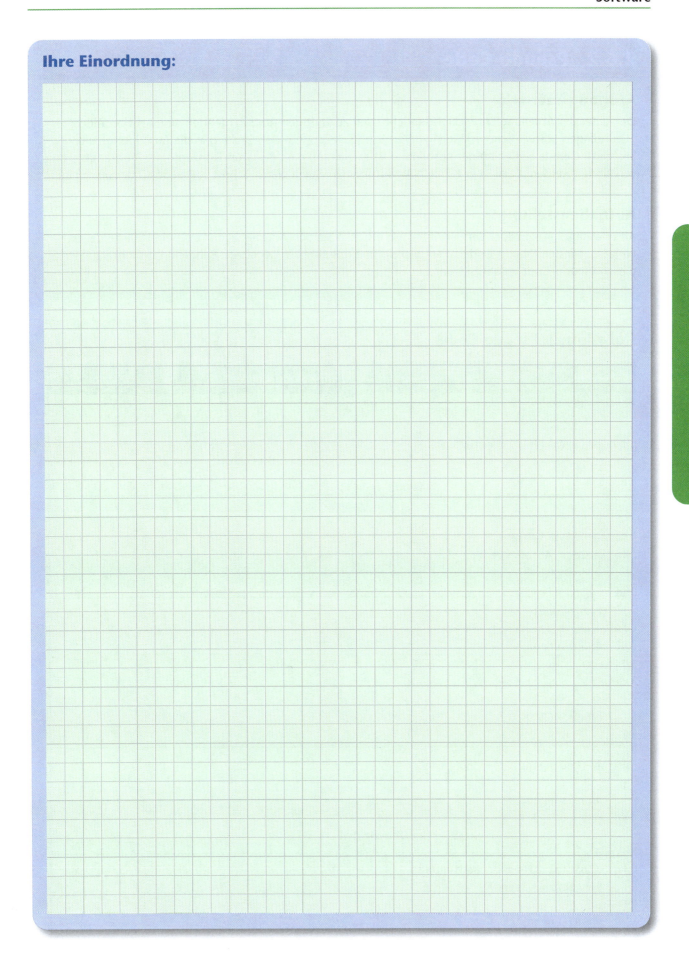

Fachkompetenz

Fachkompetenz

2.6.2 Pseudo-Code

Ausgangsszenario:
Der Leiter der Abteilung Entwicklung möchte den zukünftigen Auszubildenden eine Art Handbuch „Grundlagen Softwareentwicklung" zu Verfügung stellen, um den Einstieg in die Ausbildung zu erleichtern. Gerade zu Beginn der Ausbildung ist es wichtig, dass die Grundkonzepte der Programmierung verstanden werden. Dazu ist es hilfreich Algorithmen in einem ersten Schritt in Pseudo-Code zu schreiben.

Aufgabenstellung:
Als erfahrener Auszubildender der Abteilung erhalten Sie den Auftrag, zuerst eine einheitliche deutsche Notation für den Pseudo-Code zu entwickeln und das unten angegebene Beispielprogramm dann in diesen Pseudo-Code zu übersetzen.

Notation zu Pseudo-Code:

C-Befehle		Ihr Pseudo-Code
`int main (…) { … return 0; }`		
`Datentyp variable;` `variable = Anfangswert;`		

`if (Bedingung)`
`{`
`    Anweisungen;`
`}`
`else`
`{`
`    Anweisungen;`
`}`		

`while (Bedingung)`
`{`
`    Anweisungen;`
`}`
	`do`
	`{`
	`    Anweisungen;`
	`}`
	`while (Bedingung);`	

`for (Initialisierung; Bedingung;`
`    Schrittanweisung)`
`{`
`    Anweisungen;`
`}`		

Notation zu Pseudo-Code:

Teil 2: Übersetzen Sie das folgende C-Programm in Pseudo-Code

```c
int main()
{
   int zahl_1;
   int zahl_2;

   zahl_2 = 0;

   for (zahl_1 = 1; zahl_1 < 10; zahl_1++)
   {
        zahl_2 = zahl_2 + zahl_1;
   }
   if (zahl_2 > 30)
   {
        zahl_2 = zahl_2 * 2;
   }
   else
   {
        zahl_2 = zahl_2 * 3;
   }

   return 0;

}
```

Ihr Pseudo-Code:

Fachkompetenz

2.6.3 Algorithmus

Ausgangsszenario:
Ein Kunde aus der Bekleidungsindustrie bietet seine Waren hauptsächlich über einen Online-Shop an. Der Shop verfügt über mehr als 100 000 Bilder zu den Waren. Ein weiterer Ausbau würde die Anzahl der Bilder weiter erhöhen. Deshalb soll ein geeignetes Kompressionsverfahren entwickelt werden, um Speicherplatz für die Bilder einzusparen. In einem ersten Prototyp soll ein einfaches Verfahren umgesetzt werden. Dazu hat der Leiter der Entwicklungsabteilung eine grobe Vorgabe entwickelt.

Aufgabenstellung:
Als erfahrener Auszubildender der Abteilung erhalten Sie den Auftrag, den Algorithmus in Pseudocode umzusetzen. Die Bilddaten (Rohdaten) sind in einem Array gespeichert. Die komprimierten Daten sollen in dem Array *KomprimierteDaten* gespeichert werden.

Algorithmus Bilddatenkomprimierung in Pseudo-Code

Vorgabe:
Die Bilddaten sollen mit einer Lauflängenkodierung komprimiert werden. Das bedeutet, dass sich wiederholende Zeichen zusammengefasst werden und nur die Anzahl und das entsprechende Zeichen gespeichert werden. Zur Erkennung einer Lauflängenkodierung wird ein spezielles Sonderzeichen eingesetzt, das nicht in den Bilddaten enthalten ist. Eine Zusammenfassung erfolgt erst ab 4 Zeichen.
In einem ersten Schritt ist davon auszugehen, dass die Daten nur aus Großbuchstaben bestehen.

Das folgende Beispiel zeigt eine Komprimierung auf 72 % der Originalgröße:

Beispiel: Rohdaten
QQQQRRRRRRTTTTTTTTTTLLLLLLLLLLLMNNNVVVVVVVVVVAAAAAAAAAAAAA (59 Zeichen)

Nach der Komprimierung („§" ist das Sonderzeichen, das die Wiederholung einleitet):
§4Q§6R§10T§11LMNNN§11V§13A (43 Zeichen)

Die folgenden Funktionen und Variablen können für den Algorithmus genutzt werden:

```
BildDaten[ ]                    : enthält die Daten in Form eines Arrays (Typ Zeichen)

BildDaten.GetLength()           : liefert die Größe des Arrays

BildDaten[index]                : liefert das Zeichen an der Stelle index (nullbasiert)

KomprimierteDaten[ ]            : Array für Speicherung der komprimierten Daten

KomprimierteDaten.Add(Zeichen)  : Fügt dem Array ein Zeichen hinzu
```

Software

Ihr Algorithmus:

Fachkompetenz

2.6.4 HTML und XML

Ausgangsszenario:
Ein Kunde der IT-Firma **ConSystem GmbH** arbeitet mit einem Content-Management-System. Ein Mitarbeiter des Kunden soll sich in diesen Bereich einarbeiten. Unter anderem braucht dieser Mitarbeiter Kenntnisse im Bereich XML-Dateien und HTML-Grundlagen.

Aufgabenstellung:
Der Leiter der Entwicklungsabteilung hat dazu Beispiele entwickelt. Als erfahrener Auszubildender der Abteilung erhalten Sie den Auftrag, die Beispiele zu vervollständigen und die korrekten Zuordnungen vorzunehmen.

Zuordung von XML-Grundbegriffen in XML-Dateien

Zuzuordnende Elemente:
1. XML-Datei „kunden.xml"
2. DTD-Datei „kunden.dtd"
3. Elementtyp mit Text als Inhalt
4. Elementtyp mit Element-Inhalt
5. Elementtyp mit beliebiger Wiederholung (mindestens einmal)
6. Element mit Daten
7. Wiederholungselement
8. Kommentar
9. Kennzeichnung der Datei als XML-Datei
10. Verweis auf eine externe DTD-Datei

Datei 1:
```
<!ELEMENT adresse (name, strasse, wohnort, telefonnummern)>
<!ELEMENT name (#PCDATA)>
<!ELEMENT strasse (#PCDATA)>
<!ELEMENT wohnort (#PCDATA)>
<!ELEMENT telefonnummern (nummer)+>
<!ELEMENT nummer (#PCDATA)>
```

Datei 2:
```
<?xml version="1.0"?>
<!-- kundendaten -->
<!DOCTYPE kundendaten SYSTEM "kunden.dtd">
<adresse>
<name> Hans Kaiser </name>
<strasse> Masurenalle 12 </strasse>
<wohnort> 20000 Hamburg </wohnort>
<telefonnummern>
        <nummer> 123456 </nummer>
        <nummer> 654321 </nummer>
        <nummer> 111111 </nummer>
</telefonnummern>
</adresse>
```

Software

Beschreibung von HTML-Grundbegriffen:

Ihre Beschreibung:

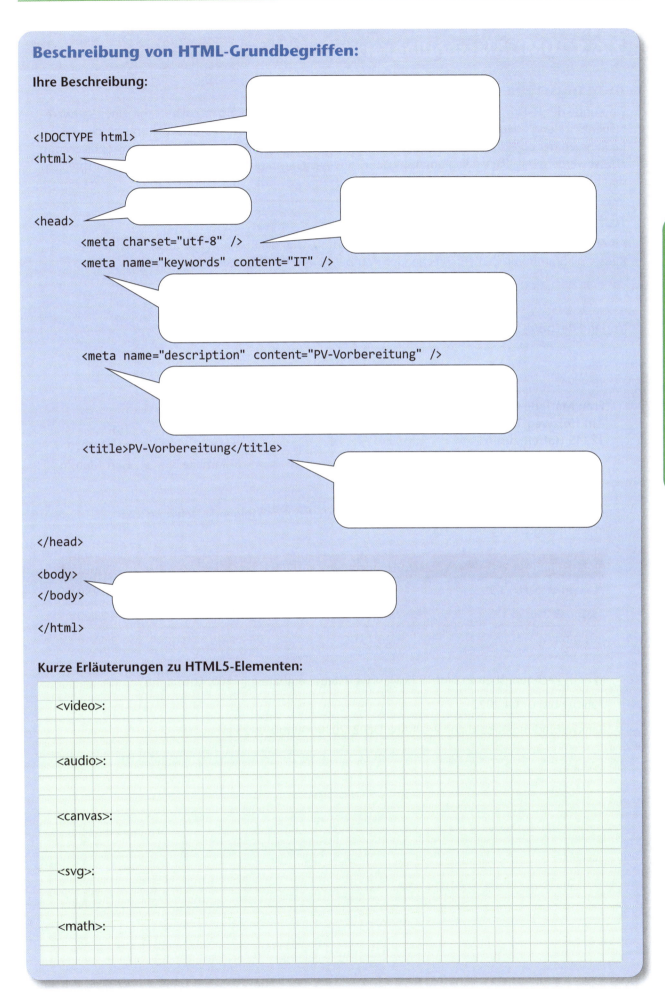

Kurze Erläuterungen zu HTML5-Elementen:

`<video>`:

`<audio>`:

`<canvas>`:

`<svg>`:

`<math>`:

Fachkompetenz

2.6.5 UML-Klassendiagramm

Ausgangsszenario:

Ein Kunde der IT-Firma *ConSystem GmbH* wird die Rechnungserstellung in Zukunft mit einer Software-Neuentwicklung erledigen. Bislang wurden die Rechnungen mit einer Textverarbeitung geschrieben. Im Rahmen der objektorientierten Analyse soll die Rechnungserstellung mithilfe eines Klassendiagramms erfasst werden. Das Klassendiagramm soll dann eine Ausgangsbasis für die Entwicklung der entsprechenden Klassen sein.

Aufgabenstellung:

Als erfahrener Auszubildender erhalten Sie den Auftrag, u. a. die Rechnung zu analysieren und ein Klassendiagramm mit den entsprechenden Attributen und Beziehungen zu erstellen.

Vorlage Rechnung:

EDV Krause GbR

Frau Marlene Knudsen
Am Holzweg 12
12345 Haffelhausen

Rechnung: 151
Datum: 01.03.2022
Mitarbeiter: Herr Mumm

Wir bedanken uns für die Zusammenarbeit und stellen Ihnen folgende Lieferung in Rechnung.

Bezeichnung	Anzahl	Einzelpreis	Gesamtpreis
Laptop MegaPlay 1.0	1	439,90 €	439,90 €
SSD USB 250 GB	3	74,50 €	223,50 €
Gesamt:			663,40 €

In dem Rechnungsbetrag sind 19 % Mehrwertsteuer enthalten (= 105,92 €)

Zahlbar bis: 01.04.2022

Bankverbindung: Kreditbank 24, IBAN: DE02120300000000212345

Ihr Klassendiagramm:

Fachkompetenz

Fachkompetenz

2.6.6 UML-Use-Case-Diagramm

Ausgangsszenario:

Ein Kunde, eine Pizzeria-Lieferservice-Kette, der IT-Firma *ConSystem GmbH* möchte für seine einzelnen Filialen eine Bestellsoftware einsetzen. Eine Standardlösung eines großen Softwarehauses kommt für ihn nicht infrage, vielmehr soll eine individuelle, einfach zu bedienende Software eingesetzt werden.

Aufgabenstellung:

Für eine erste Übersicht soll ein Use-Case-Diagramm (Anwendungsfalldiagramm) entwickelt werden, in dem die Anforderungen des Kunden abgebildet werden. Als erfahrener Auszubildender erhalten Sie den Auftrag, u. a. die Anforderungen zu analysieren und das Diagramm zu erstellen.

Anforderungen des Kunden:

Nach dem Anruf eines Kunden soll geprüft werden, ob der Kunde neu ist. Falls ja, so sollen die Kundendaten erfasst werden. Dann werden die Bestelldaten aufgenommen. Der Kunde kann entscheiden, ob er die Bestellung selbst abholen will, oder eine Auslieferung erfolgen soll. Im zweiten Fall liefert der Auslieferungsfahrer die Pizza aus. Die Auslieferung der Bestellung beinhaltet, dass der Auslieferungsfahrer nach der Zustellung eine SMS mit der Bestellnummer der erfolgten Lieferung an die Pizzeria sendet.

Software

Ihr Use-Case-Diagramm:

Fachkompetenz

2.6.7 Programmablaufplan – Refactoring

Ausgangsszenario:

Im Rahmen der Ausbildung der IT-Firma *ConSystem GmbH* führt der Leiter der Entwicklungsabteilung monatliche Workshops für die Auszubildenden durch. Eines der Workshop-Themen ist das Refactoring von Software. Dazu hat der Leiter der Entwicklungsabteilung einen Programmablaufplan erstellt, der im Sinne des Refactoring überarbeitet werden soll.

Aufgabenstellung:

Im Vorfeld möchte der Leiter der Entwicklungsabteilung diese Aufgabe testen und bittet Sie, als erfahrenen Auszubildenden, eine Musterlösung zu erstellen.

Aufgabenstellung:

Analysieren Sie den Programmablaufplan und prüfen Sie, ob er im Sinne des Refactorings verbessert oder vereinfacht werden kann. Um den Ablauf zu optimieren, hat der Entwicklungsleiter die Vorgabe gemacht, dass nur drei Verzweigungen (Selektionen) benutzt werden dürfen – weitere Variablen dürfen aber eingeführt werden.

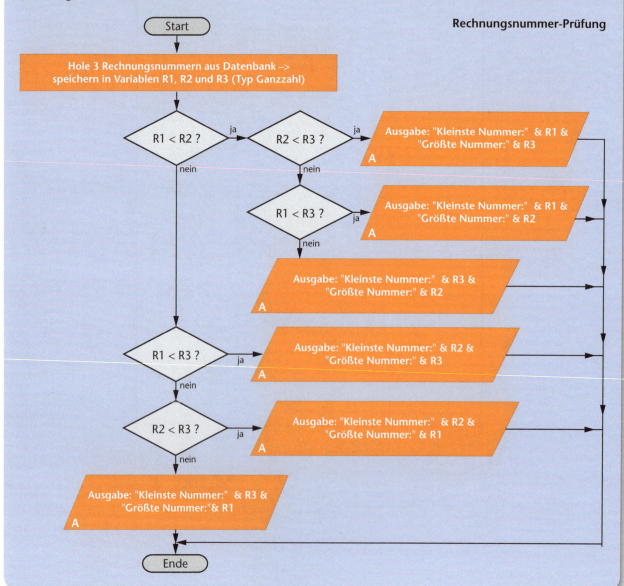

Rechnungsnummer-Prüfung

Ihr PAP nach dem Refactoring:

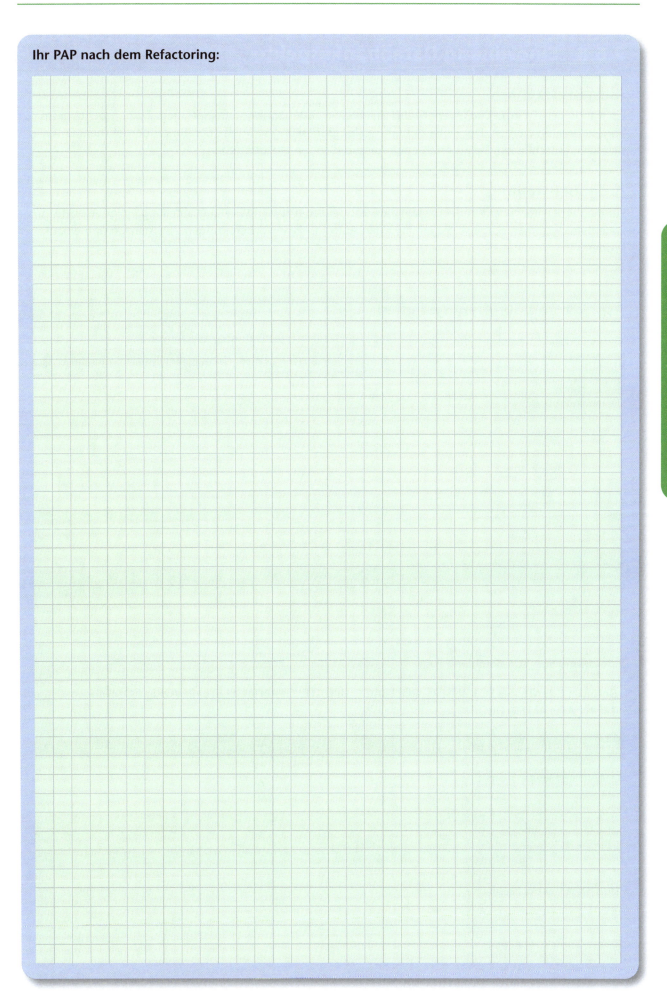

Fachkompetenz

2.6.8 Einordnung Datenbankaspekte

Ausgangsszenario:
Ein Kunde der IT-Firma *ConSystem GmbH* möchte ein Datenbanksystem einführen. Dazu möchte er im Vorfeld beraten werden. Der Leiter der Entwicklungsabteilung soll diese Beratung übernehmen. Er hat sich dazu entschlossen, Sie als erfahrenen Auszubildenden einzubeziehen.

Aufgabenstellung:
Für die Vorbereitung der Kundenpräsentation hat der Leiter der Entwicklungsabteilung einige Aspekte zu Datenbanksystemen skizziert. Sie erhalten den Auftrag, diese Vorbereitungen zu ergänzen und einzuordnen.

Aspekte zu Datenbanksystemen

Vergleich relationales Datenbanksystem und objektorientiertes Datenbanksystem:

Datenbanksystem	Vorteil	Nachteil
Relationales Datenbanksystem		
Objektorientiertes Datenbanksystem		

Einordnung von SQL-Befehlen:

Befehle: CREATE, SELECT, INSERT, ROLLBACK, UPDATE, GRANT, DELETE, REVOKE, COMMIT, TRUNCATE, ALTER, DROP

SQL-Kategorie	Befehle
DML (Data Manipulation Language)	
DDL (Data Definition Language)	
DCL (Data Control Language)	
Transaktionssteuerung	

Software

2.6.9 Entity-Relationship-Diagramm

Ausgangsszenario:

Der Kunde der IT-Firma *ConSystem GmbH* hat sich für eine relationales Datenbanksystem entschieden. In einem ersten Schritt sollen eine Konzeption für die Speicherung von Buchhaltungsdaten entwickelt werden.

Aufgabenstellung:

Als erfahrener Auszubildender erhalten Sie den Auftrag, die u. a. Anforderungen zu analysieren und ein ER-Diagramm zu erstellen.

Entwurf eines ER-Diagramms

Anforderungen des Kunden:

Das Unternehmen hat feste und freie Mitarbeiter, deren Daten verwaltet werden müssen. Sowohl feste als auch freie Mitarbeiter sind Projekten zugeordnet. Die festen Mitarbeiter sind in einer Lohntabelle eingruppiert. Die freien Mitarbeiter werden nach festen Tagessätzen bezahlt. Die Anzahl der Tage wird durch die Dauer der Projektzugehörigkeit bestimmt.

Ihr ER-Diagramm:

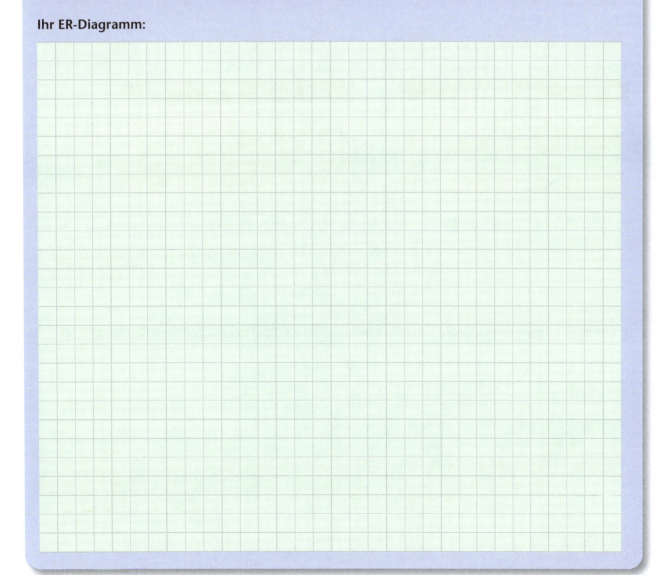

2.6.10 SQL-Abfragen

Ausgangsszenario:
Die Bank 42 ist ein langjähriger Kunde der IT-Firma *ConSystem GmbH*. Die Bank speichert die kundenrelevanten Daten in einer relationalen Datenbank. Die u. a. Tabellen zeigen einen Ausschnitt aus der Datenbank.

Aufgabenstellung:
Als erfahrener Auszubildender erhalten Sie den Auftrag, einige SQL-Abfragen für die Bankmitarbeiter zu erstellen.

SQL-Abfragen

Ausgangstabellen:

Tabelle Kunde

Kunden_ID	Vorname	Name
1	Karl	Maisen
2	Knut	Hansen
3	Maria	Kaiser
:	:	:

Tabelle Konto

Konto_ID	Nummer	Art_ID	Datum
1	2389239	1	20.02.2022
2	2200121	2	14.03.2022
3	4391202	2	21.03.2022
:	:	:	:

Tabelle Kontoart

Art_ID	Beschreibung
1	Privatkonto
2	Geschäftskonto
3	Premiumkonto
:	:

Tabelle Kunde_Konto

Kunden_ID	Konto_ID
1	1
2	1
2	2
:	:

Erstellen Sie eine Abfrage, die alle Kundendaten anzeigt, deren Nachname alphabetisch vor „M" steht.

Erstellen Sie eine Abfrage, die alle Kundennamen sowie die Anzahl der zugehörigen Konten auflistet.

Erstellen Sie eine Anweisung, um das Konto von Frau „Kaiser" zu ändern. Sie hat geheiratet und heißt nun „Lüdenscheid-Kaiser".

Der Kunde „Maisen" möchte ein neues Premiumkonto (Kontonummer: 238238) eröffnen. Erstellen Sie alle nötigen Anweisungen (eventuell mehrere SQL-Anweisungen). Beachten Sie, dass die Konto_ID dabei fortlaufend sein soll.

Fachkompetenz

2.6.11 Softwareentwicklungsprozess

Ausgangsszenario:
Als Auszubildender der IT-Firma **ConSystem GmbH** sollen Sie eine Präsentation vorbereiten, in der grundlegende Aspekte von Softwareentwicklungsprozessen dargestellt werden. Ihr Ausbilder hat einige Informationen zusammengetragen, die von Ihnen aufbereitet werden müssen.

Aufgabenstellung:
Analysieren Sie die Informationen und bereiten Sie die Informationen korrekt für die Präsentation auf.

Informationen zum Softwareentwicklungsprozess

Information 1: Es soll der Prozess vom Quellcode zum ausführbaren Programm dargestellt werden. Bringen Sie die gegebenen Symbole in die korrekte Abfolge.

Ihre Darstellung:

Gegebene Symbole: Linker, Ausführbares Programm, Bibliotheken, Objektcode, Compiler, Quellcode

Information 2: Anhand eines Java-Quellcode-Beispiels sollen wesentliche Bezeichnungen aus der Programmierung dargestellt werden. Beschriften Sie den Quellcode entsprechend.

```java
class GrundForm
{
    private String bezeichnung;

    public GrundForm() {
      bezeichnung = "";
    }
    GrundForm(String _bezeichnung) {
       if (_bezeichnung != "" ) bezeichnung = _bezeichnung;
    }
    public String getBezeichnung() {
       return bezeichnung;
    }
}
class Viereck extends GrundForm {
  :
}
```

Bezeichnungen:
Öffentlicher Zugriff
Klassendefinition
Vererbung
Attribut
Selektion
Parameterkonstruktor
Methode
Geschützter Zugriff
Datentyp
Zuweisung
Konstruktor

2.6.12 Fehlersuche (Debugging)

Ausgangsszenario:

Im Rahmen der Ausbildung der IT-Firma *ConSystem GmbH* führt der Leiter der Entwicklungsabteilung monatliche Workshops für die Auszubildenden durch. Eines der Workshop-Themen ist die Fehlersuche in der Entwicklung. Dazu hat der Leiter der Entwicklungsabteilung einen kleinen Test erstellt.

Aufgabenstellung:

Als erfahrener Auszubildender bittet er Sie, eine Musterlösung zu erstellen.

Test zur Fehlersuche (Debugging)

Aufgabe 1: Der Debugger ist ein Werkzeug zur Untersuchung des Quellcodes. Beantworten Sie in diesem Zusammenhang die folgenden Fragen stichpunktartig.

Ihre Antwort:

Woher stammt der Name Debugger?

Was ist ein Haltepunkt allgemein und ein konditionaler Haltepunkt?

Was versteht man unter Just-in-time-Debugging?

Aufgabe 2: Der folgende Ausschnitt zeigt den Einsatz eines Debuggers in einem einfachen C#-Programm. Es wurde ein Haltepunkt gesetzt und das Programm im Debugging-Modus gestartet. Das Programm stoppt: Welche Bedingung könnte für den Haltepunkt angegeben worden sein?

```csharp
namespace Debugger
{
    class Program
    {
        static void Main(string[] args)
        {
            int x = 0;

            for (int i = 1; i < 10; i++)
            {
                x = x + i;
            }
        }
    }
}
```

Lokal:

Name	Wert	Typ
args	{string[0]}	string[]
i	4	int
x	6	int

Mögliche Antworten (bitte ankreuzen):

☐ x > 5
☐ i > 5
☐ i == 4
☐ x == 6
☐ x % i == 0
☐ i > 4

Fachkompetenz

2.7 Fachkompetenz Netzwerke

Netzwerke im Überblick

Ganz allgemein betrachtet ist ein Netzwerk eine Sammlung von Elementen (*Knoten*), die untereinander verbunden sind. Diese Verbindungen werden in der Mathematik *Kanten* genannt. Solche Netzwerke (oder kurz Netze) sind in verschiedenen Bereichen zu finden. Beispielsweise im Verkehrsbereich (wie das Eisenbahnnetz) oder im Energiebereich (wie das Stromnetz). Im IT-Bereich spricht man von Kommunikationsnetzwerken oder auch Computernetzwerken. Damit ist natürlich auch das Internet ein Netzwerk mit weltweiter Ausdehnung. Allen diesen Netzwerken im IT-Bereich ist gemeinsam, dass eine beliebige Anzahl von Geräten (Computer oder andere netzwerkfähige Geräte) miteinander verbunden sind und über bestimmte Regeln kommunizieren. Diese Regeln werden als Netzwerkprotokolle bezeichnet (beispielsweise TCP oder IP). Das OSI-Modell (standardisiert nach ISO) gibt dabei den Rahmen dieser Kommunikation vor. Dieses Modell definiert mehrere Schichten, die die Kommunikation zwischen den netzwerkfähigen Geräten ermöglichen sollen. Für die einzelnen Schichten gibt es definierte Protokolle. Beispielsweise ist die Transportschicht die vierte Schicht des OSI-Modells. Ein Protokoll für diese Schicht ist das Transmission Control Protocol (TCP), das eine zuverlässige Übertragung der Daten zwischen Endgeräten regelt.

Computernetzwerke können sehr verschieden aufgebaut sein. Es gibt sternförmige Netze (alle Knoten sind mit einem Hauptknoten verbunden) oder auch ringförmige Netze (jeder Knoten ist nur mit seinen Nachbarn verbunden). Dieser Aufbau wird als Netzwerk-Topologie bezeichnet. In der Praxis sind oft gemischte Formen zu finden.

Weiterhin können Netzwerke lokal (*LAN* = *L*ocal *A*rea *N*etwork) oder weit gefasst (*WAN* = *W*ide *A*rea *N*etwork) sein. Ein lokales Netzwerk ist beispielsweise das Netzwerk einer kleinen Firma und ein weit gefasstes Netzwerk könnte sich in einem global agierenden Unternehmen über mehrere Länder erstrecken.

Ein solches Netzwerk wird in den meisten Fällen über die Ethernet-Technik verbunden. Ethernet ist ein Standard, der durch das *Institute of Electrical and Electronical Engineers* (IEEE) festgelegt wurde. Der Standard gibt Vorgaben zu den Kabeln, den Netzwerkkarten und auch zu den Protokollen, die verwendet werden sollen. Weitere Standards sind auch für drahtlose Netze (*WLAN* = *W*ireless *L*ocal *A*rea *N*etwork) und andere Formen angegeben.

Das wichtigste Netzwerk der heutigen Zeit ist aber unbestritten das Internet. Aus einem militärischen Projekt des US-Verteidigungsministeriums entstanden, entwickelte sich das Netzwerk sehr schnell und ist mittlerweile das führende Netzwerk für den Austausch von Informationen. Enorm dazu beigetragen hat die Erfindung des World Wide Web (*WWW*) Ende der 1980er-Jahre. Mithilfe von Browsern und einem speziellen Protokoll (*HTTP*) konnten Dokumente mit Hyperlinks (*HTML*-Dokumente) aufgerufen und angezeigt werden. Damit wurde der Standard für die heutige Internet-Nutzung gelegt.

2.7.1 OSI-Modell, TCP/IP-Modell und Protokolle

Ausgangsszenario:

Der Ausbildungsleiter der IT-Firma *ConSystem GmbH* möchte seinen neuen Auszubildenden das OSI-Schichtenmodell und das TCP/IP-Modell nahebringen, da dieses Basiswissen bei einer Vielzahl von netzwerktechnischen Aufgabenstellungen benötigt wird.

Aufgabenstellung:

Sie unterstützen den Ausbildungsleiter, indem Sie einige grundlegende Informationen zum OSI-Schichtenmodell und dem TCP/IP-Modell zusammenstellen.

Aufgabe 1: Als Einführung erläutern Sie die Begriffe „OSI-Schichtenmodell" und „TCP/IP-Modell".

OSI-Schichtenmodell:

TCP/IP-Modell:

Fachkompetenz

Aufgabe 2: Sie haben eine Tabelle vorbereitet, die die Schichten des OSI-Modells den Schichten des TCP/IP-Modells gegenübergestellt. Tragen Sie sowohl die deutschen als auch die englischen Bezeichnungen der Schichten des OSI-Modells in die Tabelle ein.

Schichten: Transport, Darstellung, Anwendung, Sitzung, Sicherung, Vermittlung, Bitübertragung
Layers: Session, Physical, Presentation, Transport, Network, Application, Data Link

Nr.	Deutsche Bezeichnung OSI-Schicht	Englische Bezeichnung OSI-Schicht	Schichten TCP/IP-Modell
7			Anwendung (Application)
6			
5			
4			Transport
3			Internet
2			Netzzugang (Network Access)
1			

Im Rahmen der Einführung haben Sie mit den neuen Auszubildenden Protokolle und Begriffe gesammelt.

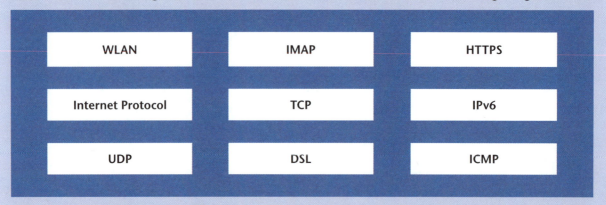

WLAN, IMAP, HTTPS, Internet Protocol, TCP, IPv6, UDP, DSL, ICMP

Aufgabe 3: Ordnen Sie die Protokolle und Begriffe den Schichten des TCP/IP-Modells zu.

Schichten TCP/IP-Modell	Protokoll oder Begriff
Anwendung (Application)	
Transport	
Internet	
Netzzugang (Network Access)	

Netzwerke

Ausgehend von der Liste an Protokollen, die Sie mit den Auszubildenden gesammelt haben, erstellen Sie nun eine kurze Übersicht einiger wichtiger Protokolle.

Aufgabe 4: Vervollständigen Sie die Tabelle.

Abkürzung	Vollständiger Protokollname	Kurzbeschreibung	Port
DNS		DNS ist ein wichtiger Dienst in IP-Netzwerken. Durch DNS wird die Namensauflösung realisiert. So kann beispielsweise der Name www.europa-lehrmittel.de in eine IP-Adresse (z. B. 91.250.85.179) aufgelöst werden.	
SMTP			25 (TCP) 465 (TCP – mit TLS/SSL)
	Internet Message Access Protocol over TLS/SSL		993 (TCP)
	Transport Control Protocol	TCP wird verwendet, um eine bidirektionale Verbindung zwischen zwei Netzwerkgeräten aufzubauen. Durch TCP wird eine zuverlässige Übertragung gewährleistet, da alle Segmente mit entsprechenden Nummern versehen werden. Verlorene Pakete können somit erneut angefordert werden.	–
UDP			–
Telnet	Teletype Network		

Fachkompetenz

Abkürzung	Vollständiger Protokollname	Kurzbeschreibung	Port
	Secure Shell		22 (TCP/UDP)
HTTPS			443 (TCP)
		Dieses Protokoll ermöglicht die Zuweisung der Netzwerkkonfiguration an einen Client (Host) durch einen Server.	67 (UDP) 68 (UDP)
NFS	Network File System		2049 (TCP)
	Server Message Block		445 (TCP)
ICMP		ICMP dient dem Austausch von Kontroll- und Fehlermeldungen in IP-Netzwerken. Der häufig genutzte „ping"-Befehl setzt auf die ICMP-Pakettypen „Echo Request" und „Echo Reply".	–

2.7.2 Wireless Local Area Network (WLAN)

Ausgangsszenario:
Da die Außendienstmitarbeiter der IT-Firma *ConSystem GmbH* hauptsächlich Notebooks oder Tablets nutzen, ist eine flächendeckende WLAN-Ausleuchtung in der Unternehmenszentrale sehr wichtig.

Aufgabenstellung:
Als erfahrener Auszubildender werden Sie aufgefordert, das bestehende WLAN zu begutachten und Vorschläge zum weiteren Ausbau des WLANs zu erstellen.

Folgende Informationen haben Sie in der Dokumentation des WLAN gefunden.
„Es sind aktuell zwei WLAN APs im Einsatz – in jedem Stockwerk einer. Beide APs unterstützen den Standard IEEE 802.11n. Die SSIDs lauten „SH-EG" und „SH-OG".

Aufgabe 1: Erklären Sie kurz die folgenden Begriffe aus dem gegebenen Text.

Ihre Erklärungen:

AP:

IEEE 802.11n:

SSID:

Fachkompetenz

Aufgabe 2: Der IEEE 802.11n-Standard wurde im Jahr 2009 veröffentlicht. Sie erwägen Hardware einzusetzen, die andere Versionen des IEEE 802.11-Standards unterstützen. Aus diesem Grund erstellen Sie eine Übersicht, die einige Eigenschaften der verschiedenen Standard-Versionen vergleicht.

Ihre Eintragungen:

Maximale Übertragungsraten (Theoretisch):   11 Mbit/s, 54 Mbit/s, 600 Mbit/s, 6,93 Gbit/s, 8,085 Gbit/s
Frequenzbereiche: 2,4 GHz, 5 GHz, 60 GHz
Maximale Kanalbandbreite: 20 MHz, 40 MHz, 160 MHz, 1760 MHz

Hinweis: Einige Standards unterstützen mehrere Frequenzbereiche. Hier tragen Sie alle unterstützten in die Tabelle ein.

Standard	Maximale theoretische Übertragsrate	Frequenzbereiche	Maximale Kanalbandbreite
IEEE802.11a			
IEEE802.11ac			
IEEE802.11ad			
IEEE802.11b			
IEEE802.11g			
IEEE802.11n			

Aufgabe 3: Um Ihre Planungen für die überarbeitete WLAN-Struktur zu konkretisieren, erstellen Sie einen (vereinfachten) Netzwerkplan. Sie planen ein WLAN-System mit einem WLAN-Controller einzusetzen. Der WLAN-Controller ist bei der ausgewählten Lösung als Hardware-Einheit realisiert.

Verwenden Sie alle vorgegebenen Komponenten, um den Netzwerkplan zu erstellen.

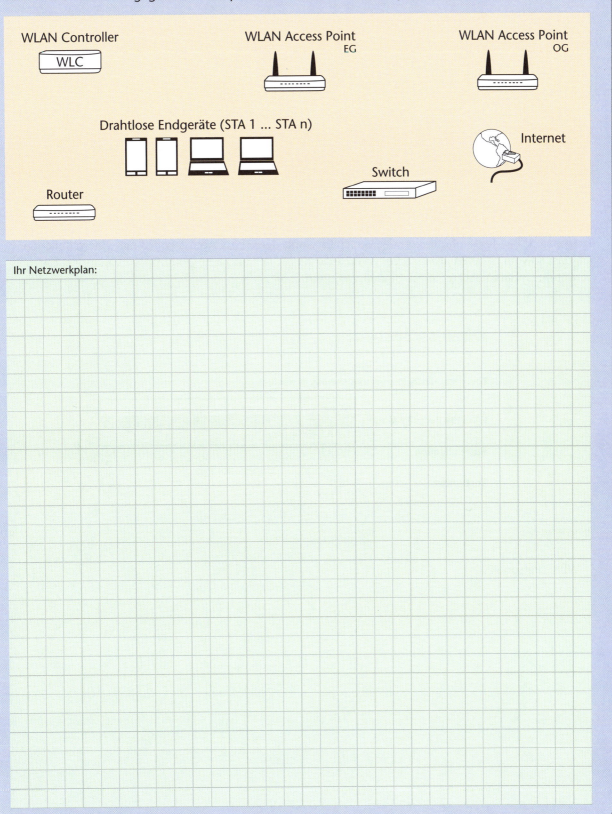

Ihr Netzwerkplan:

Fachkompetenz

Aufgabe 4: Für das neu installierte WLAN soll die Verschlüsselung der Datenübertragung konfiguriert werden. Empfehlen Sie eine Verschlüsselung und begründen Sie Ihre Antwort.

Ihre Antwort:

Aufgabe 5: Bei der Konfiguration der Verschlüsselung der WLAN Access Points fällt einem Kollegen auf, dass sowohl bei WPA als auch bei WPA2 eine „Personal" und eine „Enterprise" Variante zur Auswahl steht. Erklären Sie kurz diese beiden Varianten.

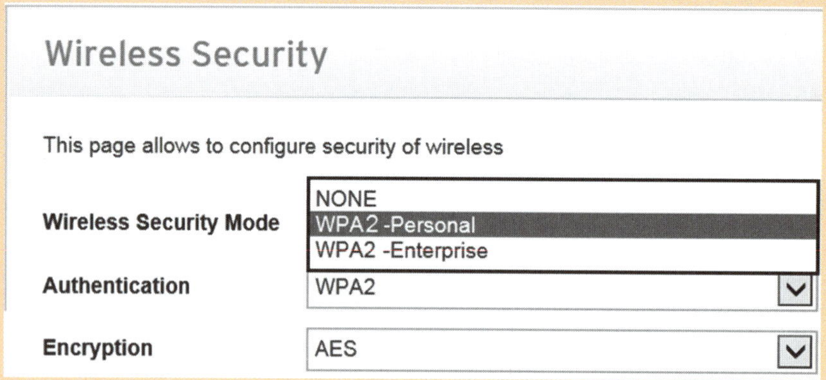

Wireless Security

This page allows to configure security of wireless

Wireless Security Mode	NONE / WPA2 -Personal / WPA2 -Enterprise
Authentication	WPA2
Encryption	AES

Ihre Erklärung:

WPA2-Personal:

Fortsetzung – Aufgabe 5

Ihre Erklärung:

WPA2-Enterprise:

2.7.3 Gebäudeverkabelung

Ausgangsszenario:
Ein Kunde möchte den bestehenden Firmenstandort um ein zusätzliches Gebäude ergänzen. Die IT-Firma *ConSystem GmbH* hat den Auftrag erhalten, die Netzwerkverkabelung für das neue Gebäude inklusive der Anbindung an das bestehende Netzwerk im Bestandsgebäude zu planen.

Aufgabenstellung:
Als erfahrener Auszubildender sind Sie in der Erstellung der Pläne mit eingebunden und liefern Informationen zu geeigneten Kabeltypen und zur strukturierten Gebäudeverkabelung im Allgemeinen.

Das Konzept der strukturierten oder universellen Gebäudeverkabelung soll eine vielseitig einsetzbare Verkabelung innerhalb und zwischen Gebäuden bereitstellen. Über diese Verkabelung sollen vielfältige kommunikationstechnische Anwendungen realisierbar sein. Ziel ist außerdem durch eine strukturierte Vorgehensweise Fehlinstallationen oder Fehlinvestitionen zu vermeiden.

Bei der strukturierten Verkabelung werden die drei Bereiche Primärverkabelung, Sekundärverkabelung und Tertiärverkabelung unterschieden.

Auch die Begriffe Campusverkabelung (Primär), Stockwerksverkabelung (Sekundär) und Etagenverkabelung (Tertiär) sind gebräuchlich.

Fachkompetenz

Aufgabe 1: Ordnen Sie die gegebenen Begriffe und Übertragungsmedien den Bereichen der strukturierten Gebäudeverkabelung zu.

Campusverkabelung *Tertiärverkabelung* *Primärverkabelung*

Kupferkabel *Sekundärverkabelung* *Etagenverkabelung*

Lichtwellenleiter *Stockwerksverteilung*

Bereich (beide Bezeichnungen eintragen)	Beschreibung	Typisches Übertragungsmedium
	In diesem Bereich wird die Verkabelung zwischen Gebäuden realisiert. Es sind häufig Distanzen von mehreren hundert Metern zu überbrücken.	
	In diesem Bereich wird die Verkabelung zwischen dem Hauptverteiler des Gebäudes und den Etagenverteilern realisiert. Häufig treten auch hier Kabellängen von über 100 Metern auf.	
	In diesem Bereich wird die Verkabelung vom Stockwerksverteiler zu den Anschlussdosen realisiert. Häufig wird hier eine sternförmige Struktur ausgehend vom Verteiler umgesetzt. Die Streckenlängen liegen typischerweise unter 100 Metern.	

Aufgabe 2: Sie haben einige Aussagen zu Lichtwellenleitern zusammengetragen. Unterstreichen Sie die korrekten Aussagen.

Ihre Unterstreichungen:

- Singlemode-Fasern bieten die höchsten Übertragungsraten.

- Lichtwellenleiter haben immer einen Kern aus Glas.

- Multimode-Fasern erlauben höhere Übertragungsraten, da mehrere Modi gleichzeitig ausbreitungsfähig sind.

- Kunststofffasern sind für kurze Strecken (z. B. im Pkw) gut geeignet.

- Aufgrund hoher Kosten für die Verlegung über lange Strecken werden meist sehr hochwertige Fasern vergraben.

Aufgabe 3: Aufgrund der Entfernung zwischen dem Bestandsgebäude und dem Neubau empfehlen Sie die Verwendung von Lichtwellenleitern. Es gibt jedoch verschiedene Typen von Glasfasern, die hier geeignet wären. Ordnen Sie den abgebildeten Skizzen die passende Bezeichnung zu.

Glasfasertypen:
Singlemode-Faser, Multimode-Stufenindex-Faser, Multimode-Gradientenindex-Faser

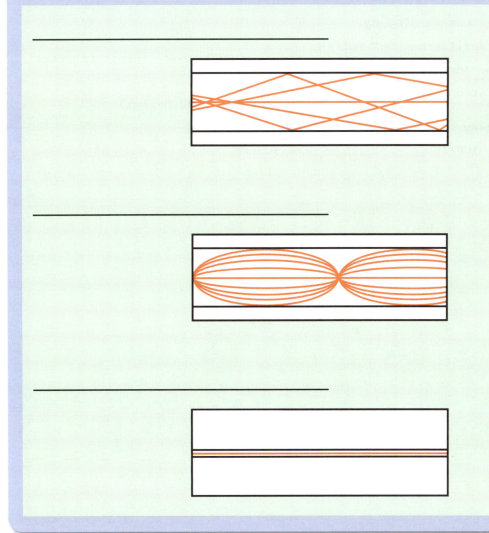

2.7.4 Konfiguration von IP-Adressen

Ausgangsszenario:

Die IT-Firma *ConSystem GmbH* bietet Ihren Kunden auch Support-Dienstleistungen an. Alle Auszubildenden werden zeitweise in jedem Unternehmensbereich eingesetzt. Ein kleines Unternehmen, das bei *ConSystem GmbH* einen Support-Vertrag hat, erhofft sich Unterstützung bei der Behebung einiger Probleme bei den Computernetzwerken.

Aufgabenstellung:

Als erfahrener Auszubildender unterstützten Sie die Support-Abteilung bei der Betreuung und Beratung des Kunden.

Aufgabe 1: Der Kunde bittet um Hilfe, da er trotz Konfiguration der IP-Adresse seines Desktop PCs keine Netzwerkverbindung aufbauen kann. Auf Ihre Bitte stellt der Kunde einen Screenshot seiner IP-Konfiguration zur Verfügung. Erklären Sie, wo das Problem vermutlich liegt und machen Sie einen Vorschlag, um das Problem zu beheben.

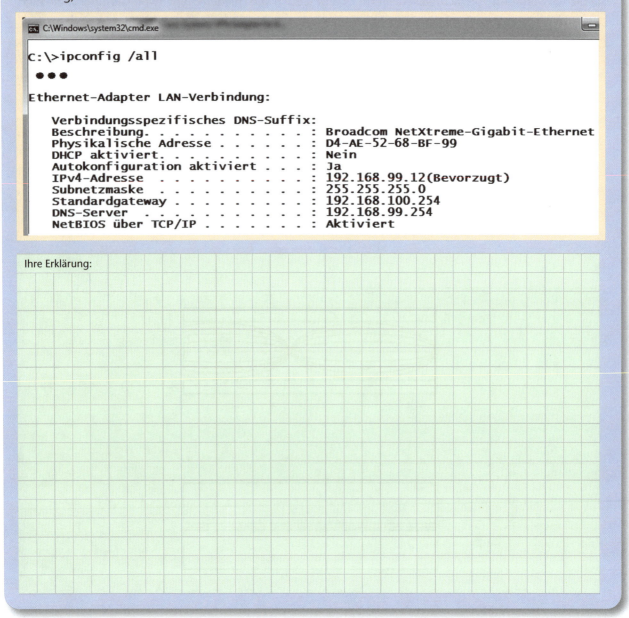

Ihre Erklärung:

Ihr Lösungsvorschlag:

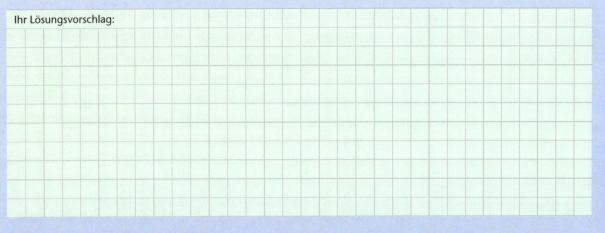

Aufgabe 2: Aus der obigen Darstellung ist ersichtlich, dass der Kunde die IP-Adresse händisch konfiguriert hat. Sie schlagen dem Kunden vor die IP-Adressen zukünftig über DHCP zu vergeben.

Wofür steht die Abkürzung DHCP? Nennen Sie zwei Vorteile von DHCP.

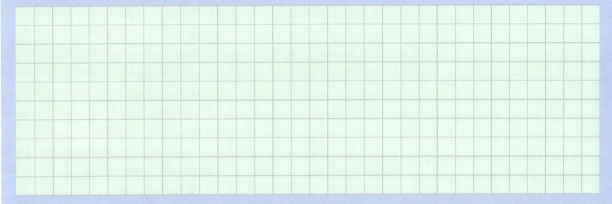

Aufgabe 3: Um dem Kunden die Funktionsweise von DHCP anschaulich zu erläutern, erstellen Sie ein Diagramm. Schreiben Sie die Bezeichnungen der vorgegebenen DHCP-Nachrichten an die entsprechenden Pfeile im Diagramm.

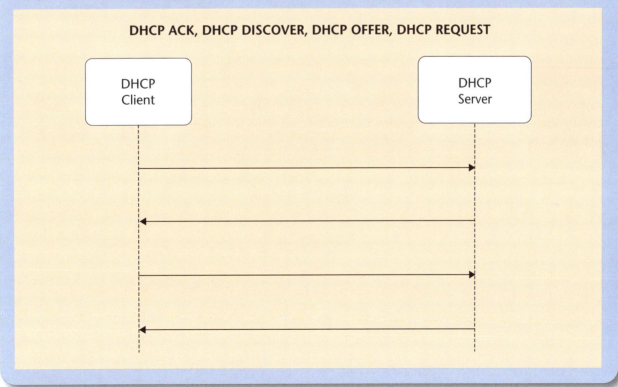

Fachkompetenz

Aufgabe 4: Zur weiteren Verdeutlichung des DHCP-Ablaufdiagramms erläutern Sie kurz die Funktion der vier genannten Nachrichten.

DHCP Discover:

DHCP Offer:

DHCP Request:

DHCP Ack:

Aufgabe 5: Der Kunde würde gerne sicherstellen, dass IP-Adressen nur an „erlaubte" oder „bekannte" Geräte ausgegeben werden. Beschreiben Sie dem Kunden einen Lösungsansatz, der hierfür verwendet werden kann.

Ihre Antwort:

Netzwerke

Ihre Antwort – Fortsetzung:

2.7.5 Internet Protokoll Version 6

Ausgangsszenario:
Die IT-Firma **ConSystem GmbH** betreut das Netzwerk eines kleinen Unternehmens. Dieses Unternehmen hat eine neue Filiale eröffnet und benötigt Unterstützung mit deren Internetanbindung.

Aufgabenstellung:
Als erfahrener Auszubildender sind Sie in die Beratung des Kunden stark mit eingebunden.

Am neuen Filialstandort des Kundens sind nur sehr begrenzte Möglichkeiten zur Anbindung an das Internet verfügbar. Der Kunde hat sich basierend auf Ihrer Empfehlung für einen Anbieter entschieden. Allerdings bietet dieser Anbieter seine Dienste nur basierend auf dem Internet Protokoll Version 6 (IPv6) in der Umsetzungsvariante „DS-Lite" an.
Der Kunde möchte sich aus diesem Grund mit Ihnen über IPv6 austauschen.

Aufgabe 1: Der Kunde hat in einem Online-Forum mehrere Aussagen zu IPv6 gefunden. Unterstreichen Sie die korrekten Aussagen.

Ihre Unterstreichungen:

- Der Adressraum vergrößert sich von IPv4 zu IPv6 um das Doppelte.
- IPv4 und IPv6 können mithilfe geeigneter Mechanismen (z. B. Tunnelmechanismus) parallel betrieben werden.
- Der Adressraum vergrößert sich von IPv4 zu IPv6 auf das 100-fache.
- IPv6 hat 2^{128} Möglichkeiten zur Bildung von Adressen.
- Ein Hauptgrund für die Entwicklung von IPv6 ist die Erweiterung des Adressraums.
- Windows 10 unterstützt IPv6.
- A.B.C.D.E.F.1.2 ist eine gültige IPv6-Adresse.
- A:B:C:D:E:F:1:2 ist eine gültige IPv6-Adresse.
- A::B ist eine gültige IPv6-Adresse.

Fachkompetenz

Aufgabe 2: Ermitteln Sie zu den gegebenen IPv6-Adressen jeweils die kürzeste, gültige Schreibweise.

Ihre Antworten:

AF00:0000:0000:E255:0000:0001:332D:81FA

BEAF:0776:00A0:E222:D000:0012:0000:0000

A000:0000:0000:0000:0000:0000:0000:000B

Aufgabe 3: Der Internet Service Provider hat den Kunden informiert, dass standardmäßig ein „/64-Netz" bereitgestellt wird. Auf Anfrage könne jedoch auch ein /56-Netz bereitgestellt werden. Beantworten Sie hierzu die folgenden Fragen.

Ihre Antworten:

Welche Bedeutung steckt hinter „/64" ?

Wie viele IP-Adressen stehen in einem „/64-Subnetz" zur Verfügung?

Netzwerke

Aufgabe 3 – Fortsetzung

Ihre Antworten:

Warum ist die Vergabe eines „/64-Subnetzes" die Regel?

Welche Funktion haben die „Privacy Extensions"?

Aufgabe 4: Dem Kunden ist die Bedeutung des Begriffs „DS-Lite" nicht bekannt. Erklären Sie dem Kunden in einfachen Worten die „DS-Lite"-Technologie.

Ihre Erklärung:

Fachkompetenz

2.7.6 Netzwerkverkabelung – Kupferkabel

Ausgangsszenario:
Die IT-Firma **ConSystem GmbH** hat den Auftrag erhalten, im Bürogebäude eines Kunden die Netzwerkverkabelung auf den aktuellen Stand der Technik zu bringen.

Aufgabenstellung:
Der Kunde hat seine Wünsche und Umsetzungsvorschläge formuliert und möchte diese als Diskussionsgrundlage einbringen. Als erfahrener Auszubildender werden Sie aufgefordert, zu den Vorschlägen Stellung zu nehmen.

Nach Rücksprache mit einem Bekannten hat der Kunde folgende Vorschläge für die Umsetzung unterbreitet. Aufgrund der einfacheren Handhabung sollen Kupferkabel statt Glasfasern eingesetzt werden. Für die Verkabelung sollen daher durchgängig Kabel der Kategorie 8 verlegt werden, da nur „das Beste" zum Einsatz kommen soll.

Aufgabe 1: Nehmen Sie zu den Vorschlägen Stellung.

Ihre Stellungnahme:

Netzwerke

Aufgabe 2: Aufgrund Ihrer Stellungnahme bittet der Kunde um einen Vergleich der in der Netzwerkverkabelung üblichen Kupferkabel.

Kategorie	Bandbreite	Eigenschaften
CAT 5(e)		
CAT 6(a)		
CAT 7		
CAT 8		

Fachkompetenz

2.7.7 Fehlersuche im Netzwerk

Ausgangsszenario:
Die IT-Firma *ConSystem GmbH* bietet Kunden unter anderem Dienstleistungen im Bereich IT-Support an. Ein Kunde wendet sich an den IT-Support mit Problemen.

Aufgabenstellung:
Als Teil Ihrer Ausbildung arbeiten Sie auch zeitweise im IT-Support-Team. Als erfahrener Auszubildender übernehmen Sie die Betreuung des Kunden und unterstützen den Kunden aktiv bei der Fehlersuche und Fehlerbehebung.

Der Kunde betreibt ein einfaches Netzwerk, das neben einer Reihe von PCs auch einen Webserver enthält, auf dem die Mitarbeiter in Form eines Wikis Informationen zusammentragen. Der Webserver ist nur innerhalb des Unternehmensnetzwerkes erreichbar. Auf das Wiki kann normalerweise über den Fully Qualified Domain Name (FQDN) „wiki.it.firma.de" zugegriffen werden. Auf dem Server werden auch DHCP und DNS als Dienst bereitgestellt.

In der Kundendokumentation Ihrer Firma finden Sie Informationen zu den verwendeten IP-Adressen

Verwendung	IP-Adresse	Subnetzmaske
Router (Default Gateway)	172.20.0.254	/24
Server	172.20.0.200	/24
DHCP-Bereich	172.20.0.10 bis 172.20.0.30	/24

Der Kunde bittet Sie um Hilfe, da der Laptop eines Mitarbeiters den Server nicht erreichen kann. Andere Mitarbeiter können jedoch wie gewohnt arbeiten.

Aufgabe 1: Sie bitten den Kunden zu überprüfen, ob der Server und Standard-Gateway erreichbar sind. Der Kunde benötigt dabei Ihre Unterstützung. Erklären Sie dem Kunden, wie man mithilfe von ICMP-Paketen eine Verbindungsprüfung durchführen kann.

Ihre Erklärung:

Ihre Erklärung (Fortsetzung):

Der Kunde hat Ihnen die Ergebnisse der angeforderten Überprüfungen bereitgestellt.

Ergebnisse:

Ping wird ausgeführt für 172.20.0.200 mit 32 Bytes Daten:
Antwort von 172.20.0.200: Bytes=32 Zeit=4ms TTL=64
Antwort von 172.20.0.200: Bytes=32 Zeit=3ms TTL=64
Antwort von 172.20.0.200: Bytes=32 Zeit=3ms TTL=64
Antwort von 172.20.0.200: Bytes=32 Zeit=3ms TTL=64

Ping-Statistik für 172.20.0.200:
    Pakete: Gesendet = 4, Empfangen = 4, Verloren = 0
    (0 % Verlust),

Ping wird ausgeführt für 172.20.0.254 mit 32 Bytes Daten:
Antwort von 172.20.0.254: Bytes=32 Zeit=5ms TTL=64
Antwort von 172.20.0.254: Bytes=32 Zeit=3ms TTL=64
Antwort von 172.20.0.254: Bytes=32 Zeit=3ms TTL=64
Antwort von 172.20.0.254: Bytes=32 Zeit=1ms TTL=64

Ping-Statistik für 172.20.0.254:
    Pakete: Gesendet = 4, Empfangen = 4, Verloren = 0
    (0 % Verlust),

Fachkompetenz

Aufgabe 2: Da die Verbindungstests mit ICMP erfolgreich waren, erläutern Sie dem Kunden wie er die aktuelle IP-Konfiguration auf seinem PC auslesen kann. Sie empfehlen hierbei die Verwendung des Befehls „ipconfig /all".

Ergebnis (Auszug):

```
C:\Users\Kunde>ipconfig /all
Windows-IP-Konfiguration
Hostname . . . . . . . . . . . .        : LAPTOP-JBORD
    Primäres DNS-Suffix . . . . . . .   : it.firma.de
    Knotentyp . . . . . . . . . . . .   : Hybrid
    IP-Routing aktiviert . . . . . .    : Nein
    WINS-Proxy aktiviert . . . . . .    : Nein
    DNS-Suffixsuchliste . . . . . . .   : firma.de

Ethernet-Adapter Ethernet:
    Verbindungsspezifisches DNS-Suffix:
    Beschreibung                        : Intel(R) Ethernet Connection I217-V
    Physische Adresse                   : 00-63-54-93-3B-CC
    DHCP aktiviert                      : Ja
    Autokonfiguration aktiviert         : Ja
    IPv4-Adresse                        : 172.20.0.23(Bevorzugt)
    Subnetzmaske                        : 255.255.255.0
    Standardgateway                     : 172.20.0.254
    DHCP-Server . . . . . . . . . .     : 172.20.0.200
    DNS-Server                          : 8.8.8.8
                                          8.8.4.4
```

Anhand der abgebildeten IP-Konfiguration haben Sie einen Lösungsansatz entworfen. Erklären Sie dem Kunden Ihren Lösungsweg.

Ihr Lösungsansatz:

Netzwerke

2.7.8 Fernwartung

Ausgangsszenario:
Als Auszubildender der IT-Firma *ConSystem GmbH* sind Sie regelmäßig an der Fernwartung von Kundensystemen beteiligt. Ihr Abteilungsleiter beauftragt Sie Informationen rund um das Thema Fernwartung in Ihrer Firma zu dokumentieren.

Aufgabenstellung:
Sie sammeln Informationen rund um Thema Fernwartung und stellen eine kurze Dokumentation zusammen.

Aufgabe 1: Erstellen Sie für die folgenden Fernwartungstechnologien eine kurze Beschreibung.

VNC:

RDP:

SSH:

Clientless:

Fachkompetenz

Aufgabe 2: Für die Fernwartung von Linux-System, die nur einen Konsolenzugang bereitstellen, ist ein Dokument mit einigen Befehlen zu erstellen. Ergänzen Sie dazu die folgende Tabelle.

Befehlssyntax (allgemein)	Erklärung	Beispiel
ls	List – zeigt den Verzeichnisinhalt an. Die Option -a zeigt auch versteckte Dateien an. Die Option -l zeigt im „long format" mehr Informationen an.	ls -al
ping <IP-Adresse oder Hostname>		
traceroute <IP-Adresse oder Hostname>		
cp <Quelle> <Ziel>		
chmod <Rechtmaske> <Objekt>		

2.8 Fachkompetenz Arbeits- und Geschäftsprozesse

Arbeits- und Geschäftsprozesse im Überblick

Geschäftsprozesse (GP), ihre theoretischen Grundlagen, die Modellierung bis hin zur Prozesskostenrechnung haben in den Unternehmen Einzug gehalten und sind heute nicht mehr weg zu denken. Auch die Erstellung von Software, die sich mit Abläufen in Unternehmen beschäftigt, ist prozessorientiert. Geschäftsprozesse nehmen damit einen großen Stellenwert in allen IT-Ausbildungsberufen ein, im Folgenden werden diese schwerpunktmäßig aus betriebswirtschaftlicher Sicht behandelt.

Die Betriebswirtschaftslehre hat sich lange Zeit mit der funktionsorientierten Organisation befasst, der Fokus lag auf der Einsparung von Kosten verbunden mit starren Informationsflüssen. Die Unternehmen waren unflexibel und die Kundenorientierung wurde vernachlässigt. Im Zuge des Wandels von der Industrie- zur Informationsgesellschaft veränderten sich die Kundenwünsche, die Markttransparenz und der Wettbewerb nahmen zu. Ein Umdenken in den Unternehmen wurde unausweichlich, sonst drohte auf zunehmend globalisierten Märkten ein Rückgang der Wettbewerbsfähigkeit. Neben Preis und Qualität wurden weiche Wettbewerbsfaktoren wie Kundenservice, Zuverlässigkeit, schnelle Reaktionen auf sich verändernde Kundenwünsche wesentlich für den Erfolg der Unternehmen. Hatten sich diese lange mit der Optimierung der Produktionsabläufe beschäftigt, galt es jetzt die verwaltenden Unternehmensbereiche zu optimieren. Auch hier sollten die Tätigkeiten möglichst unterbrechungsfrei verkettet zu einer markt- und kundenorientierten Leistung führen. Dafür werden bestehende Abläufe, auch Prozesse genannt, hinterfragt und optimiert.

Was sind nun Geschäftsprozesse? Es sind zusammenhängende Folgen von Aktivitäten/Tätigkeiten, für die ein oder mehrere Inputs benötigt werden und die dann der Erreichung von Unternehmenszielen dienen (z. B. einen Mehrwert für einen Kunden erzeugen, darum werden sie auch als Wertschöpfungsprozesse bezeichnet). Wesentliche Merkmale von Prozessen sind der funktionsübergreifende/abteilungsübergreifende Ablauf mit optimierten Schnittstellenvereinbarungen, das Einsetzen von Prozessteams mit Prozessverantwortlichen, die auch häufig als Ansprechpartner für den internen oder externen Kunden fungieren, die Kundenorientierung in jedem Prozessschritt und die ständige Anpassung an Marktveränderungen und an neue Kundenanforderungen. Wichtig ist auch die Erarbeitung prozessorientierter Kennzahlen zur Kontrolle der Prozesse und Prozessergebnisse. Prozesse unterscheiden sich von Projekten durch ihr wiederkehrendes Auftreten, Projekte sind dagegen einmalig. Das Spektrum der Prozessarten ist weit. Eine Unterteilung ist z. B. in Kern- und Unterstützungsprozesse.

Wie lassen sich Prozesse in Unternehmen darstellen? Hier gibt es eine Vielzahl von Möglichkeiten. Es können Texte für die Beschreibung von Abläufen verfasst werden, Tabellen erstellt oder es kann grafisch vorgegangen werden. Letzteres wird in der Praxis meist in Form der Ereignisgesteuerten Prozessketten (EPKs genannt) umgesetzt. Diese EPK-Diagramme dienen dazu, bestehende Geschäftsprozesse zu dokumentieren und Soll-Ist-Analysen zu erstellen. Werden Elemente wie Organisationseinheiten oder Informationsquellen/Material mit der EPK verknüpft, spricht man von erweiterten Ereignisgesteuerten Prozessketten (eEPKs).

Im Folgenden werden ausgewählte Prozesse und fachliche Inhalte zum Ausbildungsbetrieb, der Aufbauorganisation, zur Beschaffung und der Abwicklung von Kaufverträgen thematisiert.

Fachkompetenz

2.8.1 Das Unternehmen und sein Umfeld

Ausgangsszenario:

Das IT-Unternehmen *ConSystem GmbH* bietet umfangreiche Consulting Dienstleistungen in den Bereichen Projektmanagement, Qualitätsmanagement, Datenschutz und IT-Sicherheit an. Softwareentwicklung, Netzwerklösungen und die Planung und Konfiguration von IT-Systemen sind ebenfalls im Portfolio enthalten. Es ist ein mittelständisches Unternehmen mit 62 Angestellten, davon sind 4 Auszubildende.

Aufgabenstellung:

Als Auszubildender verschaffen Sie sich einen Überblick über den Markt auf dem die *ConSystem GmbH* aktiv ist. Die Geldströme des Unternehmens sollen im Rahmen des Wirtschaftskreislaufs dargestellt und der Aufbau des Unternehmens näher betrachtet werden.

Aufgabe 1: Die *ConSystem GmbH* teilt sich als mittelständisches Unternehmen den Markt mit vielen anderen Unternehmen, der Marktanteil ist somit gering. Auf der anderen Seite verfügt das Unternehmen über einen großen Kundenkreis.

a) Welcher Marktform ist die *ConSystem GmbH* zuzuordnen?

b) Beschreiben Sie die unter a) genannte Marktform, in dem Sie Aussagen zur Marktmacht, zur Möglichkeit der Preisbeeinflussung und zum Wettbewerb in dieser Marktform machen.

b) Fortsetzung

c) Sie haben in der Berufsschule Käufer- und Verkäufermärkte kennen gelernt. Auf welchem Markt ist die *ConSystem GmbH* aktiv? Beschreiben Sie diesen genauer.

Aufgabe 2: Die *ConSystem GmbH* ist in der Wirtschaft vielfältig vernetzt. Mit Hilfe des Wirtschaftskreislaufs lassen sich die Geldströme wie folgt darstellen. Ordnen Sie den Ziffern im abgebildeten Wirtschaftskreislauf die richtigen Geldströme zu.

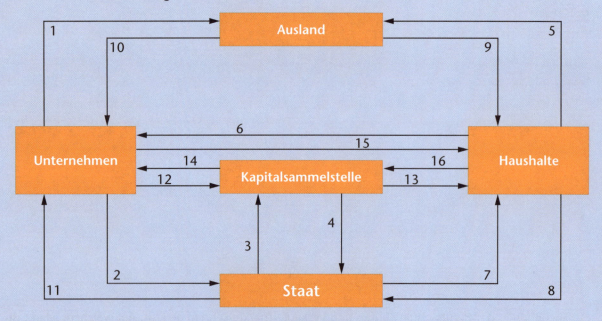

Geldströme:

Die Angestellten der *ConSystem GmbH* erhalten Ihre Gehälter.	
Die *ConSystem GmbH* bezahlt die Umsatzsteuer.	
Ein ausländischer Kunde zahlt eine noch offene Rechnung an die *ConSystem GmbH*.	
Die Stadtverwaltung zahlt die von der *ConSystem GmbH* bereitgestellten IT-Dienstleistungen.	
Ein Mitarbeiter der *ConSystem GmbH* verbringt seinen Sommerurlaub in Österreich und bezahlt die Hotelrechnung.	
Die *ConSystem GmbH* nimmt einen Kredit bei der Bank auf.	
Eine Privatperson bezahlt die Abfall- und Abwassergebühren.	
Die *ConSystem GmbH* bezahlt die Grundsteuer für das Firmengrundstück.	
Ein Partnerunternehmen der *ConSystem GmbH* erhält Subventionen.	
Der Geschäftsführer der *ConSystem GmbH* bezahlt privat die Kraftfahrzeugsteuer für das Auto seiner Tochter.	

Arbeits- und Geschäftsprozesse

Aufgabe 3: Um als Unternehmen erfolgreich auf dem Markt bestehen zu können, bedarf es einer flexiblen Aufbau- und Ablauforganisation. Peter Herzog ist Geschäftsführer der *ConSystem GmbH*. Er hat das Unternehmen in 4 Bereiche unterteilt mit einer jeweils unterschiedlichen Anzahl von Mitarbeiter. Jeder Bereich hat einen Vorgesetzen, allerdings können die untergeordneten Mitarbeiter von mehreren Instanzen Weisungen bzw. Aufgaben erhalten. Somit kann bei jeder Problemstellung auf Fachwissen aus den verschiedenen Bereichen zurückgegriffen werden. Weiterhin delegieren die Geschäftsführung sowie die Verantwortlichen der einzelnen Bereiche der *ConSystem GmbH* viele Entscheidungen und Verantwortung an ihre Mitarbeiter. So arbeiten alle Mitarbeiter sehr selbständig, die Vorgesetzten haben lediglich eine Koordinationsfunktion.

a) Um welches Leistungssystem handelt es sich hier? Skizzieren Sie es kurz und führen Sie jeweils zwei Vor- und Nachteile dieses Leitungssystems an.

Leitungssystem:

Skizze:

Vorteile:

Nachteile:

Fachkompetenz

b) Welcher Führungsstil wird bei der *ConSystem GmbH* gewählt?

c) Für die Zukunft wird eine konkrete Zielabsprache in ausgewählten Bereichen geplant, die dann selbständig in der Gruppe umgesetzt wird. Damit soll die Geschäftsführung stärker entlastet werden und die Selbständigkeit und die Verantwortung in diesen Bereichen erhöht werden. Auch Prämienzahlungen werden bei Zielerreichung gewährt.
Welche Management-by-Führungstechnik wird hier beschrieben? Wie sehen Sie Ihre Rolle als Auszubildender in diesem System?

Aufgabe 4: Bei der *ConSystem GmbH* gibt es Mitarbeiter, die mit i.V., mit i.A., oder mit ppa. unterschreiben. Als Auszubildender dürfen Sie aber erst eigenständig für das Unternehmen handeln, wenn Sie ausdrücklich dazu befugt werden.

a) Erstellen Sie eine kurze Übersicht über die verschiedenen Möglichkeiten der Handlungsvollmacht (Allgemeine, Art- und Einzelvollmacht) und erklären Sie diese jeweils anhand eines Beispiels.

a) Fortsetzung

b) Grenzen Sie die Prokura von der Handlungsvollmacht ab, in dem Sie Umfang, Ernennung und Arten beschreiben.

c) Stefan Schwarz ist Prokurist bei der *ConSystem GmbH*. Er erhält von einem benachbarten Unternehmen ein Angebot, ein Grundstück kaufen zu können. Da die *ConSystem GmbH* schon länger über eine Standortvergrößerung nachdenkt, nimmt Stefan Schwarz das Angebot an und kauft das Grundstück – ohne Rücksprache mit dem Geschäftsführer Peter Herzog. Dieser ist gerade aufgrund eines gesundheitlichen Eingriffs nicht erreichbar. Wochen später kehrt Herr Herzog in das Unternehmen zurück. Er ist entsetzt über den Kauf. Ist das Rechtsgeschäft wirksam abgeschlossen worden? Erklären Sie die Rechtslage.

Fachkompetenz

2.8.2 Unternehmensziele und Wirtschaftlichkeitsüberlegungen

Ausgangsszenario:

Die *ConSystem GmbH* arbeitet an Ihrer strategischen Ausrichtung. Im Rahmen eines Workshops werden das Unternehmensleitbild und die Unternehmensziele diskutiert. Weiterhin werden neue Investitionen geplant.

Aufgabenstellung:

Als Auszubildender sind Sie zwar nicht an den Gesprächen beteiligt, dürfen aber Vorschläge einbringen. Erarbeiten Sie mit Hilfe der folgenden Fragestellungen ein Unternehmensleitbild, Unternehmensziele, wirtschaftliche Kennzahlen und Begrifflichkeiten sowie Finanzierungsmöglichkeiten.

Aufgabe 1: Sie informieren sich über Unternehmensleitbilder, d. h. über Verhaltensrichtlinien, die das Selbstverständnis des Unternehmens widerspiegeln. Formulieren Sie ein mögliches Leitbild für die *ConSystem GmbH*.

Arbeits- und Geschäftsprozesse

Aufgabe 2: Nennen Sie im Folgenden drei ökonomische, drei ökologische und drei soziale Unternehmensziele. Ist es möglich alle Ziele gleichzeitig zu erreichen bzw. zu verfolgen? Zu welchen Problemen kann es kommen? Erläutern Sie die Frage anhand eines Beispiels.

ökonomische Ziele	ökologische Ziele	soziale Ziele

Möglicher Zielkonflikt? _____

_____

_____

_____

Aufgabe 3: Unternehmensziele müssen auch kontrolliert werden. Dafür bieten sich u. a. Kennzahlen aus der Buchhaltung an. Ordnen Sie die richtige Formel den Kennzahlen zu, indem Sie die Lösung in die Kästchen eintragen.

a) Eigenkapitalrentabilität ☐

b) Wirtschaftlichkeit ☐

c) Produktivität? ☐

Tragen Sie die Ziffer der richtigen Lösung in die Kästchen ein.

1. Gewinn · 100 : Umsatzerlöse

2. Ertrag : Aufwand

3. Ausbringungsmenge : Einsatzmenge

4. Gewinn · 100 : eingesetztes Kapital

5. Kapital : Gewinn · 100

6. Aufwendungen · 100 : Erträge

7. Umsatzerlöse · 100 : Gewinn

8. gearbeitete Stundenzahl : erstellte Stückzahl

Fachkompetenz

Fachkompetenz

Aufgabe 4: Die *ConSystem GmbH* plant die Anschaffung eines neuen Servers, da der bisher eingesetzte technisch veraltet ist und es gelegentlich zu Ausfallzeiten kommt. Sie haben bereits Preise eingeholt und ein Server wurde ausgewählt. Führen Sie die Berechnungen für die *ConSystem GmbH* durch:

a) Die folgende Rechnung geht der *ConSystem GmbH* zu. Berechnen Sie die Anschaffungskosten für den Server unter Berücksichtigung eines Skontoabzugs von 2 %.

PC-Schmitz GmbH, Ellerstraße 102, 40721 Hilden

ConSystem GmbH
Markusstraße 15
40211 Düsseldorf

Datum: 14. Mai 2022

Rechnung 25409/05

(Lieferschein 43894 / 2022-05-12)

Nr.	Artikel-Nr.	Artikelbezeichnung	Menge	Einzelpreis	Gesamtpreis
01	18800	Server SC3489.34	1	3.000,00 €	3.000,00 €
02	99999	Transport- und Aufbauarbeiten	1	150,00 €	150,00 €
					3.150,00 €
				+ 19 % MWST	598,50 €
				Bruttopreis	**3.748,50 €**

Zahlungsbedingungen: 10 Tage 2 % Skonto, 30 Tage netto Kasse

Wir bedanken uns für den Auftrag.

PC-Schmitz GmbH, Ellerstraße 102, 40721 Hilden, Tel. 02174/22583, Internet: www.pc-schmitz.de
Bankverbindung: Stadtsparkasse Hilden, BLZ 303 500 00, Konto-Nr. 100 124 35
IBAN: DE33 2222 4444 7777 00
Geschäftsführerin: Susanne Schmitz, Handelsregister: HRB 169854

a) Fortsetzung

b) Der Server soll 7 Jahre im Unternehmen genutzt werden. Während dieser Zeit fallen fixe und variable Kosten an. Erklären Sie die beiden Kostenbegriffe und geben Sie jeweils ein Beispiel für fixe bzw. variable Kosten bei Nutzung eines Servers an. Erklären Sie in diesem Zusammenhang den Begriff Deckungsbeitrag.

Aufgabe 5: Die *ConSystem GmbH* plant die Installation einer Videoüberwachungsanlage für das Firmenaußengelände. Ihr Ausbilder beauftragt Sie, die Gesamtkosten für einen Kreditkauf (Abzahlungsdarlehen) und alternativ die Leasingkosten gegenüber zu stellen. Folgende Zahlen stehen Ihnen zur Verfügung:

Der Kaufpreis beträgt 33.320,00 € incl. 19 % Ust. Die Umsatzsteuer ist bei beiden Finanzierungsmöglichkeiten nicht zu berücksichtigen.

Kreditkauf:	Zinssatz p. a.:	4 %
	Laufzeit des Kredits:	4 Jahre
	Tilgung pro Jahr:	gleich hohe Abzahlungsraten jeweils zum Jahresende
Leasing:	monatliche Leasingrate vom Kaufpreis:	2,5 %
	Laufzeit:	4 Jahre
	Nach Ablauf der Laufzeit wird die Anlage zurückgenommen.	

Fachkompetenz

a) Erstellen Sie eine übersichtliche Darstellung der Leasingkosten und der Kreditkosten in Tabellenform. Ermitteln Sie dabei die monatliche Rate und die Gesamtkosten für das Leasing, sowie für die Kreditfinanzierung die jeweilige Restschuld am Jahresanfang, die jährlichen Zinsen, die jährliche Tilgung, die jährliche Kreditrate und die Gesamtkosten. Entscheiden Sie sich für eine Variante unter Kostengesichtspunkten.

b) Nachdem die Kosten beider Finanzierungsvarianten ermittelt wurden, diskutiert die Geschäftsführung Vor- und Nachteile des Leasing und der Kreditfinanzierung. Nennen Sie zwei Vorteile der Kreditfinanzierung und zwei Vorteile des Leasing.

Arbeits- und Geschäftsprozesse

2.8.3 Prozesse im Unternehmen – der Beschaffungsprozess

Ausgangsszenario:
Die *ConSystem GmbH* möchte die Abläufe im Unternehmen verbessern. Dafür müssen die Prozesse zuerst dargestellt werden. Es sollen insbesondere die wertschöpfenden, kundennahen Prozesse abgebildet werden.

Aufgabenstellung:
Sie arbeiten in der Arbeitsgruppe „Beschaffungsprozesse" mit. Folgende Aufgaben werden an Sie herangetragen:

Aufgabe 1: Stellen Sie das Wertschöpfungsdiagramm für die Beschaffung bei der *ConSystem GmbH* dar. Es zeigt die übersichtliche Folge der wertschöpfenden Prozesse.

a) Erklären Sie kurz, was unter dem Begriff Wertschöpfung zu verstehen ist. Übertragen Sie dann die aufgeführten Begriffe in der richtigen Reihenfolge, indem Sie die Zahlen in die Pfeile einsetzen.

Ihre Erklärung:

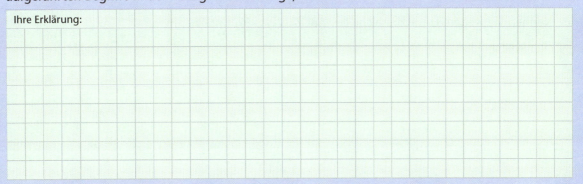

1) Bedarfsplanung   2) Wareneingang   3) Lagerung   4) Mengenplanung
5) Bestellung   6) Zeitplanung   7) Bestellverfolgung   8) Lieferantenauswahl

b) Erläutern Sie Ihren Kollegen den Unterschied von Kernprozessen und Unterstützungsprozessen und nennen Sie jeweils ein Beispiel.

Ihre Lösung:

Fachkompetenz

Fachkompetenz

Aufgabe 2: Im Rahmen der Beschaffung wird die ABC-Analyse bei der Bedarfsplanung eingesetzt. Sie ist ein Verfahren zur Priorisierung von Aufgaben, Produkten, Problemen und Aktivitäten.

a) Erklären Sie die Einteilung in A-, B- und C-Güter.

Ihre Lösung:

b) Nennen Sie weitere Einsatzbereiche der ABC-Analyse im Unternehmen.

Ihre Lösung:

Aufgabe 3: Bei der Mengenplanung wird in Ihrer Arbeitsgruppe immer wieder über die optimale Bestellmenge gesprochen. Erklären Sie, wie diese Größe ermittelt wird.

Ihre Lösung:

Arbeits- und Geschäftsprozesse

Aufgabe 4: Der kalendertägliche Bedarf eines PC-Teils bei der ComSystem GmbH beträgt 40 Stück, die Lieferzeit 6 Tage und der eiserne Bestand 120 Stück. Die optimale Bestellmenge beläuft sich auf 480 Stück.

a) Berechnen Sie
    aa) den Meldebestand _____

    bb) den Höchstbestand _____

b) Zeichnen Sie die Bestandsentwicklung für den Monat Oktober in das Diagramm ein. Ausgangspunkt Ihrer Überlegungen ist der Abend des 5. Oktober. Der Lagerbestand ist zu diesem Zeitpunkt 400 Stück (einschließlich eiserner Bestand). Zeichnen Sie auch den Meldebestand, Höchstbestand und eisernen Bestand ein sowie die entsprechenden Stückzahlen auf der Y-Achse.

Bestand in Stück

Tage

01 02 03 04 05 06 07 08 09 10 11 12 13 14 15 16 17 18 19 20 21 22 23 24 25 26 27 28 29 30 31

c) Handelt es sich bei der Zeitplanung um das Bestellpunkt- oder Bestellrhythmusverfahren? Begründen Sie Ihre Aussage.

Ihre Lösung:

Fachkompetenz

Fachkompetenz

Aufgabe 5: Vervollständigen Sie die erweiterte Ereignisgesteuerte Prozesskette (eEPK), anhand der folgenden Ausgangssituation:

In der Abteilung Einkauf der ComSystem GmbH geht eine Bedarfsmeldung ein. Daraufhin werden mit Hilfe der Lieferantendatei und einer Internetrecherche Bezugsquellen ermittelt. Im Anschluss werden Anfragen geschrieben und verschickt. Kurze Zeit später gehen verschiedene Angebote ein, die dann verglichen werden. Das passende Angebot wird ausgewählt und eine Bestellung geschrieben und versandt. Ein Prozesswegweiser zeigt den dann folgenden Wareneingangsprozess an.

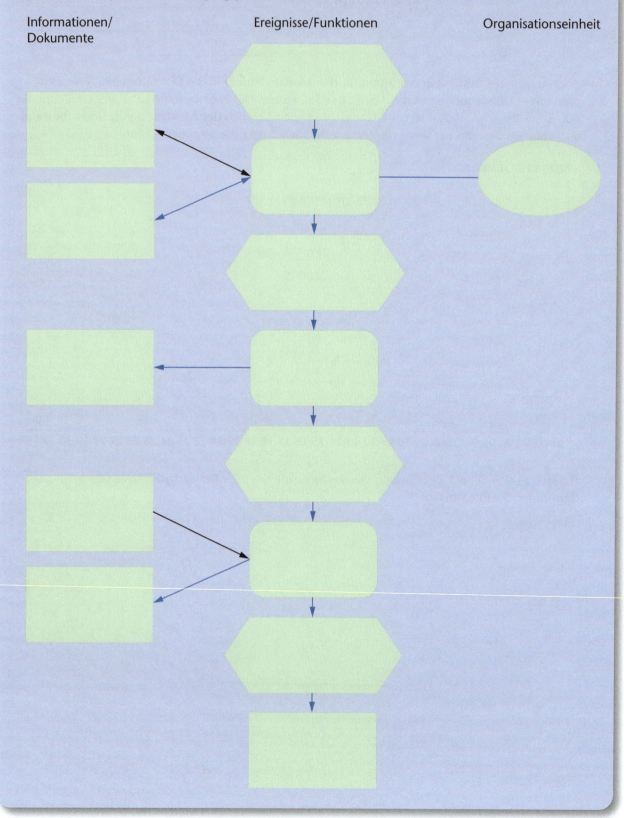

Arbeits- und Geschäftsprozesse

2.8.4 Beschaffungs- und Absatzprozesse im Unternehmen – rechtliche Hintergründe

Ausgangsszenario:
Sie haben in der Einkaufsabteilung viele Kenntnisse über die Abläufe, die Bedarfs-, Mengen- und Zeitplanung erlangt. Mit diesem Wissen können nun die benötigten Güter/DL am Markt beschafft werden.

Aufgabenstellung:
Ihr Ausbilder fordert Sie auf, mögliche Bezugsquellen für einen Multifunktionsgerät zu ermitteln und Preise anzufragen. Es werden zwei Geräte benötigt. Sie sollen folgende Aufgabenstellungen bearbeiten, bevor es zur Kaufentscheidung kommt.

Aufgabe 1: Wann beginnt die Rechtsfähigkeit? Wann beginnt die Geschäftsfähigkeit?

Ihre Lösung:

Aufgabe 2: Nennen Sie vier mögliche Bezugsquellen, um potenzielle Lieferanten kontaktieren zu können.

Ihre Lösung:

Fachkompetenz

Aufgabe 3: Beschreiben Sie kurz die Besonderheiten von Anfragen, Angeboten und grenzen Sie die Anpreisung ab!

	Anfrage	Angebot	Anpreisung
Gibt es Formvorschriften?			
Wer ist die Zielgruppe?			
Wie ist die rechtliche Wirkung?			

Aufgabe 4: Erklären Sie den Begriff „Freizeichnungsklausel" und die rechtliche Wirkung.

Ihre Lösung:

Aufgabe 5: Nennen Sie mindestens fünf Aspekte, die ein Angebot enthalten sollte (außer Adresse, Datum, Angebotsnummer, Unterschrift …).

Ihre Lösung:

Aufgabe 6: Sie haben interessante Angebote vorliegen, vergleichen diese in quantitativer und qualitativer Hinsicht, entscheiden sich für einen Anbieter und möchten nun eine Bestellung aufgeben.

a) Beschreiben Sie, wie ein Kaufvertrag zustande kommt und welche Kaufvertragsart hier vorliegt (einseitiger oder zweiseitiger Handelskauf, bürgerlicher Kauf).

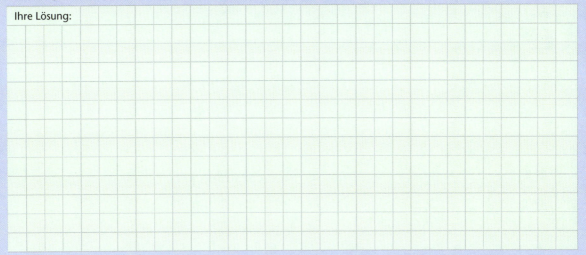

b) Es sollen statt zwei Geräten doch nur eines bestellt werden. Sie bestellen ein Gerät bei dem ausgewählten Lieferanten. Ist mit der Zustellung der Bestellung der Kaufvertrag rechtswirksam abgeschlossen?

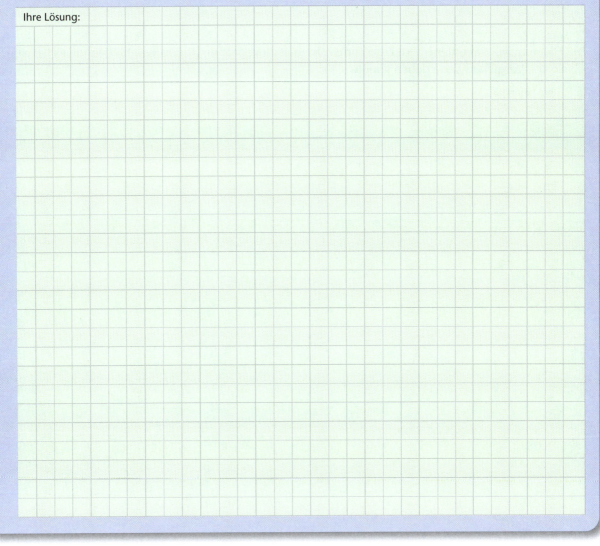

Fachkompetenz

Aufgabe 7: Das Multifunktionsgerät wird pünktlich geliefert. In den Allgemeinen Geschäftsbedingungen hat der Verkäufer vermerkt, dass er einen Eigentumsvorbehalt bis zur vollständigen Zahlung des Gerätes hat.

a) Erläutern Sie den Zweck von Allgemeinen Geschäftsbedingungen (AGB).

Ihre Lösung:

b) Erklären Sie, was unter einem Eigentumsvorbehalt zu verstehen ist und welche Gründe es für eine solche Vorgehensweise geben könnte.

Ihre Lösung:

Aufgabe 8: Bei der *ConSystem GmbH* kommt es immer wieder zu Störungen im Beschaffungs- und Leistungsprozess, denn Käufer und Verkäufer sind mit dem Kaufvertrag Pflichten eingegangen. Vervollständigen Sie die folgende Übersicht, indem Sie die Pflichten und mögliche Störungen von Kaufverträgen (Schlechtleistungen) einsetzen.

	Verkäufer	Käufer
Kaufvertragspflichten		
Kaufvertragsstörungen/ Schlechtleistungen		

2.8.5 Auftragseingangsprozesse im Unternehmen und Preisbildung

Ausgangsszenario:

Bei der *ConSystem GmbH* geht eine externe Kundenanfrage über die Ausstattung eines PC-Arbeitsplatzes ein. Nachdem ein Gespräch mit dem Kunden zwecks genauer Bedarfsanalyse geführt wurde, wird auf der Grundlage eines Lastenheftes ein Grobkonzept geschrieben. Daraufhin geht es in die Feinplanung: ein Pflichtenheft wird erstellt, die Terminplanung koordiniert und ein Angebot ausgearbeitet …

Aufgabenstellung:

Als Auszubildender der *ConSystem GmbH* begleiten Sie die Bearbeitung der Anfrage, von der Preiskalkulation bis zur Rechnungsstellung.

Fachkompetenz

Aufgabe 1: Sie haben zusammen mit einem Kollegen die benötigten Hardware-Komponenten zusammengestellt. Sie sollen jetzt im Rahmen einer Handelskalkulation den Bildschirmpreis kalkulieren. Vervollständigen Sie mit Hilfe der folgenden Informationen die Tabelle:

Listeneinkaufspreis: 200 €

Ihr Lieferant gewährt 10 % Rabatt, 2 % Skonto und berechnet 2,60 € Versandkosten.

Sie gewähren Ihrem Kunden 20 % Rabatt, 3 % Skonto und berechnen eine Vertreterprovision von 10 %. Der Gewinnzuschlag beläuft sich auf 8,87 % und die Handlungskosten auf 25 %.

Handelskalkulation

	%	Betrag in €
Listeneinkaufspreis		
= Zieleinkaufspreis		
= Bareinkaufspreis		
= Bezugs- oder Einstandspreis		
= Selbstkosten		
= Barverkaufspreis		
= Zielverkaufspreis		
= Listenverkaufspreis netto		

Aufgabe 2: Ermitteln Sie mit den Werten aus Aufgabe 1

a) den Kalkulationszuschlag für den Bildschirm.

Ihre Lösung:

b) die Handelsspanne für den Bildschirm.

Ihre Lösung:

Fachkompetenz

Aufgabe 3: Ihr Ausbilder weist Sie darauf hin, dass viele Unternehmen bei Investitionsentscheidungen nicht nur die Anschaffungskosten in die Entscheidungsfindung einfließen lassen, sie versuchen auch die TCO (Total Cost of Ownership) zu ermitteln. Erklären Sie, was darunter zu verstehen ist.

Ihre Lösung:

Aufgabe 4: Sie tragen gerade alle Zahlen für das Angebot zusammen und fragen sich, ob die *Con-System GmbH* bei dieser Preisstellung den Auftrag erhalten wird. Im Berufsschulunterricht haben Sie sich mit der Preisbildung befasst.

Ermitteln Sie die folgenden Werte aus der Grafik:

a) Gleichgewichtspreis

b) Umsatz beim Gleichgewichtspreis

c) Nachfrageüberhang bei einem Preis von 20 €

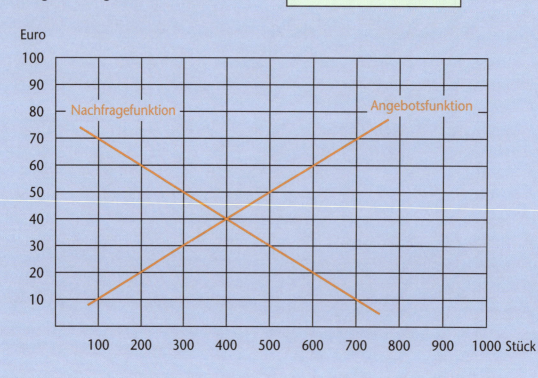

Arbeits- und Geschäftsprozesse

Aufgabe 5: Die *ConSystem GmbH* erhält den Kundenauftrag. Nach Auslieferung, Installation und Übergabe wird die Rechnung erstellt.

a) Nennen Sie die Mindestinhalte, die eine Rechnung enthalten muss.

Ihre Lösung:

b) Erklären Sie den Begriff Skonto und geben Sie einen Grund an, warum die *ConSystem GmbH* ihren Kunden Skontoabzug ermöglicht.

Ihre Lösung:

3. Prüfungssimulationen

Die folgenden drei Prüfungssimulationen sollen gezielt auf den ersten Teil der gestreckten Abschlussprüfung vorbereiten, indem sie die 5 zugrundliegenden Aspekte des „Einrichten eines IT-gestützten Arbeitsplatzes" in einer zusammenhängenden und übergreifenden Aufgabenstellung berücksichtigen. Dazu sind einerseits die Fachkompetenzen aus dem zweiten Kapitel, aber auch weitere methodische Kompetenzen gefordert. Für alle Simulationen gilt die folgende Ausgangssituation:

Sie sind Auszubildender in einem großen IT-Systemhaus, der IT-ProSystem GmbH. Zu den Kunden gehören kleine und mittelgroße Betriebe. Als erfahrener Auszubildender sind Sie vor allem im Bereich der „Einrichtung von IT-gestützten Arbeitsplätzen" eingesetzt. Dazu ermitteln Sie die jeweiligen Bedarfe der Kunden, wählen die angemessene Hard- und Software aus und leiten auch die Beschaffung ein. Bei der Einrichtung der Arbeitsplätze achten Sie auf die gesetzlichen Bestimmungen und Normen. Nach der Einweisung der Kunden führen Sie entsprechenden Kontrollen durch und protokollieren den Sachverhalt.

3.1 Prüfungssimulation 1

Ausgangsszenario:

Das Reisebüro „*Up&away*" verfügt momentan über 4 Arbeitsplätze mit Kundenservice. Nur zwei der Arbeitsplätze sind mit einem PC und Internetzugang über LAN-Kabel ausgestattet. Die beiden anderen Plätze teilen sich einen Laptop ohne Internetzugang, da kein WLAN vorhanden ist. Die Geschäftsführung des Reisbüros möchte in Zukunft 4 moderne Arbeitsplätze mit Optionen auf Erweiterbarkeit.

Handlungsschritt 1 [24 Punkte]:
Kundenbedarfe zielgruppengerecht ermitteln

1a) [4 Punkte]: Ihr Vorgesetzter bittet Sie, eine geeignete Methode für die genaue Bedarfsermittlung des Kunden auszuwählen und diese Methode kurz zu beschreiben.

1b) [12 Punkte]: Nach der Bedarfsanalyse soll dem Kunden ein erster Planungsentwurf präsentiert werden. Dazu erhalten Sie den Auftrag, einen Netzwerkplan zu erstellen. Die Arbeitsplätze und Komponenten sind vorgegeben.

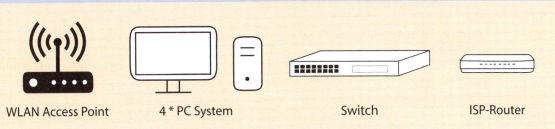

Positionieren die vorgegeben Komponenten in dem bereitgestellten Grundriss. Da im Rahmen der Umbauarbeiten auch neue Netzwerkkabel gezogen werden können, zeichnen Sie diese auch in den Planungsentwurf ein.

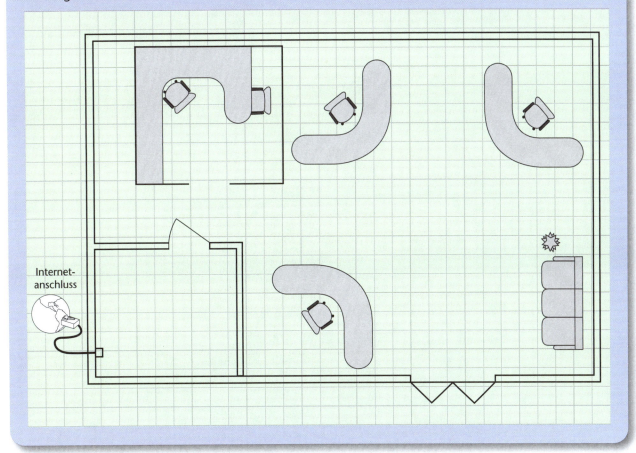

1c) [8 Punkte]: Nach der erfolgreichen Präsentation des Netzwerkplans muss die Entscheidung über die zu installierende Software getroffen werden. Die Bedarfsanalyse ergab, dass das Reisebüro folgende Software benötigt:

✓ Reisebuchungssoftware
✓ Office-Programme: Textverarbeitung, Tabellenkalkulation, Terminplanung und E-Mail

Die Reisebuchungssoftware ist durch bestehende Verträge fest vorgegeben. Die Office-Programme sind frei wählbar. Erstellen Sie dazu eine Übersicht, in der Sie verschiedene Office-Programmpakete vorstellen und dabei auf Kosten, Lizensierungen und die damit verbundenen Vor- und Nachteile eingehen.

Handlungsschritt 2 [20 Punkte]:
Hard- und Software auswählen und ihre Beschaffung einleiten

2a) [12 Punkte]: Leiten Sie die Beschaffung der Hardware ein. Ihr Ausbilder beauftragt Sie einen quantitativen Angebotsvergleich für die vier benötigten Monitore durchzuführen. Folgende Informationen liegen Ihnen vor:

Monitor: HP 27f 4K-Display – 69 cm (27 Zoll), LED, IPS-Panel, 4K UHD Auflösung, AMD FreeSync, Höhenverstellung, DisplayPort

Anbieter 1: Preis 390 €/Monitor; Rabatt 30%, Skonto 2%, Beförderungskosten 5 €/Monitor

Anbieter 2: Preis 335 €/Monitor; Rabatt 20%, Skonto 3%, keine Beförderungskosten

Anbieter 3: Preis 395 €/Monitor; Rabatt 25%, kein Skonto, 25 € pauschale Beförderungskosten

Ermitteln Sie den Bezugspreis, in dem Sie die folgende Tabelle ausfüllen. Gehen Sie davon aus, dass Skonto in Anspruch genommen werden soll. Wählen Sie dann den günstigsten Lieferanten aus:

	Anbieter 1	Anbieter 2	Anbieter 3
Listenpreis gesamt			
= Zieleinkaufspreis			
= Bareinkaufspreis			
= Einstandspreis			

Günstigster Lieferant: _____

Prüfungssimulationen

2b) [6 Punkte]: Neben quantifizierbaren Auswahlkriterien, fließen auch nicht-quantifizierbare Kriterien in die Entscheidung des Lieferanten ein. Nennen Sie drei nicht quantifizierbare Kriterien.

2c) [2 Punkte]: Mit welcher Methode lassen sich die unter b) aufgeführten Kriterien bewerten?

Handlungsschritt 3 [30 Punkte]:
Einen IT-Arbeitsplatz konfigurieren und testen und dabei die Bestimmungen und die betrieblichen Vorgaben zum Datenschutz, zur IT-Sicherheit und zur Qualitätssicherung einhalten

3a) [12 Punkte]: Nach der Beschaffung und Installation der Hardware soll der Schutzbedarf der installierten Komponenten ermittelt werden. Dazu erhalten Sie den Auftrag eine Tabelle anzulegen, in der die Komponenten entsprechend ihrem Schutzziel und Schutzbedarf eingeordnet werden. Begründen Sie ihre Einordnungen.

Verwenden Sie dazu folgende Vorlage:

Komponente	Schutzziel/Schutzbedarf	Begründung
z. B. Router	**Vertraulichkeit** normal/hoch/sehr hoch **Integrität** normal/hoch/sehr hoch **Verfügbarkeit** normal/hoch/sehr hoch	

3a) Fortsetzung

Komponente	Schutzziel/Schutzbedarf	Begründung

3a) Fortsetzung

Prüfungssimulationen

3b) [5 Punkte]: Nach der Ermittlung des Schutzbedarfs fragt der Kunde, ob es sinnvoll wäre das Netzwerk zusätzlich durch ein *Intrusion Detection System* (IDS) absichern zu lassen und, ob dadurch eine Firewall eingespart werden könnte. Geben Sie dem Kunden eine Einschätzung dazu.

3c) [8 Punkte]: Bislang haben die Mitarbeiter des Reisebüros die Daten der Kunden ohne Rückfragen erfasst und dauerhaft gespeichert. In Zukunft soll die Erfassung und Verwendung der Kundendaten unbedingt datenschutzrechtlich konform sein. Dazu erhalten Sie den Auftrag, den Mitarbeitern die grundsätzlichen datenschutzrechtlichen Bestimmungen zur Erfassung und Verwendung von Kundendaten in einer Präsentation zu vermitteln. Schreiben Sie vorab stichpunktartig die wesentlichen Aspekte dazu auf:

3d) [5 Punkte]: Um einen wichtigen neuen Kunden zu gewinnen, muss das Reisebüro sicherstellen, dass die Kommunikation auf höchstem Sicherheitsniveau stattfindet. Der Geschäftsführer möchte deshalb den E-Mail-Austausch mit diesem neuen Kunden nur noch verschlüsselt stattfinden lassen. Beraten Sie den Geschäftsführer, mit welcher Methode das angemessen umgesetzt werden könnte.

Handlungsschritt 4 [26 Punkte]:
Kunden und Kundinnen in die Nutzung des Arbeitsplatzes einweisen/ die Leistungserbringung kontrollieren und protokollieren

4a) [12 Punkte]: Nach der Einweisung der Mitarbeiter in die installierte Software, soll eine kurze Bedienungsanleitung für den Umgang von wichtigen Textverarbeitungsfunktionalitäten verfasst werden. Sie erhalten den Auftrag, diese Anleitung zu verfassen. Dazu nutzen Sie eine Beschreibung zum Thema „Kopieren, Ausschneiden und Einfügen", die allerdings in englischer Sprache vorliegt. Übersetzen Sie den Text ins Deutsche und schreiben Sie damit die kurze Anleitung.

Prüfungssimulationen

Cutting and copying text in Writer is similar to cutting and copying text in other applications. You can copy or move text within a document, or between documents, by dragging or by using menu selections, icons, or keyboard shortcuts. You can also copy text from other sources such as Web pages and paste it into a Writer document.

To move (cut and paste) selected text using the mouse, drag it to the new location and release it. To copy selected text, hold down the Control key while dragging. The text retains the formatting it had before dragging.

After selecting text, you can use the mouse or the keyboard for these operations.

Cut: Use Edit > Cut or the keyboard shortcut Control+X or the Cut icon on the toolbar.

Copy: Use Edit > Copy or the keyboard shortcut Control+C or the Copy icon.

Paste: Use Edit > Paste or the keyboard shortcut Control+V or the Paste icon.

The result of a paste operation depends on the source of the text to be pasted. If you simply click on the Paste icon, any formatting the text has (such as bold or italics) is retained. Text pasted from Web sites and other sources may also be placed into frames or tables. If you do not like the results, click the Undo icon or press Control+Z.

Anleitung „Kopieren, Ausschneiden und Einfügen von Text" in Deutsch

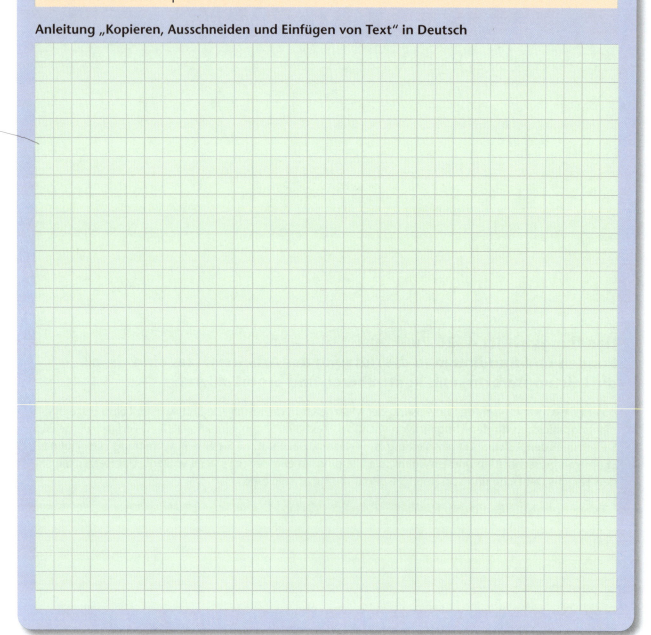

Prüfungssimulation 1

4b) [10 Punkte]: Kurz nach Bereitstellung und Übergabe der vier neuen PC-Arbeitsplätze, informieren Sie das Reisebüro, dass bei Dauernutzung der Rechner Störungen beim WLAN-Router auftreten. Gemeinsam mit Ihrem Ausbilder sprechen Sie noch mal mit dem Kunden. Daraufhin kommen Sie zu dem Schluss, dass es sich um ein thermisches Problem handeln könnte. Ihr Ausbilder beauftragt Sie, den Fall an Ihren Zulieferer, die Electronic Trading GmbH, Bonnstraße 398, 50858 Köln, in Form einer Mängelrüge weiterzuleiten. Gehen Sie davon aus, dass Sie die Information von Ihrem Kunden am 26. Juni 2022 erhalten haben und das Gespräch mit Ihrem Ausbilder am gleichen Tage geführt wurde.

Entwerfen Sie in dem folgenden Formular einen Geschäftsbrief
 a) unter Verwendung des fristgerechten Datums
 b) mit einer Mangelbeschreibung (auch Mangelart benennen)
 c) wählen Sie ein sinnvolles Recht aus, welches Sie sofort in Anspruch nehmen könnten
 d) und geben Sie an, was mit dem Router in Zwischenzeit geschehen soll (zum Lieferanten senden oder aufbewahren bzw. beim Kunden belassen)

IT-ProSystem GmbH

Maier-Allee 5, 45678 Kornbach

Ihr Zeichen/Ihre Nachricht vom
/
Unser Zeichen/Ansprechpartner
/
E-Mail
@it-prosystem.eu

Telefon/Fax
0456 7890-0 / 0456-7890-10

Datum

Sitz der Gesellschaft
Maier-Allee 5
45678 Kornbach

Bankverbindung
SPK Kornbach
IBAN: DE12 3456 7890 1234 56
BIC: DUEHSZE65T

Geschäftsführer
Peter Maus

Amtsgericht
Kornbach
USt.-IdNr.
DE12345678

4c) [4 Punkte]: Der Zulieferer möchte nach der Mängelrüge ein persönliches Gespräch führen. Zur Vorbereitung auf ein solches Gespräch erhalten Sie den Auftrag, sich mit Kommunikationsmodellen auseinanderzusetzen, damit Sie in dem Gespräch mögliche Kommunikationsstörungen schnell erkennen können. Beantworten Sie dazu folgende Fragen:

Ist es möglich, nicht zu kommunizieren?

Ihre Antwort:

Nach dem 4-Ohren-Modell nach Schulz von Thun gibt es 4 Seiten einer Nachricht. Passen die Aussagen zu der jeweiligen Seite der Nachricht?

Sachebene: Wir haben den Fehler der Router leider nicht erkannt!

Selbstoffenbarung: Eine Mängelrüge musste doch nun wirklich nicht sein!

Beziehung: Die Produktion der WLAN-Router war fehlerhaft!

Appell: Beim nächsten Problem bitte einfach anrufen!

Ihre Antwort:

3.2 Prüfungssimulation 2

Ausgangsszenario:

Der freie Versicherungsmakler „*PersonalSecure GmbH*" hat durchschnittlich 30 freie Mitarbeiter, die Kundenbesuche machen und Verträge abschließen. Diese Mitarbeiter haben keine eigenen Arbeitsplätze in der Firma, sondern teilen sich ein Großraumbüro mit mehreren Schreibtischen, Druckern und WLAN-Anbindung. Die freien Mitarbeiter bringen deshalb auch ihre eigenen Endgeräte (*BYOD*) mit und melden sich dann im Firmen-WLAN an. Auf diesen Endgeräten ist eine Firmen-Versicherungsapp installiert. Bei Anmeldung an das Firmen-WLAN startet eine automatische Datensynchronisierung der Versicherungsapp mit dem Firmen-Server. Damit kann die Firmenleitung jederzeit den aktuellen Stand der abgeschlossenen Verträge einsehen. Die freie Wahl der Endgeräte der Mitarbeiter hat aber in der Vergangenheit zu zahlreichen Problemen geführt. Unter anderem auch zu Kompatibilitätsproblemen mit den verschiedenen Endgeräten und der Versicherungsapp (die Versicherungsapp ist für die Betriebssysteme Android 9.0 und iOS 11 optimiert). Der Kunde möchte deshalb eine einheitliche Lösung. Für diese einheitliche Lösung würde er auch die entsprechenden Kosten übernehmen.

Handlungsschritt 1 [20 Punkte]:
Kundenbedarfe zielgruppengerecht ermitteln

1a) [6 Punkte]: Ihr Vorgesetzter bittet Sie, die Situation zu analysieren und die Kundenbedarfe zu ermitteln, um die Probleme mit den verschiedenen Endgeräten zu beheben.

Prüfungssimulationen

1b) [14 Punkte]: Erstellen Sie nach der Analyse ein Anwendungsfalldiagramm, das die allgemeine Situation darstellt. Das Diagramm sollte die internen Mitarbeiter des Maklers, die freien Mitarbeiter (Vertreter) und die Kunden enthalten. Weiterhin soll das Diagramm die Vorgänge der Beratung, der Vertragsabschließung und das Drucken der Verträge beschreiben.

Ihr Anwendungsfalldiagramm:

Handlungsschritt 2 [26 Punkte]:
Hard- und Software auswählen und ihre Beschaffung einleiten

2a) [6 Punkte]: Entsprechend der Bedarfsermittlung wählen Sie mehrere Möglichkeiten der Hardwareausstattung aus.

2b) [8 Punkte]: Stellen Sie die verschiedenen Optionen der Hardwareausstattung in Form einer Nutzwertanalyse gegenüber und entscheiden sich begründet für eine Option.

Vorgaben der Firmenleitung für die Nutzwertanalyse:

- Kompatibilität Hardware und App   50 %
- Kosten Hardware   25 %
- Sicherheitsaspekte Hardware   25 %

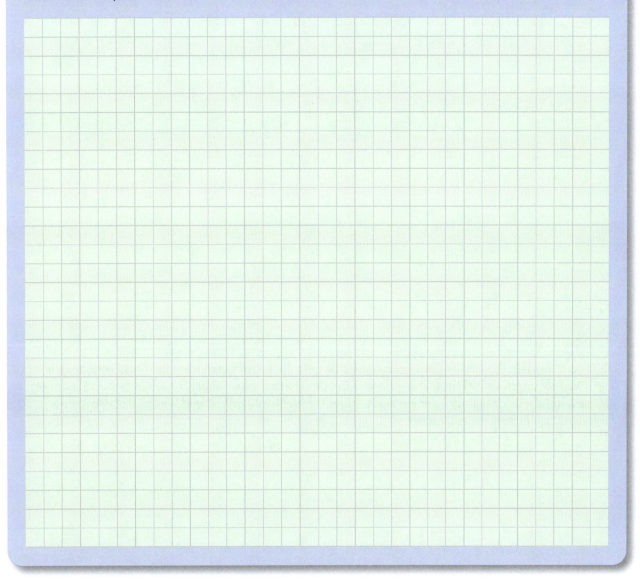

2c) [6 Punkte]: Bevor die Entscheidung für ein Handy-Modell endgültig gefällt wird, wünscht das Unternehmen noch Informationen zur Nachhaltigkeit der Geräte. Führen Sie Nachhaltigkeitsaspekte an, die die Kundenentscheidung beeinflussen können.

2d) [6 Punkte]: Die Handy-Entscheidung wurde getroffen. Der Beschaffungsprozess wird eingeleitet. Die ProSystem GmbH bestellt die Handys bei der IT-Hardware GmbH & Co.KG. Geben Sie an, ob in diesem Fall ein einseitiger oder ein zweiseitiger Handelskauf vorliegt und welche Art von Vertrag mit dem Lieferanten abgeschlossen wird.

Prüfungssimulation 2

Handlungsschritt 3 [24 Punkte]:
Einen IT-Arbeitsplatz konfigurieren und testen und dabei die Bestimmungen und die betrieblichen Vorgaben zum Datenschutz, zur IT-Sicherheit und zur Qualitätssicherung einhalten

3a) [16 Punkte]: Nach der Beschaffung der Hardware (Endgeräte) möchte der Kunde ein individuelles Sicherheitskonzept für den Einsatz der neuen Hardware und der Versicherungsapp. Sie erhalten den Auftrag dieses Sicherheitskonzept auszuarbeiten. Die Vorgehensweise ist dabei vom Kunden vorgegeben

Vorgehensweise Sicherheitskonzept:

1. Analyse der möglichen Bedrohungen, Gefahren und Schäden.

2. Bewertung der Eintrittswahrscheinlichkeit der Bedrohungen, Gefahren und Schäden.

Fortsetzung 3a):

3. Abschätzung der möglichen Schadenshöhe.

Fortsetzung 3a):

4. Planung und Festlegung der Maßnahmen zur Verhinderung der Bedrohungen, Gefahren und Schäden.

Fortsetzung 3a):

Prüfungssimulationen

3b) [8 Punkte]: Die neuen Endgeräte verbinden sich über einen WLAN-Access-Point mit dem Netzwerk des Kunden. Dabei kommt das WPA2-Protokoll zum Einsatz. Die eigentliche Authentifizierung der Endgeräte (Clients) erfolgt dabei über einen 4-Wege-Handshake. Der Kunde hat dazu eine Grafik vom Hersteller des Access-Points erhalten. Erklären Sie dem Kunden anschaulich, wie diese Authentifizierung entsprechend der Grafik erfolgt.

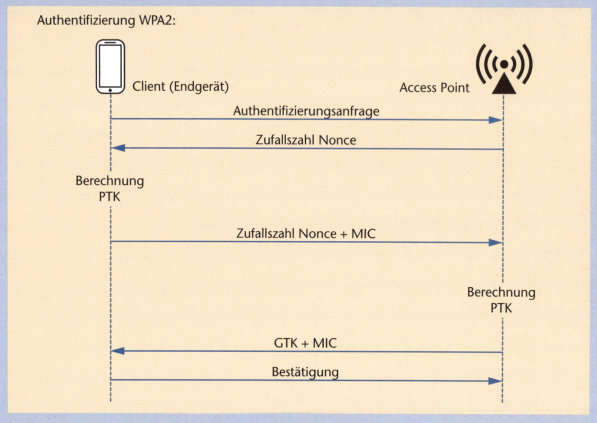

Ihre anschauliche (für Laien verständliche) Erläuterung der Grafik:

Handlungsschritt 4 [30 Punkte]:
Kunden und Kundinnen in die Nutzung des Arbeitsplatzes einweisen/ die Leistungserbringung kontrollieren und protokollieren

4a) [8 Punkte]: Nach der Einführung des neuen Systems und die Ausgabe der Hardware an die Mitarbeiter möchte der Kunde eine Videoüberwachung in dem Großraumbüro installieren. Die Überwachung soll vor allem zur Prüfung dienen, ob die Anzahl der Arbeitsplätze angemessen ist, wenn im Laufe des Tages die verschiedenen freien Mitarbeiter in dem Büro eintreffen. Sie erhalten den Auftrag den Kunden zu beraten. Dabei ist vor allem die rechtliche Seite der Videoüberwachung zu beleuchten. Mit der Hardwareinstallation wurde bereits ein anderes Unternehmen beauftragt.

Rechtliche Analyse der Videoüberwachung und konkrete Umsetzungshinweise:

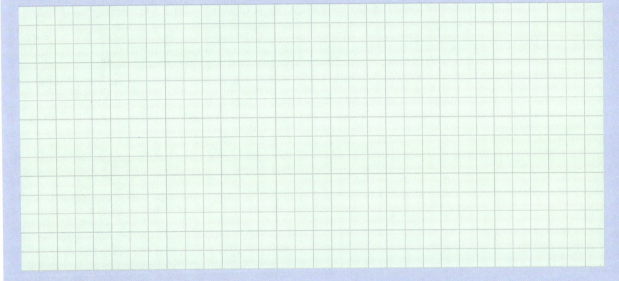

4b) [6 Punkte]: Generell werden bei der Warenannahme in Anwesenheit des Frachtführers/Überbringers die Lieferpapiere und der Zustand der Verpackung kontrolliert. Erst später wird die Ware genau kontrolliert und eingelagert bzw. Mängelansprüche geltend gemacht. Wann die Ware überprüft und Mängel angezeigt werden müssen, liegt daran, ob es sich bei den Vertragspartnern um zwei Kaufleute handelt (zweiseitiger Handelskauf) oder ob der Kunde ein Verbraucher ist (Verbrauchsgüterkauf oder einseitiger Handelskauf). Erläutern Sie die Unterschiede zur Prüf- und Rügefrist beim zweiseitigen und beim einseitigen Handelskauf.

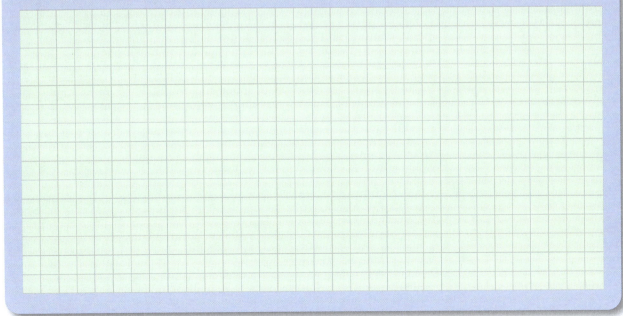

Prüfungssimulationen

4c) [8 Punkte]: Die IT-ProSystem GmbH hat nach der Erbringung der vereinbarten Leistungen ein Recht auf Abnahme, wenn keine wesentlichen Mängel aufgetreten sind. D. h., die Versicherungsmakler *„PersonalSecure GmbH"* muss erklären, dass die gewünschte Leistung erbracht, der Vertrag somit erfüllt wurde. Geben Sie Möglichkeiten an, wie eine Abnahme erfolgen kann und Konsequenzen, die sich aus der Abnahme ergeben.

4d) [8 Punkte]: Eine weitere Aufgabe der IT-ProSystem GmbH ist die Einweisung der 30 Versicherungsmakler in die neue Handytechnik. Nennen Sie vier Möglichkeiten, wie die notwendigen Inhalte vermittelt werden können und beschreiben Sie diese genauer.

3.3 Prüfungssimulation 3

Ausgangsszenario:

Das mittelständische Unternehmen „**CNC-Pro GmbH**" fertigt Werkstücke mithilfe von CNC-Maschinen (**C**omputerized **N**umerical **C**ontrol-**M**aschinen – rechnergesteuerte Maschinen). Die Firmenleitung möchte die CNC-Maschinen vernetzen (im Sinne von Industrie 4.0) und die Produktionsmitarbeiter sollen zentral auf die Maschinen zugreifen können. Zusätzlich denkt die Firmenleitung darüber nach, die ganze Steuerung der Maschinen in eine Cloud auszulagern.

Handlungsschritt 1 [22 Punkte]:
Kundenbedarfe zielgruppengerecht ermitteln

1a) [10 Punkte]: Analysieren Sie das Ausgangsszenario und erstellen Sie einen Fragebogen mit mindestens 5 Fragen, mit dem der Bedarf des Kunden genau festgestellt werden kann.

Fragebogen zur Bedarfsermittlung:

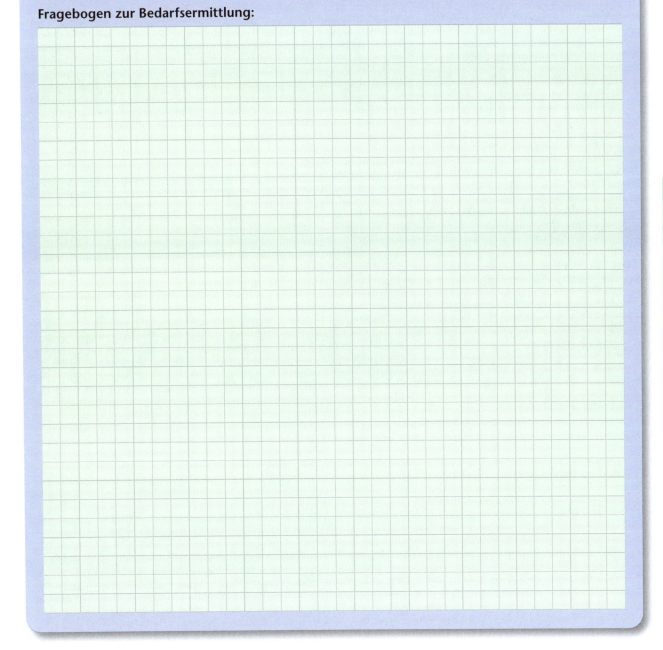

1b) [12 Punkte]: Nach der Bedarfsanalyse stehen zwei Cloud-Modelle zur Auswahl: Software as a Service (SasS) oder Infrastructure as a Service (IaaS). Der Leiter der Entwicklungsabteilung hat zu diesen Modellen eine Übersicht für den Kunden erstellt. Vor der Übergabe an den Kunden muss diese Übersicht entsprechend dem untenstehenden Beispiel ergänzt werden.

Funktionalitäten	Software as a Service (SasS)	Infrastructure as a Service (IaaS).
Eigene Installationen nötig	Nein	Ja
Vermehrter IT-Personalbedarf	Nein	Ja
Monatliche Miete		
Eigene Verantwortlichkeit für die IT-Sicherheit		
Freie Anpassung der Anwendungen		
Vertiefte Ausbildung der IT-Fachkräfte nötig		
Automatische Updates der Anwendungen incl.		
Skalierbarkeit		

Handlungsschritt 2 [30 Punkte]:
Hard- und Software auswählen und ihre Beschaffung einleiten

2a) [8 Punkte]: Für die Anbindung der CNC-Maschinen kommt ein spezielles Netzwerkprotokoll infrage. Der Kunde hat allerdings nur Informationen auf Englisch vorliegen. Übersetzen Sie diese Informationen ins Deutsche.

> **MQTT – Message Queuing Telemetry Transport**
>
> MQTT is a standard for moving data between an IoT device and a server. MQTT has become the defacto IoT standard for connecting all sorts of IoT devices. Today, all major IoT platforms, IoT cloud services providers, and many IoT edge gateways and devices support connectivity with MQTT.
>
> MQTT is a publish/subscribe protocol that is lightweight and requires a minimal footprint and bandwidth to connect an IoT device. Unlike HTTP's request/response paradigm, MQTT is event driven and enables messages to be pushed to clients. This type of architecture decouples the clients from each other to enable a highly scalable solution without dependencies between data producers and data consumers.

Ihre Übersetzung ins Deutsche:

2b) [8 Punkte]: Ein wichtiger Aspekt für die Auswahl des Protokolls für die CNC-Maschinen ist der Unterschied zwischen einem *publish/subscribe protocol* und dem *request/response paradigm*. Erläutern Sie dem Kunden kurz die beiden Sachverhalte.

publish/subscribe protocol:

request/response paradigm:

2c) [14 Punkte]: Analysieren Sie die folgenden Angebote von Cloud-Betreibern und geben Sie eine begründete Empfehlung ab. Gehen Sie davon aus, dass 24 Mitarbeiter des Kunden mit der Cloud arbeiten, 14 CNC-Maschinen eingebunden sind und pro Maschine im Jahr 127 GByte an Daten anfallen. Beachten Sie weiterhin, dass der Kunde die Anzahl der CNC-Maschinen in der Zukunft erhöhen will (die Anzahl der Mitarbeiter muss sich dann ebenfalls erhöhen: 1 Mitarbeiter für 2 CNC-Maschinen).

Anbieter 1: Cloud-CNC	
✓ Grundpauschale	1200 €/Monat
✓ Anbindung pro CNC-Maschine	59 €/Monat
✓ Data-Storage pro angefangenes GByte	1,50 €/Monat
✓ Pauschale pro User	35 €/Monat

Anbieter 2: IoT-onNet	
✓ Anbindung pro CNC-Maschine	139 €/Monat
✓ Data-Storage pro angefangenes TByte	325 €/Monat
✓ Pauschale pro User	19 €/Monat

Ihre Rechnung/Begründung

Prüfungssimulationen

Ihre Rechnung/Begründung – Fortsetzung

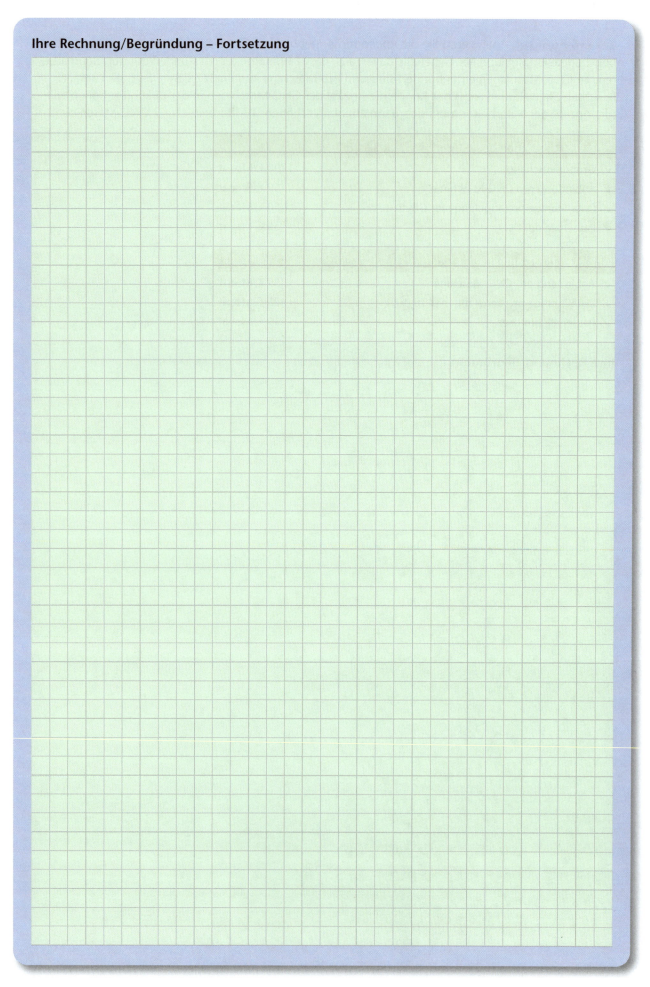

Handlungsschritt 3 [20 Punkte]:
Einen IT-Arbeitsplatz konfigurieren und testen und dabei die Bestimmungen und die betrieblichen Vorgaben zum Datenschutz, zur IT-Sicherheit und zur Qualitätssicherung einhalten

3a) [10 Punkte]: Nach der Entscheidung für eine Cloud-Lösung möchte der Kunde nun datenschutzrechtliche Aspekte beleuchten. Für den Kunden ist vor allem wichtig, dass die Produktionsdaten (auch die seiner Kunden) in der Cloud gesetzeskonform gespeichert sind. Beantworten Sie dem Kunden dazu einige Fragen.

Fragen des Kunden zu Auftragsverarbeitung:

Muss mit dem Cloud-Anbieter ein Vertrag zur Auftragsverarbeitung abgeschlossen werden?

Falls ja, was regelt dieser Vertrag genau?

Kann der Cloud-Anbieter die Produktionsdaten auf Servern im Ausland speichern?

Prüfungssimulationen

3b) [10 Punkte]: Nach der Einführung des Cloud-basierten Systems denkt der Kunde über ein Online-Hilfe-System nach, um die Mitarbeiter zu unterstützen. Dem Kunden wurden verschiedene Modelle angeboten. Klären Sie den Kunden über die verschiedenen Angebote auf und helfen Sie ihm eine sinnvolle Entscheidung zu treffen.

Kurzerklärungen zu den Angeboten:

Online-Handbuch:

Online-Wiki:

CMS-System:

Online-Helpdesk:

Ihre Empfehlung für den Kunden:

Handlungsschritt 4 [28 Punkte]:
Kunden und Kundinnen in die Nutzung des Arbeitsplatzes einweisen/ die Leistungserbringung kontrollieren und protokollieren

4a) [8 Punkte]: Für die Bedienung der CNC-Maschinen über die Cloud-Applikationen brauchen die Mitarbeiter weitere Hilfestellungen. Der Kunde wünscht sich diese Hilfestellungen in Form von Programmablaufplänen und Struktogrammen. Der Leiter der Entwicklungsabteilung hat ein Struktogramm als Prototyp entworfen, das die Eingabe der Anfangskoordinaten bei einer CNC-Maschine simulieren soll. Dabei ist wichtig, dass weder die x- noch die y-Koordinate kleiner als Null ist. Ansonsten muss die Eingabe wiederholt werden. Die Mitarbeiter haben allerdings Schwierigkeiten mit diesem Struktogramm und halten es für fehlerhaft. Sie erhalten den Auftrag, das Struktogramm auf Fehler zu prüfen und gegebenenfalls zu korrigieren.

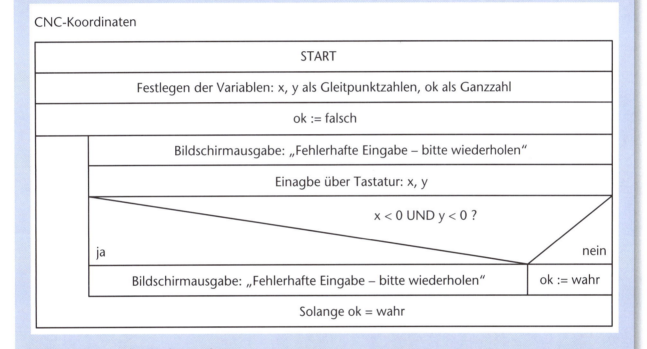

Ihre Fehleranalyse und Korrektur:

Prüfungssimulationen

4b) [20 Punkte]: In der CNC Pro GmbH gehen jetzt monatlich die Rechnungen für die Nutzung der Cloud ein. Sie sollen den Rechnungseingangsprozess in Form einer Ereignisgesteuerten Prozesskette übersichtlich darstellen. Vervollständigen Sie den Ausschnitt der EPK, indem Sie Ereignisse, Funktionen, Operatoren und Informationsobjekte beschriften. Ergänzen Sie die Funktion „korrigierte Rechnung anfordern" und das Dokument „Schreiben an Lieferanten" in die Prozesskette und stellen Sie den Informationsfluss für diese Elemente durch Pfeile dar.

Der Prozess sieht wie folgt aus:

Nachdem die Lieferantenrechnung eingegangen ist, wird sie geprüft. Ist die Rechnung nicht korrekt, wird der Lieferant (hier der Cloud-Anbieter) angeschrieben und es wird auf eine neue Rechnung gewartet. Ist die Rechnung korrekt, wird sie als Verbindlichkeit im Buchhaltungssystem verbucht. Nach Eintritt des Zahlungstermins (externes Ereignis) wird der Zahlungsausgang gebucht. Damit ist die Zahlung der Rechnung abgeschlossen.

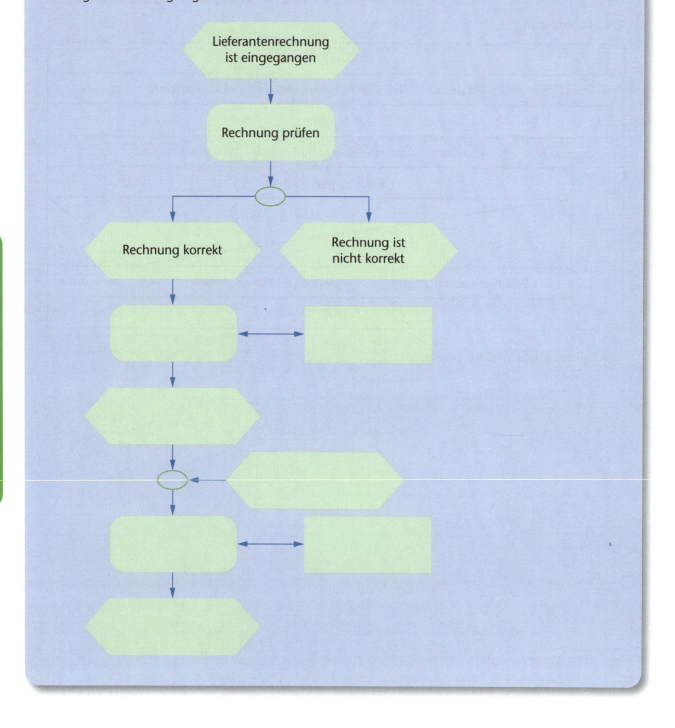

Lösungen

Lösungen

2.1 Fachkompetenz Projektmanagement

2.1.1 Grundlagen 1

Ausgangsszenario:
Die Geschäftsleitung der IT-Firma *ConSystem GmbH* möchte, dass die Kenntnisse im Projektmanagement in den einzelnen Abteilungen verbessert werden. Dazu soll eine kleine Schulung vorbereitet werden, die mit einem Test abschließt. Als Auszubildender der Firma erhalten Sie den Auftrag, an dieser Schulung mitzuarbeiten.

Aufgabenstellung:
Der Test zum Abschluss der Schulung ist bereits entwickelt worden. Entwerfen Sie eine Musterlösung zu den Fragen.

Test zu Thema Fachkompetenz Projektmanagement

Aufgabe 1: Überprüfen Sie den Text auf fehlerhafte Aussagen.

Ein Projekt ist ein [einmaliges] Vorhaben mit einem klaren Ziel sowie einem Anfangstermin und ~~variablem~~ Endtermin.

Aufgabe 2: Im Projektmanagement spricht man von einem „magischen Dreieck", welches den Zusammenhang zwischen wichtigen Kenngrößen darstellt. Wählen Sie die Kenngrößen aus den vorgegebenen Begriffen aus und tragen sie diese in die Platzhalter ein.

Leitung	Auftrag	Qualität
Kosten	Kontrolle	Ausstattung
Transparenz	Führung	Zeit

Dreieck „magisches Dreieck" mit den Ecken: **Qualität** (oben), **Kosten** (links unten), **Zeit** (rechts unten).

Aufgabe 3: Das Ziel eines Projekts sollte nach der „SMART"-Regel entwickelt werden. Welche der folgenden Eigenschaften muss das Ziel haben?

- ☒ spezifisch
- ☐ spontan
- ☐ metrisch
- ☐ speziell
- ☒ messbar
- ☐ temporär
- ☐ mittelmäßig
- ☐ redundant
- ☒ akzeptiert
- ☒ realistisch
- ☒ terminiert
- ☐ traditionell

Fachkompetenz Projektmanagement

2.1.2 Grundlagen 2

Ausgangsszenario:
Die Geschäftsleitung der IT-Firma *ConSystem GmbH* möchte, dass die Kenntnisse im Projektmanagement in den einzelnen Abteilungen weiter verbessert werden. Dazu wird eine weitere Schulung vorbereitet, die ebenfalls mit einem Test abschließt.

Aufgabenstellung:
Der Test zum Abschluss der Schulung ist bereits entwickelt worden. Entwerfen Sie eine Musterlösung zu den Fragen.

Weiterer Test zu Thema Fachkompetenz Projektmanagement

Aufgabe 1: Die englische Projektmanagementmethode PRINCE2 definiert ein Projekt wie folgt:

"A temporary organization that is created for the purpose of delivering one or more business products according to an agreed Business Case"

Übersetzen Sie diese Definition ins Deutsche:

> Eine temporäre Organisation, die mit dem Ziel gegründet wurde, ein oder mehrere Produkte gemäß einem vereinbarten Business Case (Geschäftsszenario) zu liefern.

Aufgabe 2: Welche Personen umfasst der Begriff „Stakeholder" bei einem Projekt? Nennen Sie mindestens drei Personen bzw. Personengruppen.

- Projektleiter
- Projektmitarbeiter
- Kunden
- Benutzer
- Auftraggeber
- Sponsoren
- …

Aufgabe 3: Ein Projekt durchläuft in der Regel bestimmte Phasen. Bringen Sie die folgenden Projektphasen in die zeitlich korrekte Reihenfolge. Ordnen Sie dann jeder Projektphase alle ihre Bestandteile *(kursiv gedruckt)* zu.

- Projektdurchführung
- Projektabschluss
- Projektauftrag/Projektdefinition
- Projektplanung

- *Meilensteine*
- *Machbarkeitsstudie*
- *Abschlussbericht*
- *Gantt-Diagramm*

1. Projektauftrag/Projektdefinition
2. Projektplanung
3. Projektdurchführung
4. Projektabschluss

Zuordnungen:
- Meilensteine → Projektdurchführung
- Machbarkeitsstudie → Projektauftrag/Projektdefinition
- Abschlussbericht → Projektabschluss
- Gantt-Diagramm → Projektplanung

Lösungen

2.1.3 Grundlagen 3

Ausgangsszenario:
Als Auszubildender der IT-Firma **ConSystem GmbH** sollen Sie Ihre Kenntnisse in der Projektplanung verbessern. Ihr Abteilungsleiter hat dazu einige Fragen formuliert.

Aufgabenstellung:
Beantworten Sie die Fragen des Abteilungsleiters in kurzen Sätzen oder auch stichpunktartig.

Fragen des Abteilungsleiters zur Projektplanung

Aufgabe 1: Was unterscheidet eine Stakeholderanalyse von einer Machbarkeitsstudie?

> Die Stakeholderanalyse ermittelt die wesentlichen Ziele, die Motivation und die Einstellung der Stakeholder (Projektleiter, Projektmitarbeiter, Kunden, Benutzer, Auftraggeber, Sponsoren, …) im Zusammenhang mit dem geplanten Projekt. Damit werden frühzeitig Probleme erkannt (Projektgegner, gegenläufige Ziele etc).
>
> Die Machbarkeitsanalyse ist eine umfassende Studie, in der die Machbarkeit des Projektes aus verschiedenen Perspektiven geprüft wird. Das sind sowohl technische als auch wirtschaftliche Überprüfungen. Die Stakeholderanalyse ist ein Teil dieser umfassenden Studie, ebenso wie die Risikoanalyse.

Aufgabe 2: Ist der folgende Text zum Thema Risikoanalyse korrekt übersetzt worden?

Englischer Text:
"Risk analysis helps identify potential problems that could arise during a project or process."

Übersetzung:
„Die Risikoanalyse identifiziert Probleme, die vor oder nach einem Projekt innerhalb eines Prozesses auftreten könnten."

Ihre Einschätzung:

> Der Text ist nicht korrekt übersetzt, da es nicht um Probleme innerhalb eines Prozesses vor und nach dem Projekt geht, sondern um die Identifizierung von möglichen Problemen, die während des Projektes oder Prozessen auftreten können. Die korrekte Übersetzung wäre:
>
> „Die Risikoanalyse hilft bei der Identifizierung potenzieller Probleme, die während eines Projekts oder Prozesses auftreten könnten."

Fachkompetenz Projektmanagement

Aufgabe 3: Ist die Reihenfolge der Schritte in der folgenden englischen Beschreibung korrekt?

Englischer Text:

"5 Steps to Any Effective Risk Management Process
1. *Identify the risk.*
2. *Treat the risk.*
3. *Prioritize the risk.*
4. *Analyze the risk.*
5. *Monitor the risk."*

Ihre Einschätzung:

Nein, die Analyse und die Priorisierung müssen früher erfolgen:
1. Identify the risk
2. Analyze the risk
3. Prioritize the risk
4. Treat the risk
5. Monitor the risk.

Lösungen

2.1.4 Gantt-Diagramm

Ausgangsszenario:
Als Auszubildender der IT-Firma **ConSystem GmbH** sollen Sie weitere Erfahrungen in der Projektplanung sammeln. Dazu werden Sie mit der Zeitplanung eines Softwareprojektes betraut.

Aufgabenstellung:
Die Phasen für das Projekt sind bereits vorgeplant. Setzen Sie diese Vorgabe in einem Gantt-Diagramm um und kennzeichnen Sie den kritischen Pfad des Projektes.

Planung des Software-Projektes

Vorplanung der Phasen:

Nr.	Phase	Dauer	Vorgänger
A	Analyse	1	–
B	Planung	4	A
C	Design 1	3	A
D	Modul 1	6	C, B
E	Design 2	4	B
F	Modul 2	8	E, D
G	Testphase Design 1	5	C
H	Übergabe	3	F, G

Muster-Gantt-Diagramm (inkl. kritischem Pfad)

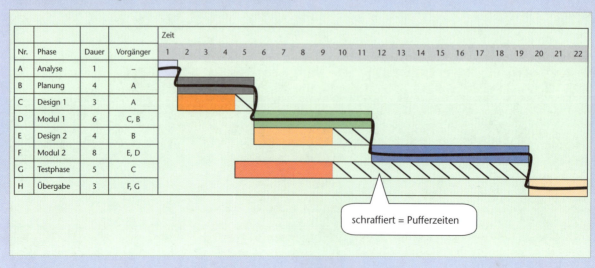

schraffiert = Pufferzeiten

Fachkompetenz Projektmanagement

2.1.5 Netzplan

Ausgangsszenario:
Als Auszubildender der IT-Firma *ConSystem GmbH* sollen Sie weitere Erfahrungen in der Projektplanung sammeln. Dazu werden Sie mit der Zeitplanung eines Softwareprojektes betraut.

Aufgabenstellung:
Nach der erfolgreichen Umsetzung als Gantt-Diagramms soll zusätzlich ein Netzplan erstellt werden. Setzen Sie diese Vorgabe in einem Netzplan um und geben Sie den kritischen Pfad des Projektes an.

Planung des Software-Projektes

Vorplanung der Phasen:

Nr.	Phase	Dauer	Vorgänger
A	Analyse	1	–
B	Planung	4	A
C	Design 1	3	A
D	Modul 1	6	C, B
E	Design 2	4	B
F	Modul 2	8	E, D
G	Testphase Design 1	5	C
H	Übergabe	3	F, G

Vorgabe Netzplanelement:

```
FAZ                FEZ
       Name
       D  |  P
SAZ                SEZ
```

FAZ = frühester Anfangszeitpunkt
SAZ = spätester Anfangszeitpunkt
FEZ = frühester Endzeitpunkt
SEZ = spätester Endzeitpunkt
D = Dauer des Vorgangs
P = Pufferzeit

Muster-Netzplan (inkl. kritischem Pfad):

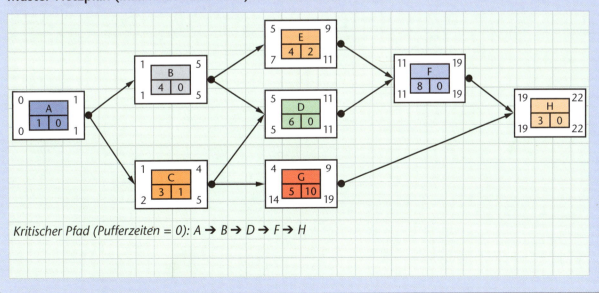

Kritischer Pfad (Pufferzeiten = 0): A → B → D → F → H

Lösungen

2.1.6 Wasserfallmodell

Ausgangsszenario:
Der Leiter der Abteilung Entwicklung der IT-Firma *ConSystem GmbH* arbeitet an einer speziellen Präsentation zum Thema Wasserfallmodell. In einer kleinen Präsentation möchte er den Mitarbeiterinnen und Mitarbeitern die wesentlichen Aspekte des Modells vorstellen.

Aufgabenstellung:
Als Auszubildender der IT-Firma *ConSystem GmbH* erhalten Sie den Auftrag, einige Begrifflichkeiten im Zusammenhang mit dem Wasserfallmodell zu klären sowie Vor- und Nachteile des Modells zu benennen. Weiterhin sollen Qualitätsmerkmale einer Präsentation benannt werden.

Aspekte des Wasserfallmodells

Definieren Sie die folgenden Begriffe im Zusammenhang mit dem Wasserfallmodell:

Dokumentgetrieben (inkl. Meilenstein, Lasten- und Pflichtenheft):

> Für alle Phasen des Wasserfallmodells müssen Dokumentationen verfasst werden. Am Ende der Phase ist die abgeschlossene Dokumentation dann auch gleichzeitig ein Meilenstein im Projekt. Deshalb nennt man das Wasserfallmodell auch dokumentgetrieben. Solche Dokumente sind beispielsweise das Lastenheft und Pflichtenheft. Das Lastenheft beschreibt die Funktionalitäten, die eine Software erfüllen soll. Es wird vom Auftraggeber erstellt. Das Pflichtenheft beschreibt, wie die Anforderungen des Lastenheftes umgesetzt werden können. Es wird vom Auftragnehmer erstellt.

Top-Down-Methode:

> Diese Methode beschreibt eine Vorgehensweise, die vom Allgemeinen zum Speziellen führt. Für die Softwareentwicklung entsteht beispielsweise zuerst der Entwurf oder das Design und anschließend werden erst die einzelnen Module implementiert. Das Wasserfallmodell arbeitet genau nach dieser Vorgehensweise.

Fachkompetenz Projektmanagement

Schreiben Sie mindestens drei Vor- und Nachteile zum Wasserfallmodell auf:

Vorteile	Nachteile
– Einfache, verständliche Struktur – Wenig Managementaufwand – Kalkulierbare Kosten – Konsequente Dokumentation – … und weitere möglich	– Geringe (keine) Flexibilität – Keine Rücksprungmöglichkeiten in frühere Phasen (außer beim erweiterten Modell) → keine Korrekturmöglichkeiten und dadurch eventuelles Scheitern des Projektes – Systemeinführung meistens sehr spät nach Projektbeginn (führt eventuell zu Kundenunzufriedenheit oder zu veralteter Software) – Kunde ist nur zu Beginn und am Ende beteiligt (führt eventuell zur Entwicklung der „falschen" Software) – … und weitere möglich

Benennen Sie 4 Kriterien, die die Qualität einer Präsentation steigern können.

Ihre Antwort:

– Strukturierung des Vortrags
– Adressatengerechte Aufbereitung
– Fachliche Korrektheit
– Verständlicher, flüssiger und souveräner Vortragstil
– Einhaltung der zeitlichen Vorgabe
– … und weitere möglich

Lösungen

2.1.7 Agile Modelle

Ausgangsszenario:
Der Leiter der Abteilung Entwicklung der IT-Firma *ConSystem GmbH* arbeitet an einer speziellen Präsentation zum Thema „Agile Modelle". In einer kleinen Präsentation möchte er den Mitarbeiterinnen und Mitarbeitern die wesentlichen Aspekte vorstellen.

Aufgabenstellung:
Als Auszubildender der IT-Firma *ConSystem GmbH* erhalten Sie den Auftrag, einige Begrifflichkeiten im Zusammenhang mit der agilen Softwareentwicklung zu klären sowie eine englische Beschreibung zu übersetzen.

Agile Modelle

Definieren Sie die folgenden Begriffe im Zusammenhang mit agiler Softwareentwicklung:

Agile Methode:

> Eine Methode ist ein eingeübter oder formalisierter Ablauf, der sich als sinnvoll und erfolgreich erwiesen hat. Eine agile Methode richtet sich nach den Prinzipien der agilen Entwicklung (z. B. Paarprogrammierung).

Agiler Prozess:

> Ein Prozess ist ein Verlauf oder eine Entwicklung über eine bestimmte Zeit, bei dem etwas entsteht. Der agile Prozess hat zum Ziel, die Entwurfsphase bei der Softwareentwicklung kurz zu halten und schnell ein Ergebnis (Teilergebnis, Prototyp) zu entwickeln, das dann mit dem Kunden abgestimmt werden kann. Dabei werden agile Methoden eingesetzt.

Übersetzen Sie die Leitsätze der agilen Softwareentwicklung ins Deutsche:

"We are uncovering better ways of developing software by doing it and helping others do it. Through this work we have come to value:

- individuals and interactions over processes and tools
- working software over comprehensive documentation
- customer collaboration over contract negotiation
- responding to change over following a plan

That is, while there is value in the items on the right, we value the items on the left more."

> Wir entdecken bessere Wege Software zu entwickeln, indem wir es selbst tun und anderen dabei helfen, es zu tun. Durch diese Arbeit haben wir folgende Werte zu schätzen gelernt:
>
> – Individuen und Interaktionen mehr als Prozesse und Werkzeuge
> – Funktionierende Software mehr als umfassende Dokumentation
> – Zusammenarbeit mit dem Kunden mehr als Vertragsverhandlung
> – Reagieren auf Veränderung mehr als Befolgen eines Plans
>
> Obwohl die Werte auf der rechten Seite wichtig sind, schätzen wir die Werte auf der linken Seite höher ein.

Fachkompetenz Projektmanagement

2.1.8 SCRUM

Ausgangsszenario:
Der Leiter der Abteilung Entwicklung der IT-Firma *ConSystem GmbH* hat sich entschlossen eine agiles Softwareentwicklungsmodell einzusetzen. Dazu wurde ein Mitarbeiter auf eine Schulung zu „Scrum" geschickt. Er hat einige wesentliche Aspekte des Modells während der Schulung notiert.

Aufgabenstellung:
Als Auszubildender der IT-Firma *ConSystem GmbH* erhalten Sie den Auftrag, die Notizen des Kollegen auf Korrektheit zu prüfen.

Notizen zu Scrum

Ein Sprint beginnt mit einem Sprint-Planning und endet mit einem Sprint-Review. ✔

In einem Sprint kann jederzeit die Arbeit unterbrochen werden, um Änderungen des Kunden einzupflegen. ✘ (ein Sprint darf nicht unterbrochen werden!)

Ein Sprint kann in der Regel zwischen einer und vier Wochen dauern. ✔

Der Scrum Master führt die Scrum-Regeln ein und kümmert sich um die Einhaltung der Regeln und einen ungestörten Ablauf der Entwicklung. ✔

Der Scrum Master ist immer auch ein Teil des Entwicklungsteams und entwickelt besonders wichtige Aspekte des Produktes. ✘ (der Scrum Master entwickelt nicht, ist also kein Teil des Entwicklungsteams!)

Das Entwicklungsteam kann aus einer Person oder mehreren Personen bestehen. ✘ (ein Team besteht per Definition aus mindestens 3 Personen und sollte maximal 9 Personen haben!)

Das Entwicklungsteam sollte so zusammengesetzt sein, dass verschiedene Experten beteiligt sind (Entwickler, Tester, Architekten …). ✔

Der Product Owner ist gleichbedeutend mit dem Kunden. ✘ (der Product Owner ist die Schnittstelle zwischen dem Kunden und den Projektbeteiligten!)

Der Product Owner ist für das Product Backlog verantwortlich. ✔

Das Product Backlog ist eine übersichtliche Anordnung der Anforderungen an das Produkt. ✔

Das Daily Scrum ist ein tägliches 15-minütiges Treffen des Entwicklerteams. ✔

Scrum Master und Product Owner dürfen nicht am Daily Scrum teilnehmen. ✘ (der Scrum Master sollte teilnehmen und der Product Owner kann teilnehmen!)

Im Daily Scrum werden alle Probleme des Entwicklerteams gelöst. ✘ (Das Daily Scrum dient dazu, dass alle Team-Mitglieder kurz über den aktuellen Stand berichten. Probleme notiert der Scrum Master und Lösungen werden später entwickelt!)

Ein wesentliches Ziel von Scrum ist es, dass die Stakeholder möglichst vom Entwicklungsprozess ferngehalten werden und erst am Ende der Entwicklung das Produkt sehen können. ✘ (Genau das Gegenteil ist der Fall: Die Stakeholder sind jederzeit willkommen sich zu informieren und den Prozess zu begleiten!)

Lösungen

2.2 Fachkompetenz Qualitätsmanagement

2.2.1 Grundlagen 1

Ausgangsszenario:
Die IT-Firma *ConSystem GmbH* bietet Consulting-Dienstleistungen in verschiedenen IT-Bereichen an. Das kann auch Hilfe bei der Einführung eines Qualitätsmanagementsystems sein. Die Geschäftsleitung der Firma hat beschlossen, dass die Kenntnisse der Mitarbeiter im Bereich Qualitätsmanagement verbessert werden sollten.

Aufgabenstellung:
Der Leiter der Abteilung Entwicklung hat dazu verschiedene Begriffe zu diesem Bereich recherchiert und versucht, sie in einer Mindmap zu strukturieren. Als Auszubildender der Abteilung bittet er Sie, die Mindmap fertigzustellen.

Internetrecherche zu Qualitäts-Aspekten

Musterlösung

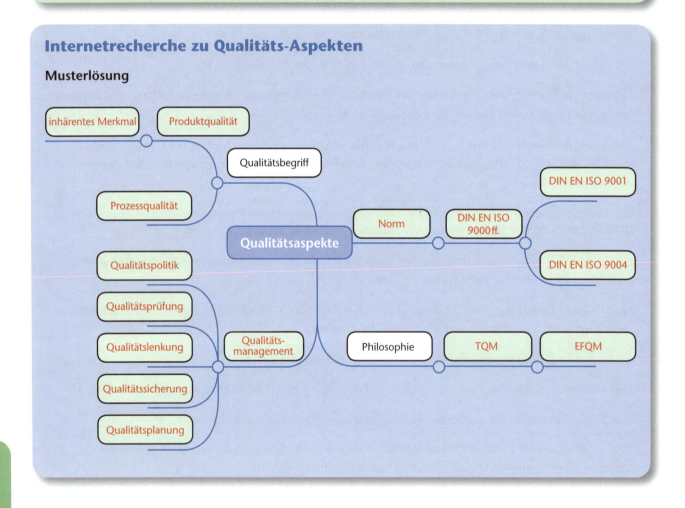

Fachkompetenz Qualitätsmanagement

2.2.2 Grundlagen 2

Ausgangsszenario:
Nach einigen Schulungen im Bereich Qualitätsmanagement möchte die Geschäftsleitung der IT-Firma *ConSystem GmbH* prüfen, ob sich die Kenntnisse der Mitarbeiterinnen und Mitarbeiter verbessert haben. Dazu wurde ein kleiner Test entwickelt.

Aufgabenstellung:
Als erfahrener Auszubildender der Firma erhalten Sie den Auftrag, eine Musterlösung zu dem Test zu erstellen.

Test zum Thema Qualitätsmanagement

Aufgabe 1: Musterlösung

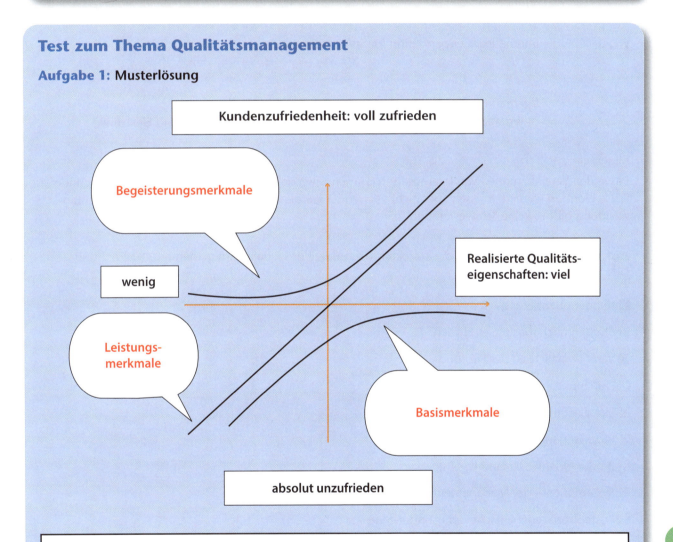

Die Grafik zeigt das Modell von Kano (Professor aus Tokio, 1978) und stellt die Kundenzufriedenheit in einen Zusammenhang mit realisierter Qualität. Dabei werden drei Merkmale unterschieden. Beschriften Sie die Grafik mit den folgenden Merkmalen:
- Basismerkmale
- Leistungsmerkmale
- Begeisterungsmerkmale

Lösungen

Aufgabe 2: Definieren Sie die folgenden Begriffe kurz:

Qualität = „Grad, in dem ein Satz inhärenter Merkmale eines Objekts Anforderungen erfüllt" (DIN EN ISO 9000: 2015, inhärent = innewohnend)

DIN = Deutsches Institut für Normung

EN = Europäisches Normungsinstitut

ISO = International Organization for Standardization

IEC = International Electrotechnical Commission (Internationale Normengebung für die Bereiche Elektrotechnik und Elektronik)

Allgemein:
Es werden Vereinbarungen von Interessierten (Firmen usw.) getroffen, die dann in einer NORM münden. Diese Normen können, müssen aber nicht verwendet werden. Sie sind kein Gesetz und bei Nichtanwendung gibt es keine Strafverfolgung.

Aufgabe 3: Kennzeichnen Sie die korrekten Grundsätze des Qualitätsmanagements nach DIN EN ISO 9000 ff.:

- ☒ Kundenorientierung
- ☐ Streben nach maximaler Effizienz
- ☒ Verantwortlichkeit der Führung
- ☐ Durchführung eines Lieferantenaudits
- ☒ Einbeziehung der Mitarbeiter
- ☒ Prozessorientierter Ansatz
- ☐ Produktorientierter Ansatz
- ☒ Systemorientierter Managementansatz
- ☐ Kostenbezogener Entscheidungsfindungsansatz
- ☒ Kontinuierliche Verbesserung
- ☒ Sachbezogener Entscheidungsfindungsansatz
- ☒ Lieferantenbeziehungen zum gegenseitigen Nutzen

2.2.3 DIN EN ISO 9000 ff.

Ausgangsszenario:
Durch den Entschluss der Geschäftsleitung der IT-Firma *ConSystem GmbH* in Zukunft mehr Wert auf Qualitätsmanagement zu legen, müssen die Abteilungen sich auch mit den aktuellen ISO-Normen auseinandersetzen.

Aufgabenstellung:
Der Leiter der Abteilung Entwicklung möchte in den Büros ein Plakat mit den wesentlichen Inhalten der DIN EN ISO 9000 sowie einem wichtigen Aspekt der DIN EN ISO 9001 aufhängen. Das Grundgerüst des Plakates ist bereits entworfen worden. Als Auszubildender der Firma bittet er Sie, das Plakat mit Inhalt zu füllen.

DIN EN ISO-Norm 9000 ff.: wesentliche Inhalte

DIN EN ISO 9000 ff.

Die DIN EN ISO 9000 ff. (Normenreihe) kurz dargestellt:

Die Normenreihe DIN EN ISO 9000 ff bildet die Grundlage für die Planung und Umsetzung eines Qualitätsmanagementsystems. In den einzelnen Normen werden bestimmte Bereiche dieser Thematik abgedeckt (Details siehe unten). Im Rahmen einer Zertifizierung können die Firmen nachweisen, dass sie das Qualitätsmanagement im Sinne der Norm durchführen und ein Qualitätsmanagementsystem implementiert haben. Eine solche Zertifizierung nennt sich Audit und wird durch einen Auditor durchgeführt.

Was steht in der DIN EN ISO

9000?

Diese Norm definiert Grundbegriffe der Norm und nennt auch die Grundsätze des Qualitätsmanagements.

9001?

Diese Norm beschreibt die Mindestanforderungen an ein Qualitätsmanagementsystem. Damit ist sie auch die Grundlage für eine Zertifizierung.

9004?

Diese Norm beschäftigt sich mit dem Lenken und Leiten einer Organisation im Sinne eines nachhaltigen Erfolges und knüpft auch an das *Total Quality Management TQM* an.

PDCA-Zyklus der DIN EN ISO 9001

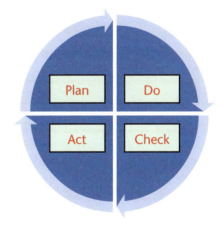

2.2.4 Qualitätsmanagementsysteme

Ausgangsszenario:
Die ersten Tests der Mitarbeiter im Bereich Qualitätsmanagement waren erfolgreich. Nun möchte die Geschäftsleitung der IT-Firma *ConSystem GmbH* die Kenntnisse erweitern und bietet weitere Schulungen an. Dazu wurde ebenfalls ein kleiner Test entwickelt.

Aufgabenstellung:
Als erfahrener Auszubildender der Firma erhalten Sie den Auftrag, eine Musterlösung zu dem Test zu erstellen.

Test zum Thema Qualitätsmanagementsysteme

Aufgabe 1: Musterlösung

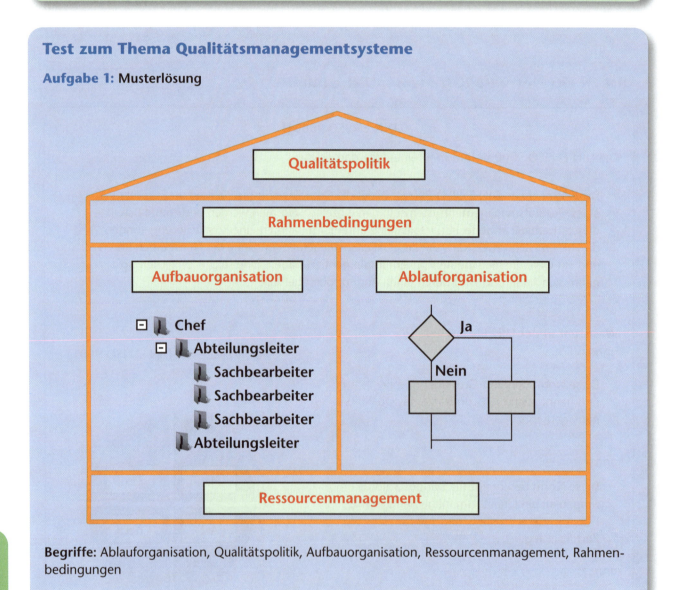

Begriffe: Ablauforganisation, Qualitätspolitik, Aufbauorganisation, Ressourcenmanagement, Rahmenbedingungen

Ein Grundbaustein eines Qualitätsmanagementsystems ist ein bestimmter Aufbau der Organisation. Beschriften Sie dieses Diagramm mit den vorgegebenen Begriffen.

Fachkompetenz Qualitätsmanagement

Aufgabe 2: Definieren Sie kurz die folgenden Begriffe im Zusammenhang mit Qualitätsmanagementsystemen

Qualitätsplanung

Teil des Qualitätsmanagements, der auf das Festlegen der Qualitätsziele und der notwendigen Ausführungsprozesse sowie der zugehörigen Ressourcen zum Erreichen der Qualitätsziele gerichtet ist.

Qualitätspolitik

Die Leitung einer Organisation drückt ihre übergeordnete Absichten und Ausrichtung bezüglich der Qualität in Form der Qualitätspolitik aus.

Aufgabe 3: Die Einführung eines Qualitätsmanagementsystems erfolgt in mehreren Schritten. Bringen Sie die aufgeführten Schritte in die korrekte Reihenfolge.

1. Ist-Analyse
2. Soll-Konzept
3. Schulung der Mitarbeiter
4. QM-Handbuch verfassen
5. Interne Audits

Reihenfolge eventuell vertauschbar! (zwischen Schulung der Mitarbeiter, QM-Handbuch verfassen und Interne Audits)

6. Zertifizierung

Lösungen

2.2.5 Total Quality Management

Ausgangsszenario:

Die Geschäftsleitung der IT-Firma *ConSystem GmbH* plant einen Schulungstag, an dem alle Mitarbeiterinnen und Mitarbeiter über allgemeine Konzepte des Qualitätsmanagements unterrichtet werden. In einem einführenden Vortrag soll auch das Total Quality Management vorgestellt werden. Zur Vorbereitung auf den Vortrag wurden verschiedene (auch englischsprachige) Quellen gesichtet.

Aufgabenstellung:

Als erfahrener Auszubildender der Firma erhalten Sie den Auftrag, die englischen Texte zu TQM und EFQM für den Vortrag zu übersetzen.

Englische Texte zu TQM und EFQM

Total Quality Management

Total quality management (TQM) consists of organization-wide efforts to install and make permanent climate where employees continuously improve their ability to provide on demand products and services that customers will find of particular value.

"Total" emphasizes that departments in addition to production (for example sales and marketing, accounting and finance, engineering and design) are obligated to improve their operations.

"management" emphasizes that executives are obligated to actively manage quality through funding, training, staffing, and goal setting. While there is no widely agreed-upon approach, TQM efforts typically draw heavily on the previously developed tools and techniques of quality control. TQM enjoyed widespread attention during the late 1980s and early 1990s before being overshadowed by ISO 9000.

Ihre Übersetzung:

> Das Total Quality Management (TQM) besteht aus organisationsweiten Bemühungen zur Installation und Herstellung eines dauerhaften Klimas, in dem die Mitarbeiter ihre Fähigkeiten kontinuierlich verbessern, um gewünschte Produkte und Dienstleistungen anzubieten, die von Kunden besonders wertgeschätzt werden.
>
> „Total" betont, dass Abteilungen neben der Produktion (z. B. Vertrieb und Marketing, Buchhaltung und Finanzen, Entwicklung und Design) verpflichtet sind, ihre Abläufe zu verbessern.
>
> „Management" betont, dass Führungskräfte verpflichtet sind, die Qualität durch Finanzierung, Schulung, Personaleinsatz und Zielsetzung aktiv zu verwalten. Zwar gibt es keinen allgemein anerkannten Ansatz, doch stützen sich die TQM-Bemühungen in der Regel stark auf die zuvor entwickelten Tools und Techniken der Qualitätskontrolle. TQM fand in den späten 1980er und frühen 1990er Jahren breite Beachtung, bevor es von der ISO 9000 „überschattet" (bzw. teilweise abgelöst) wurde.

European Foundation for Quality Management

EFQM (the European Foundation for Quality Management) is a not-for-profit membership foundation in Brussels, established in 1989 to increase the competitiveness of the European economy. The initial impetus for forming EFQM was a response to the work of W. Edwards Deming and the development of the concepts of Total Quality Management.

Ihre Übersetzung:

> EFQM (Europäische Stiftung für Qualitätsmanagement) ist eine gemeinnützige Stiftung in Brüssel, die 1989 gegründet wurde, um die Wettbewerbsfähigkeit der europäischen Wirtschaft zu steigern. Der Anlaß zur Bildung von EFQM war eine Reaktion auf die Arbeit von W. Edwards Deming und die Entwicklung der Konzepte des Total Quality Managements.

Fachkompetenz Qualitätsmanagement

2.2.6 Softwarequalität

Ausgangsszenario:
Im Rahmen der Verbesserung der Kenntnisse im Bereich des Qualitätsmanagements soll die Entwicklungsabteilung der IT-Firma *ConSystem GmbH* sich verstärkt mit dem Thema Softwarequalität befassen.

Aufgabenstellung:
Der Leiter der Entwicklungsabteilung möchte dazu einen kleinen Vortrag halten. Für eine Vorlage bittet er Sie, als Auszubildenden der Firma, Begriffe zur Softwarequalität zuzuordnen und Testverfahren kurz zu beschreiben.

Softwarequalität

Qualitätsmerkmal	Begrifflichkeit
Zuverlässigkeit	Reife, Fehlertoleranz, Wiederherstellbarkeit
Funktionalität	Angemessenheit, Interoperabilität, Sicherheit
Benutzbarkeit	Verständlichkeit, Erlernbarkeit, Bedienbarkeit
Effizienz	Zeitverhalten, Verbrauchsverhalten
Wartbarkeit	Analysierbarkeit, Änderbarkeit
Portabilität	Anpassbarkeit, Austauschbarkeit, Installierbarkeit

Ihre Antworten:

Modultest
Modultests dienen dazu einzelne Module oder Komponenten (deshalb auch Komponententest genannt) zu testen. Das geschieht in der Regel in Form eines White-Box-Testes durch den Entwickler. Frameworks wie JUnit helfen dabei, solche Tests zu automatisieren.

Integrationstest
Der Integrationstest prüft die einzelnen Komponenten im Zusammenspiel. In der Regel werden Komponenten nach dem Modultest direkt mit einem Integrationstest auf Fehler in der Interaktion mit bestehenden Komponenten geprüft. Auch hier ist eine Automatisierung möglich.

Systemtest
Der Systemtest prüft die komplette Software gegen die definierten Anforderungen. In der Regel findet dieser Test auch in einem Testsystem statt, das die Produktivumgebung nachbildet.

Abnahmetest
Der Abnahmetest (auch *User Acceptance Test* genannt) wird durch den Auftraggeber durchgeführt. Er prüft das Produkt auf die geforderten Funktionalitäten. Der Test findet in der Regel als Black-Box-Test statt.

Lösungen

2.2.7 Barrierefreiheit

Ausgangsszenario:
Die Mitarbeiter der IT-Firma *ConSystem GmbH* sollen über den Aspekt der Barrierefreiheit von IT-Systemen informiert werden. Dazu plant der Leiter der Entwicklungsabteilung eine Präsentation.

Aufgabenstellung:
Als erfahrener Auszubildender erhalten Sie den Auftrag, einige Informationen zur Barrierefreiheit und zu Recherchemethoden zusammenzutragen.

Informationen zur Barrierefreiheit

Die Barrierefreiheit ist durch eine Richtlinie der EU 2016/2102 sowie durch das Behindertengleichstellungsgesetzes und das BITV 2.0 geregelt.

Beschreiben Sie das BITV 2.0.

> Die Barrierefreie-Informationstechnik-Verordnung BITV 2.0 hat das Ziel, eine grundsätzlich uneingeschränkt barrierefreie Gestaltung moderner Informations- und Kommunikationstechnik zu ermöglichen. Sie verweist dabei in der Regel auf die Richtlinie der EU 2016/2102.

Wie ist Barrierefreiheit im IT-Bereich definiert?

> Im IT-Bereich soll die Barrierefreiheit dafür sorgen, dass Webseiten, Programme und Betriebssysteme so gestaltet sind, dass sie auch von Menschen mit körperlichen Einschränkungen bedient werden können.

Als anschauliches Beispiel soll die folgende Webseite dienen. Ergänzen Sie Hinweise zur Barrierefreiheit in den vorgegebenen Legenden:

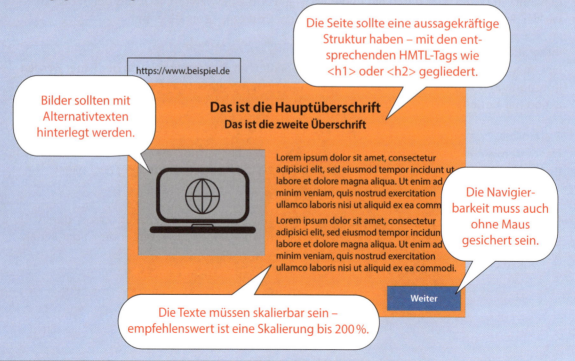

Fachkompetenz Qualitätsmanagement

Für die Recherche zu diesem Thema nutzen Sie eine Suchmaschine im Internet. Mit welchen Operatoren können Sie die folgenden Suchanfragen gezielt steuern?

Es sollen nur Webseiten angezeigt werden, die genau den Wortlaut *Barrierefreiheit IT* enthalten:

"Barrierefreiheit IT"

Es sollen nur Webseiten angezeigt werden, die den Wortlaut *Barrierefreiheit IT*, aber nicht das Wort Webseiten enthalten:

Barrierefreiheit IT -Webseiten

Es sollen nur Webseiten angezeigt werden, die genau die Wortlaute *Barrierefreiheit IT* oder *Barrierefreiheit Webseiten* enthalten:

"Barrierefreiheit IT" | "Barrierefreiheit Webseiten"

Lösungen

2.3 Fachkompetenz Datenschutz

2.3.1 Grundlagen 1

Ausgangsszenario:
Wegen der relativ neuen Datenschutz-Grundverordnung DSGVO (2018) und der darauffolgenden Neufassung des Bundesdatenschutzgesetzes BDSG (2018) hat die Geschäftsleitung der IT-Firma *ConSystem GmbH* alle Abteilungsleitungen beauftragt, die Mitarbeiter über wesentliche Aspekte des Datenschutzes zu informieren.

Aufgabenstellung:
Der Leiter der Abteilung Entwicklung hat einige wesentliche Aspekte des Datenschutzes zusammengetragen. Für eine Info-Mail an alle Mitarbeiter bittet er Sie, diese Stichpunkte auszuführen und zu ergänzen.

Wichtige Datenschutzaspekte

Was regelt die DSGVO und was regelt das BDSG?

Der Datenschutz in Unternehmen und Organisationen wird seit Mai 2018 grundsätzlich durch die EU-Datenschutz-Grundverordnung (DSGVO) geregelt. Das neue Bundesdatenschutzgesetz (Mai 2018) regelt die Bereiche, in denen die DSGVO den Mitgliedsstaaten Gestaltungsmöglichkeiten einräumt. Neben der DSGVO und dem BDSG regeln Datenschutzgesetze der Bundesländer und bereichsspezifische Gesetze den Umgang mit personenbezogenen Daten, die in IT- und Kommunikationssystemen oder manuell verarbeitet werden.

Ausgewählte Rechte betroffener Personen nach der DSGVO:

Recht auf Auskunft:

Eine betroffene Person hat das Recht zu erfahren, ob personenbezogene Daten von ihr verarbeitet werden. Falls ja, so hat sie das Recht auf Auskunft über den Verarbeitungszweck, über die Kategorie der Datenerhebung, über die Empfänger der Daten, über die Dauer der Speicherung und über die Herkunft der Daten (sowie weitere Detailrechte).

Recht auf Berichtigung:

Eine betroffene Person hat das Recht auf sofortige Berichtigung oder Ergänzung nicht korrekter personenbezogener Daten.

Recht auf Löschung:

Eine betroffene Person hat das Recht auf sofortige Löschung der personenbezogenen Daten, wenn eine der folgenden Bedingungen zutrifft:
 – Die Daten sind für den Zweck der Erhebung nicht mehr notwendig.
 – Die betroffene Person widerruft ihre Einwilligung oder legt Widerspruch ein und es ist keine andere Rechtsgrundlage für die Verarbeitung vorhanden.
 – Die Daten wurden unrechtmäßig erhoben.
 – ... weitere Detailrechte möglich.

Fachkompetenz Datenschutz

2.3.2 Grundlagen 2

Ausgangsszenario:
Die Geschäftsleitung der IT-Firma **ConSystem GmbH** ist unsicher, ob die Firma eines Kunden einen Datenschutzbeauftragen benennen muss und hat den Leiter der Vertriebsabteilung beauftragt, eine Entscheidungshilfe zu erstellen.

Aufgabenstellung:
Der Leiter der Vertriebsabteilung hat die relevanten Artikel aus der DSGVO und dem BDSG zusammengetragen. Als Auszubildender der Firma erhalten Sie den Auftrag, einen Programmablaufplan zu erstellen, der eine Entscheidung für die Benennung ermöglicht.

Musterlösung

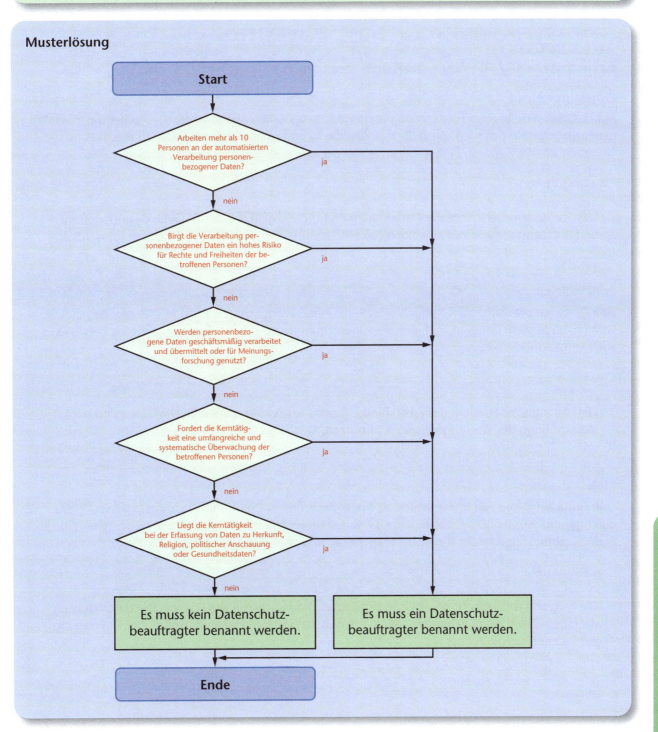

Lösungen

2.3.3 Grundlagen 3

Ausgangsszenario:
Die IT-Firma **ConSystem GmbH** berät ihre Kunden auch im Bereich Datenschutz. Einige Kunden haben neue Projektideen, die auch mit der Verarbeitung personenbezogener Daten verbunden sind.

Aufgabenstellung:
Die Geschäftsleitung von **ConSystem GmbH** hat dem Leiter der Entwicklungsabteilung diese Projektideen übermittelt und bittet nun um eine Einschätzung, ob diese Projektideen datenschutzkonform sind. Als Auszubildender der Firma erhalten Sie den Auftrag, die Ideen zu prüfen. Als Grundlage hat Ihnen der Leiter der Entwicklungsabteilung den Artikel 5 der DSGVO zur Verfügung gestellt.

Art. 5 DSGVO: Grundsätze für die Verarbeitung personenbezogener Daten

Projektidee 1:
Auf der Internetseite einer Firma sollen potenzielle Interessenten erfasst werden, die über das Produkt der Firma informiert werden sollen. Dazu sollen die Interessenten folgende Daten in einem Formular eingeben: *Name, Vorname, E-Mail, Telefon, Geburtsdatum und Familienstand*

Ihre Einschätzung:

> Das Formular widerspricht der Datenminimierung nach Artikel 5 des DSGVO. Geburtsdatum und Familienstand sind nicht zwingend zu erheben und sollten deshalb nicht abgefragt werden.

Projektidee 2:
Eine Firma hat die Daten ihrer Kunden erfasst, die einen Wartungsvertrag abgeschlossen haben. Die Firma möchte diese Daten nutzen, um die Kunden auf interessante Angebote in anderen Bereichen, auch von Partnerfirmen, aufmerksam zu machen.

Ihre Einschätzung:

> Die Nutzung widerspricht der Zweckbindung nach Artikel 5 des DSGVO. Die Daten sind nur für die Ausübung des Wartungsvertrages zu nutzen.

Projektidee 3:
Eine Firma hat Daten von Interessenten zu einem bestimmten Event erfasst. Dieses Event ist bereits durchgeführt worden. Die Firma möchte die Daten dieser Interessenten gerne weiter speichern, da es in der Zukunft möglich sein könnte, dass ein ähnliches Event durchgeführt wird.

Ihre Einschätzung:

> Die Nutzung widerspricht der Speicherbegrenzung nach Artikel 5 des DSGVO. Die Daten müssen nach dem Event gelöscht werden. Alternativ müssten die Interessenten explizit ihre Einwilligung zur Weiterverwendung geben.

2.3.4 Standard-Datenschutzmodell

Ausgangsszenario:
Die IT-Firma *ConSystem GmbH* berät ihre Kunden auch im Bereich Datenschutz. Einige Kunden brauchen Unterstützung bei der praktischen Umsetzung der DSGVO.

Aufgabenstellung:
Die Geschäftsleitung von *ConSystem GmbH* möchte ihren Kunden eine Übersicht zum Standard-Datenschutzmodell geben, um die Kunden bei der praktischen Umsetzung des Datenschutzes zu unterstützen. Dazu wurden die Gewährleistungsziele des Standard-Datenschutzmodells zusammengetragen und kurz erläutert. Als erfahrener Auszubildender der Firma erhalten Sie den Auftrag, einige wichtige Anforderungen den entsprechenden Gewährleistungszielen zuzuordnen.

Das Standard-Datenschutzmodell:

Ordnen Sie den Anforderungen der DSGVO die entsprechenden Gewährleistungsziele zu:

Anforderungen DSGVO	Gewährleistungsziel(e)
Zweckbindung (Art. 5)	Nichtverkettung
Datenminimierung (Art. 5)	Datenminimierung
Richtigkeit (Art. 5)	Integrität
Speicherbegrenzung (Art. 5)	Datenminimierung
Vertraulichkeit (Art. 5)	Vertraulichkeit
Identifizierung und Authentifizierung (Art. 12)	Intervenierbarkeit
Belastbarkeit (Art. 32)	Verfügbarkeit, Integrität, Vertraulichkeit
Berichtigungsmöglichkeit von Daten (Art. 5)	Intervenierbarkeit
Datenschutzfreundliche Voreinstellungen (Art. 25)	Datenminimierung, Intervenierbarkeit
Verfügbarkeit (Art. 32)	Verfügbarkeit
Löschbarkeit von Daten (Art. 17)	Intervenierbarkeit
Wiederherstellbarkeit (Art. 32)	Verfügbarkeit
Einwilligungsmanagement (Art. 4)	Transparenz, Intervenierbarkeit
Unterstützung bei der Wahrnehmung von Betroffenenrechten (Art. 12)	Intervenierbarkeit

Lösungen

2.3.5 Kontaktformular

Ausgangsszenario:
Ein Kunde der IT-Firma *ConSystem GmbH* möchte seinen Internet-Auftritt modernisieren und auch verschiedene neue Kontaktformulare anbieten. Ein Formular soll zu einer umfassenden Information des potenziellen Kunden in Form einer E-Mail-Antwort führen.

Aufgabenstellung:
Der Kunde hat einen Prototyp eines Kontaktformulars erstellt und möchte eine Einschätzung bezüglich der Datenschutzkonformität. Als erfahrener Auszubildender der Firma erhalten Sie den Auftrag, das Kontaktformular zu prüfen und auf eventuelle Datenschutzproblematiken hinzuweisen.

Prototyp des Kontaktformulars:

http://www.TestKunde.de/Kontakt.html

Name:

Vorname:

E-Mail:

Telefon:

Kommentar:

✓ Ja, ich möchte den monatlichen Newsletter per E-Mail erhalten
✓ Ja, ich bin mit der Weiterverwendung meiner Kontaktdaten zu Werbezecken einverstanden

Link fehlt   **Absenden**

Ihre Einschätzung:

Nach Artikel 5 der DSGVO muss bei der Verarbeitung der Daten die Integrität und Vertraulichkeit gesichert sein. Von einer ungesicherten Verbindung (http://) ist deshalb abzuraten. Besser wäre die Verwendung einer gesicherten (verschlüsselten) Verbindung (https://).

Ebenso gilt nach Artikel 5 der DSGVO die Datenminimierung. Die Abfrage der Telefonnummer ist nicht zwingend für die Zusendung der Informationen und sollte deshalb nicht erfolgen.

Von einem Kommentarfeld ist ebenfalls abzusehen, da dort Daten eingetragen werden könnten, die gegen das Prinzip der Zweckbindung nach Artikel 5 der DSGVO verstoßen.

Die bereits angekreuzten Abfragen zu Newsletter und Werbezwecken sind so nicht datenschutzkonform. Hier darf kein Haken vorab gesetzt sein. Vor allem sind auch die Bestimmungen nach Artikel 7 des DSGVO zu beachten.

Zuletzt fehlt ein Link zu der Datenschutzerklärung, in der auch auf die Verwendung der Daten in dem Kontaktformular eingegangen wird (Prinzip der Transparenz nach Artikel 5 der DSGVO).

2.4 Fachkompetenz IT-Sicherheit

2.4.1 Gefährdung der IT-Sicherheit

Ausgangsszenario:
Ein Kunde der IT-Firma *ConSystem GmbH* möchte eine umfassende Beratung zum Thema „Gefährdung der IT-Sicherheit". In einem ersten Meeting möchte er umfassend über mögliche Angriffsmethoden und Angriffsszenarien informiert werden, die seine IT-Sicherheit gefährden könnten.

Aufgabenstellung:
Als erfahrener Auszubildender der Firma erhalten Sie den Auftrag, die wesentlichen Informationen zu diesen potenziellen Risiken kurz darzustellen.

Angriffsmethoden und Angriffsszenarien auf die IT-Sicherheit

Beschreiben Sie kurz die folgenden Methoden und Szenarien:

Identitätsdiebstahl:

Phishing:
Mithilfe gefälschter Webseiten oder E-Mails sollen vertrauliche Daten eines Nutzers ermittelt werden (beispielsweise durch die Aufforderung Benutzername und Passwort einzugeben). Mit diesen Daten werden dann beispielsweise Online-Konten des Nutzers manipuliert und Geldbeträge überwiesen.

Vishing:
Vishing steht für „Voice phishing" und ist eine Variante des Phishings. Dabei werden Nutzer durch Telefonanrufe manipuliert und zur Herausgabe von persönlichen Daten animiert.

Pharming:
Pharming basiert auf der Manipulation der DNS-Anfragen (DNS ist der Dienst, der die Namensauflösung in IP-basierten Netzwerken durchführt) von Webbrowsern. Damit werden die Benutzer auf gefälschte Websites umgeleitet, obwohl sie die korrekte Adresse eingegeben haben.

Spoofing:
Mit Spoofing wird die allgemeine Methode beschrieben, mit der ein Angreifer seine Identität verschleiern will. Das Phishing ist eine Variante des Spoofings.

Nicknapping:
Der Begriff Nicknapping setzt sich aus Nickname (Spitzname) und Kidnapping (Entführung) zusammen. Bei dieser Methode wird versucht die Internet-Identität einer Person zu „stehlen", um damit in verschiedenen Bereichen illegal zu arbeiten (beispielsweise Einkaufen oder Verkaufen bei Ebay)

Schadprogramme (Malware):

Spam:
Das unaufgeforderte Senden von Nachrichten/Informationen (meistens per E-Mail) wird als Spam (oder auch Junk) bezeichnet.

Spyware:
Der Begriff Spyware setzt sich aus Spy (Spion) und Ware (Abkürzung für Software) zusammen. Spyware soll den Benutzer ausspähen, also Daten über den Benutzer sammeln und auch versenden. Diese Software wird sowohl zu Werbezwecken als auch zur Überwachung eingesetzt.

Lösungen

Schadprogramme (Malware):

Adware:
Der Begriff Adware setzt sich aus Advertisement (Werbung) und Ware (Abkürzung für Software) zusammen. Oftmals ohne Rückfrage installiert sich diese Software zusätzlich auf dem PC des Benutzers und dient vor allem zu Werbezwecken.

Virus:
Ein Virus (Computervirus) ist ein Programm, das sich selbst weiterverbreitet. Dazu schleust es sich in andere Computerprogramme oder beispielsweise den Bootsektor ein und sorgt dann für seine Reproduktion. Viren können großen Schaden anrichten (Datenverlust) oder auch nur das System verlangsamen.

Trojaner:
Ein Trojaner (abgeleitet aus der Mythologie des „trojanischen Pferdes") ist ein Programm, welches sich in oder hinter einem anderen „nützlichen" Programm versteckt und im Hintergrund schädliche Aktivitäten durchführt (beispielsweise die Installation eines Backdoor Programms, mit dem der unberechtigte Zugriff auf das System möglich ist)

Wurm:
Ein Wurm ist ein Schadprogramm, welches sich selbst reproduziert (ohne andere Dateien oder den Bootsektor einzubeziehen wie bei einem Virus). Die Intention ist wie bei einem Virus – Schaden anrichten.

Ransomware:
Der Begriff Ransom setzt sich aus Ransom (Lösegeld) und Ware (Abkürzung für Software) zusammen. Diese Software verschlüsselt die Daten auf fremden Systemen oder blockiert den Zugang zu den Daten. Damit soll eine Lösegeldzahlung erzwungen werden.

DDoS:

Mithilfe einer Distributed-Denial-of-Service attack (DDoS-attack) soll ein Internetdienst so ausgelastet werden, dass er nicht mehr ansprechbar ist. Das wird mit einer hohen Anzahl von Anfragen aus verschiedenen Quellen erreicht. Die verschiedenen Quellen sorgen dafür, dass der Dienst nicht durch Blockieren einer Quelle den Angriff stoppen kann. DDoS-Angriffe werden oft durch Botnetze durchgeführt (siehe unten).

Botnetze:

Ein Botnetz entsteht durch die Installation eines Schadprogramms auf vielen Rechnern (ohne Kenntnis der Inhaber) und Vernetzung dieser Rechner im Hintergrund. Dadurch kann zentral der Befehl eines Angriffs gegeben werden und von unzähligen Rechnern parallel ausgeführt werden (beispielsweise beim DDoS-Angriff).

APT-Angriffe (Advanced Persistent Threats):

Diese Art des Angriffs unterscheidet sich von den herkömmlichen Schadprogrammen, da es eine geplante und intensiv vorbereitete Aktion mit verschiedenen Methoden ist, um die IT-Infrastruktur einer Firma oder Behörde zu kompromittieren. Bei dieser Aktion können alle oben genannten Formen und Methoden eingesetzt werden, um das Ziel zu erreichen.

Fachkompetenz IT-Sicherheit

2.4.2 Maßnahmen gegen Gefährdung der IT-Sicherheit

Ausgangsszenario:

Nachdem der Kunde der IT-Firma *ConSystem GmbH* über die möglichen Gefährdungen der IT-Sicherheit informiert wurde, möchte er gezielte Handlungsanweisungen für bestimmte Gefährdungen bekommen.

Aufgabenstellung:

Als erfahrener Auszubildender der Firma erhalten Sie den Auftrag, diese Handlungsanweisungen zu den Gefährdungen zu erstellen.

Maßnahmen gegen die Gefährdung der IT-Sicherheit

Der Kunde hat folgende potenzielle Gefährdungen für seine IT-Systeme identifiziert. Zu jeder Gefährdung sollen drei wesentliche Abwehrmaßnahmen aufgelistet werden. Die Abwehrmaßnahmen sollen so beschrieben werden, dass alle IT-Mitarbeiter des Kunden die Handlungsanweisungen umsetzen können.

Vermeidung von Phishing:

1) Aktuellen Virenscanner mit Phishing-Warnung installieren und aktuell halten
2) Niemals TANs oder Kennwörter aufgrund einer E-Mail bzw. einem E-Mail-Link eingeben
3) Mangelnde Rechtschreibung und allgemeine Ansprachen (wie „sehr geehrte Damen und Herren") können auf einen Phishing-Versuch hindeuten

Verhalten bei einer Ransomware-Gefährdung:

1) Sofort alle Netzwerkverbindungen lösen
2) Keine Anmeldungen mehr am System mit Administrator- oder erweiterten Rechten
3) Backups auf Infizierung (Verschlüsselung) prüfen und falls nicht infiziert das System komplett neu aufsetzen und die Backups zurückspielen

Vermeidung von DDoS:

1) Alle Netzwerkkomponenten (Router etc.) und auch Geräte (*IoT – Internet of things*) sollten mit sicheren Passworten versehen werden, unbenutzte Ports sollten geschlossen werden
2) Deaktivieren des *Universal Plug and Play UPnP* im IP-basierten Netzwerk
3) Bereitstellen einer alternativen statischen Webseite, auf die während des Angriffs umgeleitet wird. Damit können Kunden trotz des Angriffs über Kontaktmöglichkeiten (wie Telefon) informiert werden

Lösungen

2.4.3 IT-Grundschutz

Ausgangsszenario:
Die Geschäftsleitung der IT-Firma **ConSystem GmbH** möchte das Wissen über den IT-Grundschutz in der Firma erhöhen. Neben einigen Schulungen zu dem Thema soll auch ein kleiner Test überprüfen, ob die Mitarbeiter ihr Wissen erhöht haben.

Aufgabenstellung:
Der Leiter der Abteilung Entwicklung hat einen kleinen Test zu diesem Thema erstellt. Als erfahrener Auszubildender der Firma erhalten Sie den Auftrag, eine Musterlösung zu diesem Test zu erstellen.

Test zu Thema IT-Grundschutz

Aufgabe 1: Was ist das BSI?

Das BSI (Bundesamt für Sicherheit in der Informationstechnik) ist eine Bundesbehörde, die die IT-Sicherheit in Staat, Wirtschaft und Gesellschaft fördern und gewährleisten will.

Aufgabe 2: Was versteht man unter IT-Grundschutz?

Der IT-Grundschutz ist eine Methodik, die die Informationssicherheit in Behörden und Unternehmen erhöhen soll. Der IT-Grundschutz gilt als Maßstab für Absicherung von Informationen und den Aufbau eines Managementsystems für Informationssicherheit (ISMS). Der IT-Grundschutz ist kompatibel zur ISO-27001-Norm.

Aufgabe 3: Was ist eine Sicherheitsleitlinie im Vergleich zu einem Sicherheitskonzept?

Die Sicherheitsleitlinie ist ein wichtiges Grundsatzdokument der Leitung zu dem Stellenwert, den verbindlichen Prinzipien und dem anzustrebenden Niveau der Informationssicherheit in einer Institution. Das Sicherheitskonzept hingegen beschreibt die konkreten Maßnahmen, mit denen die Leitlinie umgesetzt werden kann.

Aufgabe 4: Im Rahmen des IT-Grundschutzes wird ein Sicherheitskonzept (Standard-Absicherung) vom BSI vorgeschlagen. Tragen Sie die Schritte dieser Absicherung in der korrekten Reihenfolge in das Diagramm ein.

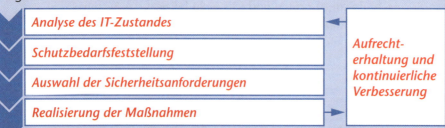

- Analyse des IT-Zustandes
- Schutzbedarfsfeststellung
- Auswahl der Sicherheitsanforderungen
- Realisierung der Maßnahmen

Aufrechterhaltung und kontinuierliche Verbesserung

Aufgabe 5: Welche Aufgaben hat ein Informationssicherheitsbeauftragter?

☐ Konfiguration der Sicherheitstechnik in der Firma
☒ Koordination der Entwicklung eines Sicherheitskonzeptes
☒ Berichte an die Geschäftsleitung über den aktuellen Stand der Informationssicherheit
☐ Fragen der Presse oder interessierter Bürger zum Stand der Informationssicherheit beantworten
☐ Leitung des Einkaufs der Software zur Abwehr von Schadprogrammen

Fachkompetenz IT-Sicherheit

2.4.4 Schutzbedarfsfeststellung

Ausgangsszenario:
Die Geschäftsleitung der IT-Firma *ConSystem GmbH* hat alle Abteilungen beauftragt eine Schutzbedarfsfeststellung im Rahmen der Umsetzung des IT-Grundschutzes durchzuführen.

Aufgabenstellung:
Der Leiter der Abteilung Entwicklung hat bereits wesentliche Aspekte für seine Abteilung zusammengetragen. Er bittet Sie als erfahrenen Auszubildenden der Firma diese Zusammenstellung zu einer aussagekräftigen Schutzbedarfsfeststellung zu vervollständigen. Dazu gehört auch, wichtige Begriffe zu definieren, damit die Mitarbeiterinnen und Mitarbeiter der Abteilung die Feststellung besser verstehen können.

Schutzbedarfsfeststellung Abteilung Entwicklung

Begriffsdefinitionen:

Vertraulichkeit:
Vertrauliche Informationen dürfen nicht unberechtigt zur Kenntnis genommen oder weitergegeben werden.

Integrität:
Die Korrektheit der Systeme und Informationen muss gegeben sein.

Verfügbarkeit:
Autorisierte Benutzer oder Systeme müssen Zugang zu den Informationen/Systemen haben.

Schutzbedarfe:

System	Schutzziel mit Schutzbedarf	Begründung
Entwickler-PC mit Software zur Anwendungsentwicklung	Vertraulichkeit: hoch bis sehr hoch	Quellcode von Software darf nicht an die Konkurrenz oder potenzielle Angreifer weitergegeben werden (hoher wirtschaftlicher Schaden).
	Integrität: hoch	Quellcodes und Entwicklungstools müssen fehlerfrei gespeichert sein, ansonsten können inkorrekte Anwendungen bei den Kunden zu Schäden führen.
	Verfügbarkeit: normal	In der Regel können die Entwickler eine gewisse Zeit ohne Zugriff kompensieren.
Internet-Router	Vertraulichkeit: hoch	Es werden vertrauliche Informationen über die Internet-Anbindung übertragen, wenn ein Kunde keine verschlüsselte Kommunikation unterstützt.
	Integrität: normal	Fehlerhafte Daten können in der Regel erkannt werden.
	Verfügbarkeit: normal	Ein Ausfall der Internet-Verbindung kann eine gewisse Zeit toleriert werden.

Hinweis: Kategorien des Schutzbedarfes
normal: Die Schadensauswirkungen sind begrenzt und überschaubar.
hoch: Die Schadensauswirkungen können beträchtlich sein.
sehr hoch: Die Schadensauswirkungen können ein existentiell bedrohliches, katastrophales Ausmaß erreichen.

Lösungen

2.4.5 IT-Sicherheitsgesetz

Ausgangsszenario:
Die Geschäftsleitung der IT-Firma *ConSystem GmbH* möchte Kunden gewinnen, die nach dem IT-Sicherheitsgesetz (gültig seit Juli 2015) zur *kritischen Infrastruktur* gehören. Dazu wird die Entwicklungsabteilung beauftragt, wesentliche Informationen bereitzustellen.

Aufgabenstellung:
Der Leiter der Abteilung Entwicklung hat bereits Informationen zum IT-Sicherheitsgesetz zusammengetragen. Als erfahrener Auszubildender der Firma erhalten Sie den Auftrag, diese Informationen zu vervollständigen.

Informationen zum IT-Sicherheitsgesetz

Kurzbeschreibung des IT-Sicherheitsgesetz:

Das IT-Sicherheitsgesetz soll einen Beitrag dazu leisten, die IT-Systeme und digitalen Infrastrukturen Deutschlands zu den sichersten weltweit zu machen. Dabei hat es vor allem die IT-Systeme der kritischen Infrastrukturen im Blick. Zu den kritischen Infrastrukturen gehören die Sektoren deren Dienstleistung zur Versorgung der Allgemeinheit dient und deren Ausfall oder Beeinträchtigung zu erheblichen Versorgungsengpässen oder zu Gefährdungen der öffentlichen Sicherheit führen könnte.

Sektoren der kritischen Infrastruktur:

Sektor Transport und Verkehr, Sektor Finanz- und Versicherungswesen, Sektor Gesundheit

Sektor Informationstechnik und Telekommunikation, Sektor Ernährung, Sektor Wasser

Sektor Energie

Ablaufplan der Meldung einer IT-Störung:

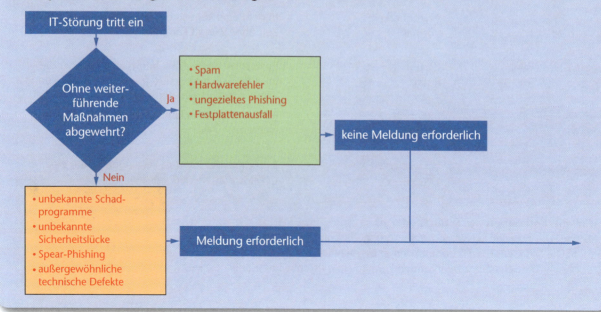

2.4.6 Überblick IT-Sicherheit

Ausgangsszenario:
Die IT-Firma *ConSystem GmbH* möchte die Consulting-Dienstleistungen auch verstärkt im Bereich der IT-Sicherheit anbieten. Das schließt auch die Hilfe bei der Einführung eines Informationssicherheitsmanagementsystems sein. Die Geschäftsleitung der Firma hat beschlossen, dass die Kenntnisse der entsprechenden Mitarbeiter in diesem Bereich verbessert werden sollten.

Aufgabenstellung:
Der Leiter der Abteilung Entwicklung hat dazu verschiedene Begriffe zu diesem Bereich recherchiert und versucht, sie in einer Mindmap zu strukturieren. Als Auszubildender der Abteilung bittet er Sie, die Mindmap fertigzustellen.

Internetrecherche zur IT-Sicherheit

Mindmap-Musterlösung:

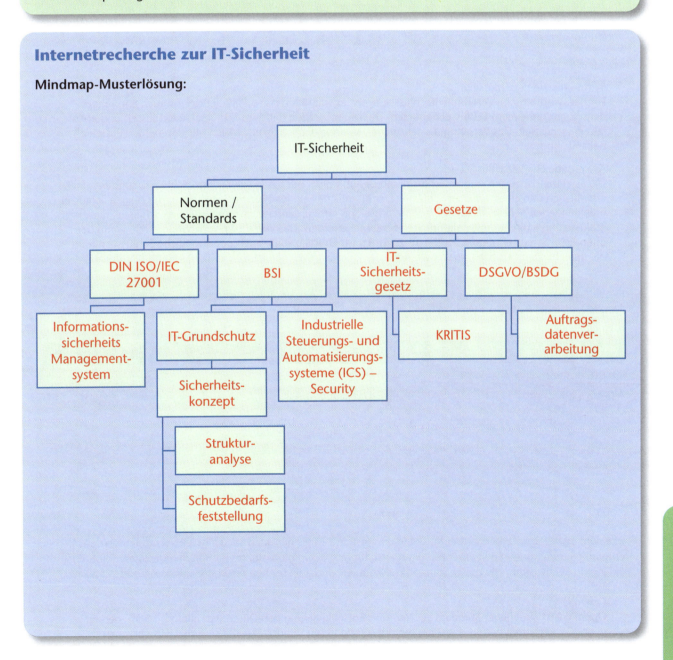

Lösungen

2.4.7 Verschlüsselungsverfahren

Ausgangsszenario:
Ein Kunde der IT-Firma *ConSystem GmbH* plant einer Neustrukturierung seiner IT-Sicherheit. In diesem Zusammenhang soll er im Bereich der Verschlüsselung beraten werden.

Aufgabenstellung:
Der Kunde hat dazu einige Fragen zusammengestellt, die Sie als erfahrener Auszubildender beantworten sollen.

Verschlüsselungsverfahren

Der Kunde hat von symmetrischer und asymmetrischer Verschlüsselung gehört. Erläutern Sie ihm die beiden Verfahren kurz.

Ihre Antworten:

Symmetrische Verschlüsselung:
Für die symmetrische Ver- und Entschlüsselung ist es wichtig, dass sowohl Sender als auch Empfänger denselben (geheimen) Schlüssel benutzen. Die Daten werden mit dem Schlüssel verschlüsselt und ebenfalls entschlüsselt. Das Verfahren ist sehr sicher, solange die Schlüssel wirklich nur den beiden Parteien bekannt sind.

Asymmetrische Verschlüsselung:
Die asymmetrische Ver- und Entschlüsselung benutzt nicht nur einen (geheimen) Schlüssel, sondern einen öffentlichen und einen privaten Schlüssel. Der öffentliche Schlüssel ist „frei" verfügbar, der private Schlüssel muss hingegen geheim bleiben. Die Verschlüsselung erfolgt dann mit dem öffentlichen Schlüssel, die Entschlüsselung kann nur mit dem privaten Schlüssel erfolgen. Das Verfahren ist problematisch, wenn der öffentliche Schlüssel keinem Sender zuzuordnen ist. Deshalb sollte auch der öffentliche Schlüssel nur an die berechtigten Personen verteilt werden.

Der Kunde fragt danach, welche Verschlüsselungsverfahren den heutigen Sicherheitsstandards entsprechen. Markieren Sie die jeweiligen Verfahren mit einem „ja" oder „nein".

Ihre Einschätzung:

Verfahren	heutiger Sicherheitsstandard
DES (Digital Encryption Standard)	nein
Triple-DES	nein, bzw. eingeschränkt
AES (Advanced Encryption Standard)	ja
Blowfish	ja
RSA-OAEP	nein
Diffie-Hellmann	ja
MD5	nein

In einem ersten Schritt möchte der Kunde, dass sensible E-Mails nur noch verschlüsselt versendet werden. Sie empfehlen dem Kunden den OpenPGP-Standard, für den es einige kostenfreie Implementierungen gibt. Erläutern Sie ihm in Stichworten, wie dieser Standard funktioniert und auf welcher Verschlüsselungsmethode er basiert.

OpenPGP:
OpenPGP ist ein offener Standard zur Ver- und Entschlüsselung von Daten (vor allem E-Mails), der auf dem PGP-Verfahren beruht. Es ist ein hybrides Verfahren und nutzt sowohl symmetrische als auch asymmetrische Verschlüsselung. Zusätzlich können über Zertifikate die Schlüssel eindeutig Personen oder Absendern zugeordnet werden. Damit erhöht sich die Sicherheit des Verfahrens.

2.5 Fachkompetenz IT-Systeme

2.5.1 Datensicherungskonzept

Ausgangsszenario:
Ein Kunde der IT-Firma *ConSystem GmbH* hat einen Webshop für Kfz-Ersatzteile. Täglich gehen sehr viele Bestellungen ein, die der Kunde auf seinen Servern speichern muss. Bislang hatte der Kunde kein Datensicherungskonzept.

Aufgabenstellung:
Für die Erstellung des Konzepts erhalten Sie als Auszubildender der IT-Firma *ConSystem GmbH* den Auftrag, die nötigen Informationen zusammenzustellen.

Informationen zu Datensicherungskonzepten

Beschreiben Sie stichpunktartig die drei unten angegebenen Möglichkeiten einer Datensicherung

Vollsicherung:

Unter einer Vollsicherung versteht man die Speicherung eines kompletten Abbildes der Daten. Das kann beispielsweise die Sicherung einer kompletten Festplatte sein oder die Sicherung eines kompletten Ordners mit den entsprechenden Unterordnern und Dateien.

Differenzielle Sicherung:

Bei der differenziellen Sicherung wird der aktuelle Datenbestand mit der letzten Vollsicherung verglichen und es werden alle Daten gesichert, die sich nach der letzten Vollsicherung geändert haben. Für eine Rekonstruktion braucht man also die letzte Vollsicherung und die letzte differenzielle Sicherung.

Inkrementelle Sicherung:

Bei der inkrementellen Sicherung wird immer nur das gesichert, was sich nach der letzten Vollsicherung und den anschließenden inkrementellen Sicherungen verändert hat. Für eine Rekonstruktion braucht man also die letzte Vollsicherung und alle weiteren inkrementellen Sicherungen danach.

Lösungen

Fortsetzung
Informationen zu Datensicherungskonzepten

Der Kunde weist darauf hin, dass die Datensicherung revisionssicher sein soll. Unterstreichen Sie die Angaben, die für die Revisionssicherheit relevant sind.

- ✓ Datensicherung nur auf externen Festplatten
- ✓ <u>Vollständigkeit</u>
- ✓ <u>Schutz vor Veränderung und Verfälschung</u>
- ✓ Daten dürfen nur komprimiert gesichert werden
- ✓ <u>Sicherung vor Verlust</u>
- ✓ <u>Nutzung nur durch Berechtigte</u>
- ✓ Die Aufbewahrungsfrist der Daten ist frei wählbar
- ✓ <u>Dokumentation des Verfahrens</u>

Für die Speicherung der Daten kommen verschiedene Medien infrage. Die maximale Lebensdauer eines Mediums kann allerdings durch äußere Einflüsse deutlich gesenkt werden. Geben Sie stichpunktartig jeweils eine solche Einflussmöglichkeit an.

Medium	Max. Lebensdauer in Jahren	Mögliche Beeinflussung der Lebensdauer
CD	30	Wärme, Licht, Feuchtigkeit und Kratzer
DVD	30	Wärme, Licht, Feuchtigkeit und Kratzer
Blu-ray Disk	50 – 100	Wärme, Licht, Feuchtigkeit und Kratzer
Solid-State-Disk	10	Anzahl der Schreibzyklen
USB-Stick	30	Anzahl der Schreibzyklen, mechanische Beanspruchungen durch Ein-Ausstöpseln
Externe Festplatte	10	Feuchtigkeit, Stöße, Magnetismus
Interne Festplatte	5 – 10	Wärme im Betrieb, Stöße

Fachkompetenz IT-Systeme

2.5.2 Konzeption einer IT-Ausstattung

Ausgangsszenario:

Ein Kunde der IT-Firma *ConSystem GmbH* möchte eine neue Zweigstelle eröffnen und mit den entsprechenden IT-Systemen ausstatten. Für die Konzeption der IT-Ausstattung der Zweigstelle sollen im Vorfeld die marktgängigen IT-Systeme auf die Verwendbarkeit geprüft werden.

Aufgabenstellung:

Als erfahrener Auszubildender der IT-Firma *ConSystem GmbH* erhalten Sie den Auftrag, diese Einschätzungen und Analysen durchzuführen.

Analyse der marktgängigen IT-Systeme

Für die EDV-Arbeitsplätze stellt sich die Frage, ob klassische Desktop-PCs, Laptops oder Tablet-PCs eingesetzt werden sollen. Beurteilen Sie den Einsatz im Hinblick auf Leistungsfähigkeit, Wirtschaftlichkeit, Erweiterbarkeit und Zukunftsfähigkeit.

Ihre Beurteilung:

Der klassische Desktop-PC hat enorm an Marktanteilen eingebüßt zugunsten von Tablets und Smartphones. Laptops haben nach wie vor eine solide Stellung am Markt, denn viele Aufgaben lassen sich mit den mobilen Geräten (wie Tablets) nur schwer oder gar nicht lösen. In den Firmen sieht es allerdings so aus, dass Desktop-PCs nach wie vor eine wichtige Rolle spielen, denn die Erweiterbarkeit eines Desktop-PCs ist deutlich einfacher als bei Laptops. Tablets sind hingegen kaum erweiterbar. Ebenso ist die Leistungsfähigkeit der Desktop-PCs deutlich höher, sodass als Alternative nur sehr hochwertige Laptops infrage kommen.

Fazit: Für den stationären Einsatz ist der Desktop-PC immer noch die erste Wahl, könnte aber durch leistungsfähige Laptops ersetzt werden. Die mobilen Geräte haben eine große Zukunft, sind aber eher als sinnvolle Ergänzung zu den bestehenden zu sehen. Im privaten Bereich könnte sich die Situation allerdings anders entwickeln und das Tablet den Desktop-PC auf Dauer verdrängen.

Lösungen

Der Kunde möchte, dass die obige Beurteilung in Form einer Nutzwertanalyse dargestellt wird. Erstellen Sie die entsprechende Tabelle mit den o. a. Kriterien und legen Sie folgende Gewichtungen zugrunde:

- Leistungsfähigkeit 20 %
- Wirtschaftlichkeit 50 %
- Erweiterbarkeit 15 %
- Zukunftsfähigkeit 15 %

Vergeben Sie jeweils 0 bis 10 Punkte für die Kriterien und ziehen Sie ein Fazit

Kriterien	Gewicht	Desktop	Punkte	Laptop	Punkte	Tablet	Punkte
Leistungsfähigkeit	20	10	200	7	140	5	100
Wirtschaftlichkeit	50	6	300	7	350	8	400
Erweiterbarkeit	15	10	150	5	75	2	30
Zukunftsfähigkeit	15	5	75	7	105	10	150
Summe	100		725		670		680

Fazit: Damit ist der Desktop-PC klarer Favorit!

Bei der Ausstattung der EDV mit Standardsoftware steht zur Diskussion, ob freie Software eingesetzt werden soll. Definieren Sie dazu die folgenden Begrifflichkeiten:

Ihre Definitionen:

Open Source:

Eine Open-Source-Software bietet einen öffentlichen Zugang zum Quelltext der Software. Je nach Lizenz kann der Quelltext genutzt, verändert oder weiterverarbeitet werden.

GNU/GPL:

Die GNU General Public License (GNU GPL) ist eine Software-Lizenz, die den Benutzern die Möglichkeiten gibt, die Software zu nutzen, zu ändern und zu verbreiten. Wenn die Software verändert und vertrieben wird, dann muss es unter den gleichen Lizenz-Bedingungen (also auch wieder GNU GPL) geschehen.

Public Domain:

Der Begriff *Public Domain* bedeutet frei von Urheberrechten. Allerdings ist dieser Rechtsbegriff nur in einigen englischsprachigen Ländern gültig. In Deutschland kommt der Rechtsbegriff Gemeinfreiheit dem Public Domain recht nahe.

OEM:

OEM steht für „Original Equipment Manufacturer" (in deutsch „Erstausrüster"). OEM-Software-Versionen werden oft nicht direkt verkauft, sondern nur in Kombination mit Hardware. Die Versionen sind dann preiswerter als im direkten Verkauf, können aber in manchen Fällen nicht einfach von der Hardware entkoppelt werden, um auf einem anderen System installiert zu werden.

EULA:

EULA steht für „End User License Agreement" (in deutsch Endbenutzer-Lizenzvereinbarung) und soll die Benutzung von Software regeln. EULA-Texte werden oft zu Beginn einer Software-Installation angezeigt.

Fachkompetenz IT-Systeme

2.5.3 Installation von Hardware

Ausgangsszenario:
Nachdem die Konzeption der neuen Zweigstelle des Kunden der IT-Firma *ConSystem GmbH* erfolgreich umgesetzt wurde, soll nun die konkrete Installation der Hardware erfolgen. Dazu hat der Kunde einige Fragen, die er im Vorfeld klären möchte.

Aufgabenstellung:
Als erfahrener Auszubildender der IT-Firma *ConSystem GmbH* erhalten Sie den Auftrag, diese Fragen für den Kunden zu beantworten.

Fragen zur Installation der Hardware

Frage 1: Für die Anschlüsse der Peripheriegeräte wird überlegt, ob parallele oder serielle Datenübertragung eingesetzt werden soll. Was ist der Unterschied und welche Vor- und Nachteile haben die einzelnen Übertragungstechniken?

Ihre Antworten:

Parallele Datenübertragung:

Bei der parallelen Datenübertragung werden auf physisch getrennten (in der Regel nebeneinander angeordneten) Leitungen einzelne Bits gleichzeitig (parallel) übertragen. Oftmals sind es 8 Leitungen, damit ein ganzes Byte übertragen werden kann (z. B. konventionelle Parallel-Port-Druckerkabel). Ein Problem der parallelen Übertragung ist die Fehleranfälligkeit, je länger die Leitung ist (technischer Fachausdruck: Übersprechen).

Serielle Datenübertragung:
Bei der seriellen Datenübertragung wird ein Bit nach dem anderen auf einer Leitung gesendet. Die Fehleranfälligkeit ist geringer als bei der parallelen Übertragung, deshalb können auch die Leitungen länger sein. Bei den heutigen Schnittstellen wie USB 3.0 ist diese Art der Übertragung trotzdem enorm schnell.

Frage 2: Wöchentlich müssen alle Daten der Zweigstelle gesichert und als Backup in der Zentrale hinterlegt werden. Dabei fallen ungefähr 12 GiB an Daten an. Der Kunde möchte das Backup über eine Internetleitung überspielen. Welche Übertragungsrate (im Upload) muss die Verbindung bieten, damit die komplette Übertragung innerhalb von zwei Stunden erledigt ist? Führen Sie auch eine Berechnung durch!

Ihre Antwort:

12 GiB = 12 × 1024 × 1024 × 1024 × 8 Bit = **103079215104 Bit**

Es stehen 2 Stunden = 2 h = 2 × 60 × 60 s = **7200 s** für die Übertragung zur Verfügung

103079215104 Bit : 7200 s ≈ 14.316.557 Bit/s ≈ 14317 kbit/s

Damit kommt nur VDSL 100 infrage!

Lösungen

Hinweis: Tabelle der Upload Geschwindigkeiten

Internetverbindung	Upload
DSL 16000	bis 1000 kbit/s
VDSL 25	bis 5000 kbit/s
VDSL 50	bis 10000 kbit/s
VDSL 100	bis 20000 kbit/s

Frage 3: Der Kunde möchte ein sicheres Medium zur externen Datensicherung. Es bieten sich eine externe Festplatte (HD) oder ein Solid State Drive (SSD) an. Beantworten Sie dazu folgende Fragen mit Ja oder Nein.

Aussage	Korrekt (ja/nein)
Solid State Drives sind mindestens doppelt so schnell wie konventionelle Festplatten.	ja
Je mehr Speicherkapazität eine SSD hat, desto höher ist die Haltbarkeit.	ja
Festplatten sind resistenter gegen Erschütterungen als Solid State Drives.	nein
Solid State Drive und Festplatte haben gleiche maximale Kapazitäten.	nein
Das Solid State Drive hat mehr Schreibzyklen als die Festplatte.	nein
Solid State Drives sollten regelmäßig defragmentiert werden.	nein
Festplatten sind deutlich lauter im Betrieb als Solid State Drives.	ja

Fachkompetenz IT-Systeme

2.5.4 Beratung in IT-Grundlagen

Ausgangsszenario:
Der Kunde der IT-Firma *ConSystem GmbH* hat einige Auszubildende im IT-Bereich und möchte eine interne Schulung vorbereiten, um den Kenntnisstand der Auszubildenden auf den gleichen Stand zu bringen. Dazu hat der Schulungsleiter des Kunden einen Test erstellt, der grundlegende Kenntnisse der Auszubildenden überprüfen soll.

Aufgabenstellung:
Als erfahrener Auszubildender der IT-Firma *ConSystem GmbH* erhalten Sie den Auftrag, eine Musterlösung für diesen Test zu erstellen.

Test zu IT-Grundkenntnissen

Aufgabe 1: Wandeln Sie die Dezimalzahl 78 in eine Dualzahl um.

Ihre Antwort:

78 : 2 = 39   Rest 0   1 0 0 1 1 1 0
39 : 2 = 19   Rest 1
19 : 2 = 9   Rest 1
9 : 2 = 4   Rest 1
4 : 2 = 2   Rest 0
2 : 2 = 1   Rest 0
1 : 2 = 0   Rest 1

Aufgabe 2: Wandeln Sie die Dualzahl 11001011 in eine Dezimalzahl um.

Ihre Antwort:

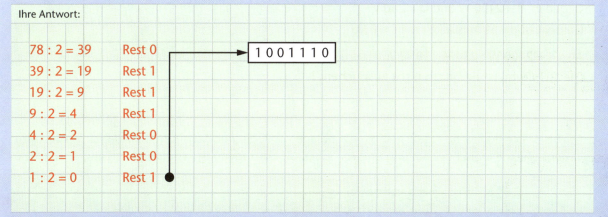

| 1 | 1 | 0 | 0 | 1 | 0 | 1 | 1 |

→ $1 \cdot 2^7 + 1 \cdot 2^6 + 0 \cdot 2^5 + 0 \cdot 2^4 + 1 \cdot 2^3 + 0 \cdot 2^2 + 1 \cdot 2^1 + 1 \cdot 2^0$

→ $1 \cdot 128 + 1 \cdot 64 + 0 \cdot 32 + 0 \cdot 16 + 1 \cdot 8 + 0 \cdot 4 + 1 \cdot 2 + 1 \cdot 1$

→ $128 + 64 + 8 + 2 + 1 = 203$

Aufgabe 3: Wandeln Sie die Dualzahl 111110100001 in eine Hexadezimalzahl um.

Ihre Antwort:

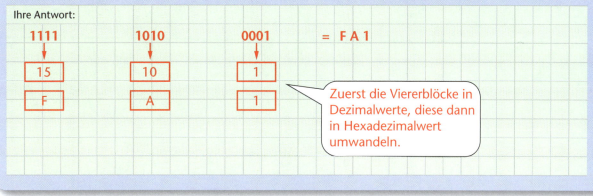

1111   1010   0001   = F A 1

15   10   1

F   A   1

Zuerst die Viererblöcke in Dezimalwerte, diese dann in Hexadezimalwert umwandeln.

Lösungen

Aufgabe 4: Ein Schulungsunternehmen hat 75 PCs in den Schulungsräumen. Wie hoch ist die elektrische Arbeit (in KWh) an einem Tag (8 Stunden), wenn alle PCs benutzt werden und jeder PC eine Leistungsaufnahme von 300 Watt hat?

Ihre Antwort:

Die elektrische Arbeit berechnet sich so: W = P · t

wobei P die Leistung und t die Zeit ist.

Also: W = 300 W · 8 h = 2400 Wh = 2,4 KWh (pro PC pro Tag)

Damit werden 75 · 2,4 KWh = 180 KWh insgesamt 75 · 2,4 KWh = 180 KWh pro Tag verbraucht.

Aufgabe 5: Ein Internetprovider möchte ein kleines Blade-Server-System aufstellen, das eine Leistungsaufnahme von 2400 Watt hat. Der Anschluss soll mit 10 A bei 230 V abgesichert werden. Ist das ausreichend?

Ihre Antwort:

Gegeben: P = 2400 W und U = 230 V

Gesucht ist die Stromstärke I mit I = P : U

Also: I = 2400 W : 230 V = 10,43 A
Die Sicherung ist demnach nicht ausreichend!

Aufgabe 6: Die boolesche Algebra ist die Grundlage von logischen Schaltungen. Analysieren Sie dazu die untenstehende logische Schaltung und schreiben Sie die zugehörige Logikfunktion auf.

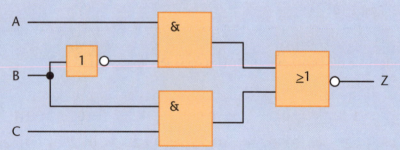

Ihre Logikfunktion:

Z = ~ ((A * ~ B) + (B * C))

Fachkompetenz IT-Systeme

2.5.5 Beratung zu Dateiformaten und Codes

Ausgangsszenario:
Für eine interne Präsentation braucht ein Kunde der IT-Firma *ConSystem GmbH* Beratung im Bereich Dateiformate und Codes. Der Kunde hat bereits einige Informationen zusammengestellt, die aber noch korrekt zugeordnet und erläutert werden müssen.

Aufgabenstellung:
Als erfahrener Auszubildender der IT-Firma *ConSystem GmbH* erhalten Sie den Auftrag, die Informationen des Kunden entsprechend zu ergänzen.

Beratung im Bereich Dateiformate und Codes

Der Kunde hat eine Übersicht von gängigen Dateiformaten zusammengestellt und braucht nun Hilfe bei der Zuordnung. Ordnen Sie die Formate entsprechend zu.

Bezeichnung	Format
Ein Dateiformat zur Speicherung von Microsoft Word Dateien (ab Office 2007).	DOCX
Ein Dateiformat zur Speicherung von Bilddaten ohne Verlust. Die Bilddaten werden bei diesem Format in Blöcken gespeichert. Das Format ist für Web-Anwendungen eher ungeeignet.	TIFF
Ein Dateiformat zur Speicherung einfach strukturierter Daten, die in der Regel durch Kommata getrennt werden.	CSV
Ein Dateiformat zur plattformunabhängigen Speicherung von Dokumenten.	PDF
Ein Dateiformat zur Speicherung von Microsoft Excel Dateien (ab Office 2007).	XLSX
Ein Dateiformat zur Speicherung von Open-Office-Textdokumenten.	ODT
Ein Dateiformat zur Speicherung von Bilddaten ohne Verlust. Dieses Format ist das weitest verbreitete im Internet.	PNG
Ein Dateiformat zur Speicherung von komprimierten Audio- und Videodaten.	MP4
Ein Dateiformat zur Speicherung von Bilddaten mit Verlust.	JPG
Ein Dateiformat zur Speicherung von Open-Office-Präsentationen.	ODP

Lösungen

In der Präsentation soll beispielhaft der Speicherbedarf eines Bildes berechnet werden. Führen Sie eine eigene Rechnung zur Kontrolle durch.

Bilddaten: Für ein Foto mit den Maßen 30 cm x 18 cm und einer Auflösung von 300 ppi (Pixel per Inch) soll der Speicherplatz in MiB berechnet werden. Die Farbtiefe beträgt 24 Bit.

Hinweise:
- 1 Inch = 2,54 cm
- Ergebnisse auf zwei Stellen hinter dem Komma runden.

Ihre Lösung:

30 cm = 30 : 2,54 Inch = 11,81 Inch   18 cm = 18 : 2,54 Inch = 7,09 Inch

11,81 Inch · 300 Pixel/Inch = 3543 Pixel   7,09 Inch · 300 Pixel/Inch = 2127 Pixel

3543 Pixel · 2127 = 7535961 Pixel (es wird nur die Gesamtzahl der Pixel angegeben)

Pro Pixel ist die Farbtiefe 24 Bit → 7535961 Pixel · 24 Bit/Pixel = 180863064 Bit

180863064 Bit = 180863064 : 8 : 1024 : 1024 MiB = **21,56 MiB**

Der Kunde hat einige Aussagen zur Kodierung zusammengetragen. Unterstreichen Sie die korrekten Aussagen.

Ihre Unterstreichungen:

- Die UTF-8-Kodierung von Unicode hat immer nur 8 Bit zur Verfügung.
- <u>UTF-32 kodiert immer mit 32 Bit.</u>
- In der Programmiersprache Java ist ein Zeichen immer 1 Byte groß.
- <u>UTF-16 kommt in der Regel mit 2 Byte aus, kann aber auch 4 Byte nutzen.</u>
- <u>Der Latin-1-Zeichensatz ist in den ersten 256 Zeichen identisch mit Unicode.</u>
- Alle Zeichensätze sind in den ersten 156 Zeichen mit dem ASCII-Code identisch.

Fachkompetenz IT-Systeme

2.5.6 Einsatz von Cloud Computing

Ausgangsszenario:

Die IT-Firma *ConSystem GmbH* berät auch Kunden im Bereich Cloud Computing. Ein langjähriger Kunde der Firma möchte Cloud Computing einsetzen und hat Beratungsbedarf in diesem Bereich.

Aufgabenstellung:

Für eine einführende Präsentation zu dem Thema Cloud Computing hat der Leiter der Entwicklungsabteilung relevante Informationen (teilweise in Englisch) zusammengetragen. Als erfahrener Auszubildender der IT-Firma *ConSystem GmbH* erhalten Sie den Auftrag, diese Informationen zu übersetzen bzw. zu vervollständigen.

Informationen zum Bereich Cloud Computing

Bei der European Union Agency for Cybersecurity (ENISA) hat der Leiter der Entwicklungsabteilung einen Text über die Risikoeinschätzung des Cloud-Computings gefunden. Übersetzen Sie den Text für die Präsentation.

Auszug aus dem englischen Text:

The key conclusion of this paper is that the cloud's economies of scale and flexibility are both a friend and a foe from a security point of view. The massive concentrations of resources and data present a more attractive target to attackers, but cloud-based defences can be more robust, scalable and cost-effective. This paper allows an informed assessment of the security risks and benefits of using cloud computing – providing security guidance for potential and existing users of cloud computing …

Ihre Übersetzung:

Die wichtigste Schlussfolgerung dieses Arbeitspapiers ist, dass Skalierbarkeit und Flexibilität der Cloud aus sicherheitspolitischer Sicht sowohl als Freund als auch als Feind betrachtet werden kann. Die massive Konzentration von Ressourcen und Daten stellen zwar ein sehr attraktives Ziel für Angreifer dar, aber cloud-basierte Verteidigung kann durchaus robust, skalierbar und kostengünstig sein. Dieses Arbeitspapier ermöglicht eine fundierte Beurteilung der Risiken und Vorteile der Verwendung von Cloud-Computing – es stellt Sicherheitsrichtlinien für potenzielle und bestehende Benutzer von Cloud-Computing zu Verfügung.

Lösungen

Weiterhin möchte der Leiter der Entwicklungsabteilung verschiedene Nutzungsmodelle in der Präsentation vorstellen. Erläutern Sie kurz diese Modelle.

Ihre Erläuterungen:

Infrastructure as a Service:
Mit diesem Service werden den Nutzern virtuelle Rechner oder andere virtualisierte Hardware angeboten. Der Nutzer kann diese Ressourcen frei konfigurieren. Ein Beispiel für einen solchen Service sind virtuelle Server, mit denen der Nutzer seine Webseiten verwaltet oder einen Online-Shop anbietet.

Software as a Service:
Dieser Service bietet verschiedene Software (z. B.: Office-Produkte) an, die der Anwender ohne eigene Installation über die Cloud benutzen kann. Ein Beispiel dafür ist Microsoft Office 365, in der die Office-Programme in einer Cloud angeboten werden und über den Browser genutzt werden können.

Platform as a Service:
Dieser Service bietet die Möglichkeit eine Plattform zu mieten, auf der eigene Programme entwickelt oder auch ausgeführt werden. Beispielsweise muss eine Softwareentwicklungsfirma nicht alle Plattformen selbst installieren, um die Software zu testen, sondern mietet sich je nach Bedarf eine entsprechende Plattform.

Am Ende der Präsentation möchte der Leiter der Entwicklungsabteilung eine Auflistung von drei Vorteilen und drei Nachteilen des Cloud-Computings zeigen, um damit eine Diskussion anzuregen. Listen Sie dazu drei wesentliche Vor- und Nachteile auf.

Ihre Auflistung:

Vorteile:
- Kosteneinsparung durch weniger oder geringere Lizenzgebühren für Software oder auch virtualisierte Hardware
- Zugriff auf Daten von überall (Internetzugang vorausgesetzt)
- Zentrales Backup aller Daten

Nachteile:
- Abhängig von (schnellem) Internetzugang (kein Arbeiten ohne Internet)
- Datenschutz wird schwieriger (Server sind z. T. im Ausland, evtl. Zugriff durch Geheimdienste oder Hacker)
- Abhängigkeit von einem Unternehmen (Cloud-Anbieter hat Zugriff auf alle Daten)

2.5.7 Virtualisierung

Ausgangsszenario:
Als Auszubildender der IT-Firma *ConSystem GmbH* sollen Sie virtualisierte Systeme mitbetreuen und auch Kunden bezüglich Virtualisierung beraten.

Aufgabenstellung:
Stellen Sie Informationen zusammen, die den Einsatz von Virtualisierung rechtfertigen und dokumentieren.

Aufgabe 1: Notieren Sie sich eine kurze Erklärung von „Server-Virtualisierung".

Ihre Antwort:

Zur Virtualisierung von Servern wird durch Einsatz einer Software eine virtuelle Schicht zwischen der eigentlichen Hardware und dem Betriebssystem erzeugt. Durch diese virtuelle Schicht können mehrere virtuelle Server mit unterschiedlichen Betriebssystemen auf einer gemeinsamen Hardware-Plattform gleichzeitig betrieben werden. Die Virtualisierungsschicht regelt den vereinheitlichten Zugriff auf die zur Verfügung stehenden Ressourcen wie Speicher oder Netzwerkanbindung. Die virtuellen Maschinen (VMs) sind voneinander unabhängig und beeinflussen sich nicht gegenseitig.

Aufgabe 2: Nennen Sie in diesem Zusammenhang zwei Vorteile und einen Nachteil der „Server-Virtualisierung".

Mögliche Antworten:

Vorteile:

- Bessere Auslastung von Systemressourcen
- Weniger physische Server notwendig
- Geringere Bereitstellungszeit für neue Server
- Einfache Wartung

Nachteile:

- Fällt der physische Server aus, sind alle virtuellen Maschinen betroffen
- Geteilte Ressourcen wie Arbeitsspeicher können überlasten

Lösungen

Aufgabe 3: Ihnen liegt eine Sammlung von Aussagen zur Virtualisierung vor. Ordnen Sie die Aussagen durch Ankreuzen entweder dem „Bare-Metal-Hypervisor"-Ansatz, dem „Hosted-Hypervisor"-Ansatz oder beiden Ansätzen zu.

Ihre Zuordnung:

Aussage	Bare Metal	Hosted
Setzt direkt auf der Hardware auf	✓	
Verwaltet die Systemressourcen besonders effizient	✓	
Läuft als Anwendung in einem Host-Betriebsystem		✓
Ist im privaten Einsatz gebräuchlich		✓
Unterstützt gleichzeitig mehrere virtuelle Maschinen	✓	✓
Hypervisor ist das Betriebssystem	✓	

Aufgabe 4: Bei der Verwendung von virtuellen Maschinen wird häufig mit Snapshots gearbeitet. Erklären Sie kurz das Prinzip eines Snapshots.

Ihre Antwort:

Ein Snapshot (übersetzt: Schnappschuss) ist ein Abbild einer virtuellen Maschine. Bei der Erstellung eines Snapshots werden der Status, die Konfiguration und die Datenträgerinhalte eines virtuellen Computers gesichert. Ein Snapshot kann auch im laufenden Betrieb erstellt werden. Eine Rückkehr auf einen in einem Snapshot gesicherten Zustand ist problemlos möglich. Vor Veränderung einer Konfiguration ist daher die Erstellung eines Snapshots zu empfehlen.

Aufgabe 5: Es gibt eine Vielzahl von Produkten, die genutzt werden können, um virtuelle Maschinen anzulegen und zu betreiben.
Nennen Sie mindestens zwei aktuell verfügbare Virtualisierungsprodukte.

Ihre Antwort:

Die Auswahl an Virtualisierungsprodukten ist groß. Mögliche Antworten sind beispielsweise:

Microsoft Hyper-V	Virtualisierungslösung, die meist bei Windows Server Systemen eingesetzt wird, aber auch unter Windows 10 verwendet werden kann.
VMWare Hypervisor (ESXI)	Sehr weit verbreiteter Bare-Metal-Hypervisor. In einer Basisversion kostenfrei nutzbar, allerdings greifen hier viele Einschränkungen wie die Anzahl der unterstützten Prozessoren oder fehlende Features wie Live Migration.
Oracle Virtualbox	Open Source Hosted Hypervisor, der auf einer Vielzahl von Host-Betriebssystemen verfügbar ist.
KVM	Kernel-based Virtual Machine ist eine Virtualisierungssoftware, die unter Linux verfügbar ist.
Citrix Hypervisor	Wurde aus dem Open Source XenServer-Projekt entwickelt. In der kostenlosen Version ist nur ein eingeschränkter Funktionsumfang vorhanden. Die Lizenzierung erfolgt meist pro CPU-Sockel.

Fachkompetenz IT-Systeme

2.5.8 Schutzmaßnahmen nach DIN VDE 100-410

Ausgangsszenario:
Ein Kunde der IT-Firma *ConSystem GmbH* plant den Aufbau eines kleinen Rechenzentrums. Da bei dem Aufbau auch Auszubildende teilnehmen, möchte der Kunde in einer Präsentation einige wesentliche Aspekte der Schutzmaßnahmen darstellen.

Aufgabenstellung:
Als erfahrener Auszubildender der IT-Firma *ConSystem GmbH* erhalten Sie den Auftrag, folgende Informationen aufzuarbeiten und dem Kunden zu Verfügung zu stellen.

Informationen zum Thema Schutzmaßnahmen nach DIN VDE 100-410

Kurzbeschreibung der DIN VDE 100-410:

Die DIN VDE 100-410 ist die wichtigste Norm für die Errichtung elektrischer Niederspannungsanlagen. Sie beschreibt die Schutzmaßnahmen gegen den elektrischen Schlag.

Beschreibung der Schutzmaßnahmen nach DIN VDE 100-410. Ordnen Sie die Beschreibung der entsprechenden Schutzmaßnahme zu.

Schutzmaßnahme	Beschreibung
Basisschutz	Wenn es durch Fehler zu einer Spannung an Teilen (beispielsweise Gehäuseteilen) kommt, die normalerweise nicht unter Spannung stehen, so verhindert dieser Schutz durch Abschalten gefährliche Spannungen bei einer Berührung. (→ Fehlerschutz)
Fehlerschutz	Dieser Schutz verhindert das direkte Berühren von spannungsführenden Leitungen oder Teilen des Systems. Das kann durch Isolierung oder Abdeckung oder auch Absperrungen erreicht werden. (→ Basisschutz)
Zusatzschutz	Dieser Schutz wird in der Regel mit Fehlerstrom-Schutzschaltern erreicht und dient als weitere Stufe des Schutzes. (→ Zusatzschutz)

In den Büros des neuen Rechenzentrums werden verschiedene Elektrogeräte zum Einsatz kommen. Im Vorfeld sollen diese Geräte in die entsprechenden Schutzklassen (1–3) einsortiert werden.

Schutzklasse	Gerät
1. ⏚	PC mit Monitor, Kopierer, Laser-Drucker
2. ▣	(Handy-Aufladegerät), Schreibtischlampe
3. ◇	(Handy-Aufladegerät), Powerbank

Lösungen

2.5.9 Betriebssysteme

Ausgangsszenario:
Für die neuen Auszubildenden der IT-Firma *ConSystem GmbH* soll ein eigener Schulungsraum eingerichtet werden. In diesem Raum sollen wesentliche IT-Grundlagen in Form von Plakaten dargestellt werden. Für das Thema Betriebssysteme hat der Leiter der Entwicklungsabteilung bereits eine Vorlage entworfen.

Aufgabenstellung:
Als erfahrener Auszubildender der IT-Firma *ConSystem GmbH* erhalten Sie den Auftrag, die Plakat-Vorlage mit den korrekten Fachbegriffen zu vervollständigen.

Plakat zum Thema Betriebssysteme

Marktanteile der aktuellen Betriebssysteme:

Die folgenden Betriebssysteme sind in den Grafiken eintragen: Android, weitere Betriebssysteme (mobil), Windows, iOS, Linux, MacOS X, weitere Betriebssysteme (PC)

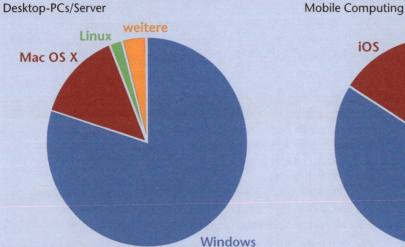
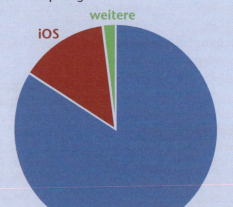

Zusammenhang Betriebssystem, Hardware und Anwendungen:

- Anwendungsprogramme (Entwicklungswerkzeuge, Textverarbeitung, Browser)
- Betriebssystemkern (Prozesse, Gerätetreiber, Netzwerkzugriff, Dateiverwaltung)
- Hardware (Prozessor, Speicher, Geräte)

Folgende Begriffe sind entsprechend einzuordnen:
Betriebssystemkern (…), Hardware (…), Anwendungsprogramme (…)

Innerhalb der Einordnung sind die folgenden Begriffe zuzuordnen:
Prozesse, Gerätetreiber, Entwicklungswerkzeuge, Speicher, Textverarbeitung, Netzwerkzugriff, Dateiverwaltung, Prozessor, Geräte, Browser

Fachkompetenz IT-Systeme

2.5.10 Schnittstellen

Ausgangsszenario:
Ein Kunder der IT-Firma *ConSystem GmbH* möchte seine IT-Ausstattung umstrukturieren. Dabei soll sowohl die vorhandene Hardware auf Zukunftsfähigkeit als auch neue Hardware auf Funktionalität geprüft werden. In einem ersten Schritt sollen Schnittstellen betrachtet werden.

Aufgabenstellung:
Der Kunde hat einige Informationen zu den vorhandenen IT-Schnittstellen zusammengetragen. Als erfahrener Auszubildender der IT-Firma *ConSystem GmbH* erhalten Sie den Auftrag, die Informationen korrekt zu ergänzen und die Fragen des Kunden zu beantworten.

Schnittstellen in der IT-Ausstattung

Der Kunde hat verschiedene Schnittstellen an den vorhandenen Geräten identifiziert und möchte nun eine Einschätzung bezüglich der weiteren Verwendung. Ergänzen Sie die Tabelle entsprechend.

Funktionalität	VGA	DVI-D	HDMI 1	HDMI 2	Displayport 1.2	Displayport 1.3
Auflösung HD 1280 x 720 Pixel	✓	✓	✓	✓	✓	✓
Auflösung FULL HD 1920 x 1080 Pixel	–	✓	✓	✓	✓	✓
Auflösung 4K 3840 x 2160 Pixel	–	–	–	✓	✓	✓
Sound	–	–	✓	✓	✓	✓

Dem Kunden wurde empfohlen, bei einer Neuanschaffung von Tablets auf einen USB-C-Anschluss zu achten. Dazu hat der Kunde einige Fragen formuliert, die mit ja/nein beantwortet werden sollen.

Fragen	Antwort (ja/nein)
Kann der Stecker in den USB-C-Anschluss in beide Richtungen eingesteckt werden?	ja
Passen andere USB-Stecker (USB 1.0–3.0) in den USB-C-Anschluss?	nein
Können HDMI-Geräte über USB-C angeschlossen werden (mit Adapter)?	ja
Können Displayport-Geräte über USB-C angeschlossen werden (mit Adapter)?	ja
Können mit USB-C schneller Daten übertragen werden als mit USB 3.0?	ja
USB-C ist nicht mehr auf 5 Volt beschränkt. Kann mit einem USB-C-Anschluss ein Gerät mit 60 Volt betrieben werden?	nein

Lösungen

Die Sachbearbeiter des Kunden sollen jeden Tag ein Backup wichtiger Daten auf einem USB-Stick erstellen. Es fallen jeden Tag ungefähr 1 GByte an Daten pro Sachbearbeiter an. Die Haltbarkeit der Sticks wird mit einem Jahr angesetzt. Ein Sachbearbeiter kostet den Kunden 24 Euro/Stunde (brutto). Dem Kunden liegen zwei Angebote vor. Berechnen Sie für den Kunden, welcher Stick sinnvollerweise eingesetzt werden sollte.

USB 3.0 Highspeed-Stick
Schreibrate: 420 MByte/s
Kapazität: 32 GB
Preis: 45 €

USB 2.0 Stick
Schreibrate: 132 MBit/s
Kapazität: 32 GB
Preis: 7,5 €

Ihre Berechnung und Antwort:

1 GByte Daten = 1000 MByte Daten

Kosten Sachbearbeiter/h = 24 € : 3600 s = 0,0066 €/s

USB 3.0:

1000 Mbyte : 420 Mbyte/s = 2,38 s (pro Schreibvorgang)

→ 2,38 s · 0,0066 €/s = 0,016 € (pro Vorgang bzw. Tag)

→ Bei 250 Arbeitstagen: 0,016 € · 250 = 4,00 €

→ 49 € (inkl. Anschaffung) im Jahr für den Highspeed 3.0

USB 2.0:

1000 Mbyte : 16,5 Mbyte/s = 60,6 s (pro Schreibvorgang)

→ 60,6 s · 0,0066 €/s = 0,39 € (pro Vorgang bzw. Tag)

→ Bei 250 Arbeitstagen: 0,39 € · 250 = 99,99 €

→ ungefähr 107,50 € (inkl. Anschaffung) im Jahr für den USB-Stick 2.0

Damit lohnt sich der teure Stick deutlich!

Fachkompetenz IT-Systeme

2.5.11 Industrie 4.0

Ausgangsszenario:
Ein Kunde der IT-Firma *ConSystem GmbH* produziert im industriellen Bereich. Um zukunftsfähig zu werden, möchte der Kunde die Firma auf Industrie 4.0 vorbereiten. In einem ersten Schritt sollen den Abteilungsleitern des Kunden die grundlegenden Zusammenhänge erläutert werden.

Aufgabenstellung:
Der Leiter der Abteilung Entwicklung hat dazu verschiedene Begriffe zu diesem Bereich recherchiert und versucht, sie in einer Mindmap zu strukturieren. Als Auszubildender der Abteilung bittet er Sie, die Mindmap fertigzustellen.

Internetrecherche zu Industrie 4.0

Mindmap-Musterlösung:

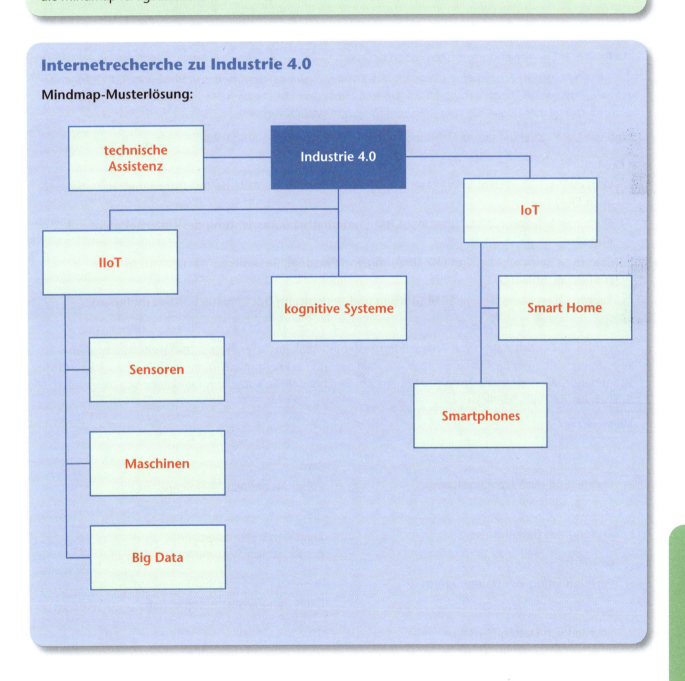

Lösungen

2.5.12 Anwendungssysteme

Ausgangsszenario:
Im Rahmen der Ausbildung der IT-Firma *ConSystem GmbH* führt der Leiter der Entwicklungsabteilung monatliche Workshops für die Auszubildenden durch. Eines der Workshop-Themen sind Anwendungssysteme. Dazu hat der Leiter der Entwicklungsabteilung einen kleinen Test erstellt.

Aufgabenstellung:
Als erfahrener Auszubildender bittet er Sie, eine Musterlösung zu erstellen.

Test zu Anwendungssystemen

Aufgabe 1: Ein Anwendungssystem ist so definiert:

Ein Anwendungssystem beinhaltet die gesamte Software, die für ein bestimmtes betriebliches Aufgabengebiet entwickelt wurde. Weiterhin beinhaltet ein Anwendungssystem die komplette IT-Infrastruktur, auf der die Software läuft (inkl. der Daten, die vom Anwendungssystem genutzt werden).

Nennen Sie 4 verschiedene Anwendungssysteme für betriebliche Aufgaben:

Ihre Antwort:

Warenwirtschaftssystem **WWS (Steuerung der wesentlichen Abläufe im Unternehmen, siehe auch ERP)**

Customer Relationship Management **CRM (Systematische Ausrichtung des Unternehmens auf Kunden)**

Enterprise Resource Planning **ERP (Planung von Personal, Ressourcen zur Optimierung betrieblicher Abläufe)**

Supply Chain Management **SCM (Aufbau und Verwaltung der Logistik im Unternehmen)**

Aufgabe 2: Die Installation von Anwendungssystemen ein komplexer Prozess, der weitestgehend automatisiert werden sollte. Für eine solche Automatisierung sind Kenntnisse in der Shell-Programmierung (Kommandozeilenprogrammierung) sehr hilfreich. Beschreiben Sie kurz die Auswirkungen der folgenden Shell-Befehle (CMD-Befehle):

Windows:

tree:
Darstellung der Verzeichnisbaumes

chkdsk:
Prüfung des Datenträgers

diskpart:
Partitionierung von Datenträgern

del:
Löschen von Dateien/Ordnern

Linux

pwd:
Zeigt das aktuelle Verzeichnis an

df:
Zeigt den freien Speicherplatz der gemounteten Systeme an

ls:
Listet den Verzeichnisinhalt auf

rm:
Löschen von Dateien/Ordnern

Aufgabe 3: Mit welchen Befehlen (Windows oder Linux) können alle Dateien des Ordners „install" auf den Ordner „tmp" kopiert werden? Der Befehl wird auf dem Ordner ausgeführt, in dem die beiden anderen Ordner „install" und „tmp" enthalten sind.

- ☒ copy install*.* tmp
- ☐ copy tmp install
- ☐ copy install to tmp
- ☒ cp install/*.* tmp
- ☐ cp tmp/*.* install
- ☒ xcopy install tmp
- ☐ cp install to tmp
- ☐ copy tmp*.* install

2.5.13 Prozessoren und Speicher

Ausgangsszenario:
Eine Kunde der IT-Firma **ConSystem GmbH** braucht Beratung im Zusammenhang mit Prozessoren und Speicher, da er einige Hardwarekomponenten ersetzen möchte.

Aufgabenstellung:
Als erfahrener Auszubildender erhalten Sie den Auftrag, dem Kunden einige Fragen zu dieser Thematik zu beantworten.

Informationen zu Prozessoren und Speicher

Aufgabe 1: Was ist der Unterschied zwischen Mehrprozessorsystemen und Mehrkernprozessoren?

> Mehrprozessorsysteme haben mehrere voneinander getrennte Prozessoren implementiert. Mehrkernprozessoren haben mehrere Kerne in einem Prozessor.

Aufgabe 2: Welche Vorteile bieten Mehrkernprozessoren?

> Mehrkernprozessoren bieten höhere Leistung bei weniger Hardware (nur ein Prozessor). Weiterhin kann die Leistung erhöht werden, ohne die Erhöhung der Taktfrequenz, was problematisch werden kann.

Aufgabe 3: Welche Kernanzahl der Prozessoren sind bei den folgenden Systemen zu empfehlen?

System	Empfohlene Anzahl Kerne
CAD-System für komplexe Grafiken	ca. 8–10 Kerne
Office-System für die täglichen Büroanwendungen	ca. 4–6 Kerne
System für den Einsatz von virtuellen Maschinen	ab 10–12 Kerne

Lösungen

Aufgabe 4: Was bedeutet die Angabe der Taktfrequenz eines Prozessors (in MHz oder GHz)?

Die Taktfrequenz gibt vor, wie viele Impulse der Prozessor in einer Sekunde produziert. Innerhalb eines solchen Impulses (Takts) können eine oder mehrere Anweisungen durchgeführt werden. Deshalb ist die reine Taktfrequenz nicht aussagekräftig bzgl. der Verarbeitungsgeschwindigkeit eines Systems. Die Maßeinheit eines Takts ist ein Hertz – meistens ist die Angabe dann in Megahertz (1.000.000 Hertz) oder Gigahertz (1.000.000.000 Hertz). Beispielsweise führt ein Prozessor mit einer Taktfrequenz von 3,2 GHz (3200 MHz) pro Sekunde 3,2 Milliarden Takte aus.

Aufgabe 5: Wo ist der Unterschied zwischen den RAM-Typen DDR-SDRAM und SDR-SDRAM?

Im Unterschied zum SDR-SDRAM kann DDR-SDRAM bei steigender und fallender Taktflanke Daten übertragen. Damit verdoppelt sich im Prinzip die Datenübertragungsrate. Daher kommt auch die Bezeichnung DDR (Double Data Rate = doppelte Datenübertragungsrate).

Aufgabe 6: Für ein Speichermodul DDR4-3200 (Speichertakt 400 MHz, Prefetching-Faktor 8) wird eine Datenrate von 25,6 GByte/s angegeben. Ist diese Angabe korrekt?

Ihre Berechnung:

[Nutzen sie dabei die Formel: Übertragungsrate (in MB/s) = Speichertakt (in MHz) · Prefetching-Faktor · Busbreite (in Bit) : 8]

Die Busbreite von DDR4-Speichermodulen beträgt 64 Bit (Grundwissen IT-Systeme). Damit gilt:

Übertragungsrate (in MB/s) = 400 · 8 · 64 : 8 = 25.600

25.600 MB/s = 25,6 GB/s   → die Angabe ist also korrekt!

Aufgabe 7: Welches der beiden Angebote würden Sie für einen modernen Office-PC favorisieren? Begründen Sie Ihre Antwort.

PC 1:
AMD Ryzen 3, 4 × 3600 MHz
16 GB DDR4-RAM, 3200 MHz
500 GB SSD
AMD Radeon Vega 8, 2 GB

PC 2:
Intel Core i7-1068NG7, 4 x 2300 MHz
24 GB DDR3-RAM, 1600 MHz
1 TB HDD
GeForce RTX 3080

Begründung:

Die Prozessoren haben eine ähnliche Leistungsfähigkeit, da der i7-Prozessor etwas älter ist und der neuere Ryzen 3 deutlich an Leistungsfähigkeit gewonnen hat. Eine deutlich bessere Übertragungsrate hat das DDR4-RAM, auch wenn die Taktfrequenz geringer als bei dem DDR3-RAM ist. Ebenso ist eine SSD-Platte um ein Vielfaches schneller im Zugriff als eine HD-Platte. Damit können Anwendungen schneller geladen werden und auch das Betriebssystem kann schneller hochfahren – die 500 GB fehlender Speicher könnten mit externen Medien ausgeglichen werden. **Aus diesen Gründen wäre der PC mit dem AMD Ryzen 3 zu favorisieren.**

Fachkompetenz IT-Systeme

2.5.14 Datenspeicherung und Ausfallsicherheit

Ausgangsszenario:
Ein Kunde der IT-Firma *ConSystem GmbH* plant eine Neustrukturierung seiner Datenspeicherung und möchte dabei auch die Ausfallsicherheit erhöhen.

Aufgabenstellung:
Als erfahrener Auszubildender erhalten Sie den Auftrag, dem Kunden einige Fragen zu dieser Thematik zu beantworten.

Informationen zu Datenspeicherung und Ausfallsicherheit

Aufgabe 1: Was bedeutet ein RAID-System und welche Vorteile bietet es?

RAID bedeutet **„Redundant Array [of] independent disks"**, also eine Sammlung von unabhängigen Plattenlaufwerken, die dazu dienen die Datenspeicherung einerseits ausfallsicherer zu machen und andererseits eine flexible Vergrößerung / einen Austausch von Platten im laufenden Betrieb zu ermöglichen.

In einem klassischen RAID-System sind mehrere Plattenlaufwerke und ein RAID-Controller beteiligt, der die Datenspeicherung organisiert. Eine Simulation dieses Systems kann auch über eine Software-Lösung erfolgen.

Aufgabe 2: Wie lauten die weiteren korrekten Angaben in der folgenden Tabelle?

RAID-LEVEL	Kurzbeschreibung	Berechnungsformel Kapazität	Redundanz	Ausfallsicherheit	Kapazität bei 3 Platten (jeweils 1 TB)
RAID 0	Geschwindigkeitsvorteil durch Anordnung der Platten zu einer zusammenhängenden Platte (Striping).	Kapazität bleibt gleich	nein	gering	3 TB
RAID 1	Maximale Ausfallsicherheit durch Spiegelung der Daten auf den Medien.	Die Kapazität ist maximal so groß wie die der kleinsten Platte	ja	groß	1 TB
RAID 5	Kombination von Striping und der Speicherung von Zusatzinformationen (Paritätsinformationen) zur Datenwiederherstellung auf allen Platten.	Formel: (Anzahl der Platten – 1) · (Kapazität der kleinsten Platte)	ja	mittelgroß	2 TB

Aufgabe 3: Eine Entscheidung für RAID 1 ist gleichzeitig auch eine Backup-Lösung, da die Daten gespiegelt werden. Stimmt diese Einschätzung?

Nein, diese Einschätzung ist falsch. Eine Backup-Lösung ist eine unabhängige Datensicherung auf andere (externe) Medien. Bei RAID 1 werden zwar die Daten gespiegelt, aber auch alle Fehlinformationen oder auch Datenkompromittierungen durch Virenbefall o.Ä. werden ebenfalls sofort gespiegelt. Es kann also nicht als Backup nach einem Systemproblem dienen.

Lösungen

2.6 Fachkompetenz Software

2.6.1 Einordnung von Programmiersprachen

Ausgangsszenario:
Der Leiter der Abteilung Entwicklung möchte durch eine Präsentation zu den „Grundlagen der Softwareentwicklung" den zukünftigen Auszubildenden den Einstieg erleichtern. Ein Teil der Präsentation soll eine Einordnung von Programmier-Sprachen und -Konzepten sein. Leider sind die Notizen des Leiters in Unordnung geraten.

Aufgabenstellung:
Als erfahrener Auszubildender der Abteilung erhalten Sie den Auftrag, die Notizen übersichtlich und fachlich korrekt zu ordnen.

Ungeordnete Notizen zu Programmiersprachen und Konzepten

Musterlösung:

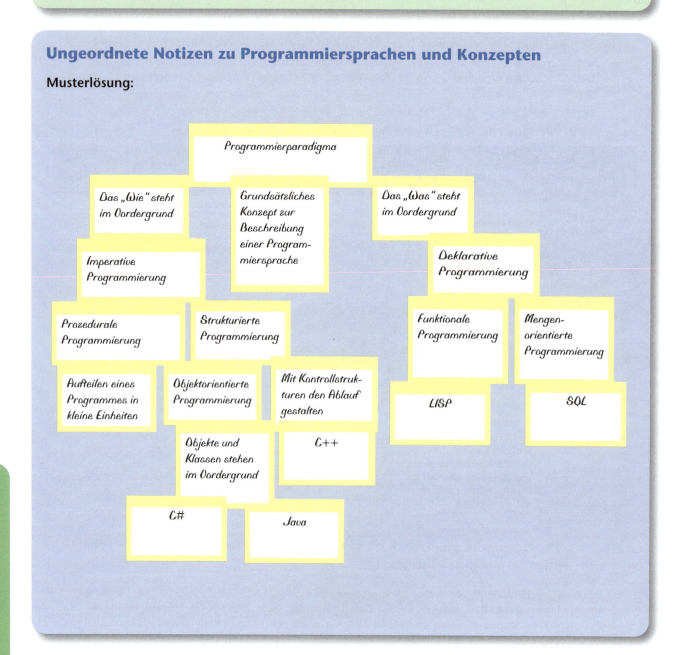

Fachkompetenz Software

2.6.2 Pseudo-Code

Ausgangsszenario:
Der Leiter der Abteilung Entwicklung möchte den zukünftigen Auszubildenden eine Art Handbuch „Grundlagen Softwareentwicklung" zu Verfügung stellen, um den Einstieg in die Ausbildung zu erleichtern. Gerade zu Beginn der Ausbildung ist es wichtig, dass die Grundkonzepte der Programmierung verstanden werden. Dazu ist es hilfreich Algorithmen in einem ersten Schritt in Pseudo-Code zu schreiben.

Aufgabenstellung:
Als erfahrener Auszubildender der Abteilung erhalten Sie den Auftrag, zuerst eine einheitliche deutsche Notation für den Pseudo-Code zu entwickeln und das unten angegebene Beispielprogramm dann in diesen Pseudo-Code zu übersetzen.

Notation zu Pseudo-Code:

C-Befehle		Muster-Pseudo-Code	
`int main (…) { … return 0; }`		PROGRAMMSTART … PROGRAMMENDE	
`Datentyp variable;` `variable = Anfangswert;`		FESTLEGEN Variable ALS Typ Variable := Wert	

`if (Bedingung)`
`{`
`    Anweisungen;`
`}`
`else`
`{`
`    Anweisungen;`
`}`
		FALLS Bedingung DANN
		    Anweisungen
		ENDE FALLS
		SONST
		    Anweisungen
		ENDE SONST	

`while (Bedingung)`
`{`
`    Anweisungen;`
`}`
	`do`
	`{`
	`    Anweisungen;`
	`}`
	`while (Bedingung);`
		SOLANGE Bedingung
		    Anweisungen
		ENDE SOLANGE
			WIEDERHOLE
			    Anweisungen
			SOLANGE Bedingung

`for (Initialisierung; Bedingung;`
`    Schrittanweisung)`
`{`
`    Anweisungen;`
`}`
		FÜR X := Startwert BIS Endwert MIT SCHRITTWEITE N
		    Anweisungen
		ENDE FÜR	

255

Notation zu Pseudo-Code:

Teil 2: Übersetzen Sie das folgende C-Programm in Pseudo-Code

```c
int main()
{
  int zahl_1;
  int zahl_2;

  zahl_2 = 0;

  for (zahl_1 = 1; zahl_1 < 10; zahl_1++)
  {
      zahl_2 = zahl_2 + zahl_1;
  }
  if (zahl_2 > 30)
  {
      zahl_2 = zahl_2 * 2;
  }
  else
  {
      zahl_2 = zahl_2 * 3;
  }

  return 0;

}
```

Muster-Pseudo-Code

```
PROGRAMMSTART

    FESTLEGEN zahl_1 ALS Ganzzahl
    FESTLEGEN zahl_2 ALS Ganzzahl

    zahl_2 := 0

    FÜR   zahl_1 := 1 BIS 9 MIT SCHRITTWEITE 1
          zahl_2 := zahl_2 + zahl_1

    ENDE FÜR


    FALLS zahl_2 > 30 DANN
          zahl_2 := zahl_2 * 2

    ENDE FALLS

    SONST

          zahl_2 := zahl_2 * 3

    ENDE SONST


PROGRAMMENDE
```

Fachkompetenz Software

2.6.3 Algorithmus

Ausgangsszenario:
Ein Kunde aus der Bekleidungsindustrie bietet seine Waren hauptsächlich über einen Online-Shop an. Der Shop verfügt über mehr als 100 000 Bilder zu den Waren. Ein weiterer Ausbau würde die Anzahl der Bilder weiter erhöhen. Deshalb soll ein geeignetes Kompressionsverfahren entwickelt werden, um Speicherplatz für die Bilder einzusparen. In einem ersten Prototyp soll ein einfaches Verfahren umgesetzt werden. Dazu hat der Leiter der Entwicklungsabteilung eine grobe Vorgabe entwickelt.

Aufgabenstellung:
Als erfahrener Auszubildender der Abteilung erhalten Sie den Auftrag, den Algorithmus in Pseudocode umzusetzen. Die Bilddaten (Rohdaten) sind in einem Array gespeichert. Die komprimierten Daten sollen in dem Array **KomprimierteDaten** gespeichert werden.

Algorithmus Bilddatenkomprimierung in Pseudo-Code

Vorgabe:
Die Bilddaten sollen mit einer Lauflängenkodierung komprimiert werden. Das bedeutet, dass sich wiederholende Zeichen zusammengefasst werden und nur die Anzahl und das entsprechende Zeichen gespeichert werden. Zur Erkennung einer Lauflängenkodierung wird ein spezielles Sonderzeichen eingesetzt, das nicht in den Bilddaten enthalten ist. Eine Zusammenfassung erfolgt erst ab 4 Zeichen.
In einem ersten Schritt ist davon auszugehen, dass die Daten nur aus Großbuchstaben bestehen.

Das folgende Beispiel zeigt eine Komprimierung auf 72 % der Originalgröße:

Beispiel: Rohdaten
QQQQRRRRRRTTTTTTTTTTTLLLLLLLLLLLMNNNVVVVVVVVVVAAAAAAAAAAAAA (59 Zeichen)

Nach der Komprimierung („§" ist das Sonderzeichen, das die Wiederholung einleitet):
§4Q§6R§10T§11LMNNN§11V§13A (43 Zeichen)

Die folgenden Funktionen und Variablen können für den Algorithmus genutzt werden:

```
BildDaten[ ]                : enthält die Daten in Form eines Arrays (Typ Zeichen)
BildDaten.GetLength()       : liefert die Größe des Arrays
BildDaten[index]            : liefert das Zeichen an der Stelle index (nullbasiert)
KomprimierteDaten[ ]        : Array für Speicherung der komprimierten Daten
KomprimierteDaten.Add(Zeichen) : Fügt dem Array ein Zeichen hinzu
```

Lösungen

Möglicher Pseudoalgorithmus:

```
PROGRAMMSTART
Festlegen Variable anzahl vom Typ Ganzzahl
Festlegen Variable index vom Typ Ganzzahl
Festlegen Variable i vom Typ Ganzzahl
index := 0

SOLANGE ( index < BildDaten.GetLength() )

        anzahl := 0
        i := index
        SOLANGE ( i < BildDaten.GetLength()
                  UND BildDaten[i] = BildDaten[index] )

                    i := i + 1
                    anzahl := anzahl + 1

        ENDE SOLANGE

        FALLS ( anzahl > 3 ) DANN

                KomprimierteDaten.Add("§")
                KomprimierteDaten.Add(anzahl)
                KomprimierteDaten.Add(BildDaten[index])
                index := index + anzahl;

        ENDE FALLS
        SONST

                i := 0
                SOLANGE ( i < anzahl )
                        KomprimierteDaten.Add(BildDaten[index])
                        i := i + 1
                ENDE SOLANGE
                index := index + anzahl;

        ENDE SONST

ENDE SOLANGE

PROGRAMMENDE
```

Fachkompetenz Software

2.6.4 HTML und XML

Ausgangsszenario:
Ein Kunde der IT-Firma *ConSystem GmbH* arbeitet mit einem Content-Management-System. Ein Mitarbeiter des Kunden soll sich in diesen Bereich einarbeiten. Unter anderem braucht dieser Mitarbeiter Kenntnisse im Bereich XML-Dateien und HTML-Grundlagen.

Aufgabenstellung:
Der Leiter der Entwicklungsabteilung hat dazu Beispiele entwickelt. Als erfahrener Auszubildender der Abteilung erhalten Sie den Auftrag, die Beispiele zu vervollständigen und die korrekten Zuordnungen vorzunehmen.

Zurordung von XML-Grundbegriffen in XML-Dateien

Zuzuordnende Elemente:
1. XML-Datei „kunden.xml"
2. DTD-Datei „kunden.dtd"
3. Elementtyp mit Text als Inhalt
4. Elementtyp mit Element-Inhalt
5. Elementtyp mit beliebiger Wiederholung (mindestens einmal)
6. Element mit Daten
7. Wiederholungselement
8. Kommentar
9. Kennzeichnung der Datei als XML-Datei
10. Verweis auf eine externe DTD-Datei

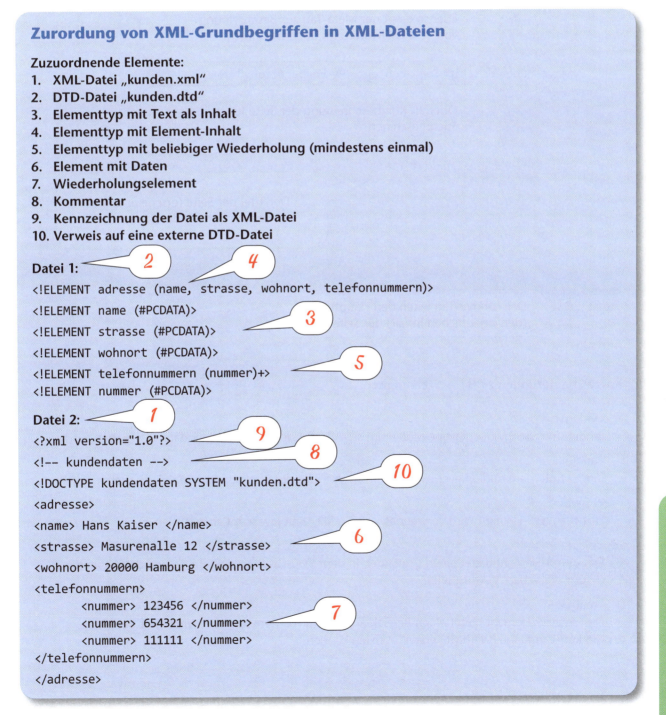

Datei 1: ← 2   4

```
<!ELEMENT adresse (name, strasse, wohnort, telefonnummern)>
<!ELEMENT name (#PCDATA)>
<!ELEMENT strasse (#PCDATA)>     3
<!ELEMENT wohnort (#PCDATA)>
<!ELEMENT telefonnummern (nummer)+>     5
<!ELEMENT nummer (#PCDATA)>
```

Datei 2: ← 1
```
<?xml version="1.0"?>       9
<!-- kundendaten -->        8
<!DOCTYPE kundendaten SYSTEM "kunden.dtd">     10
<adresse>
<name> Hans Kaiser </name>
<strasse> Masurenalle 12 </strasse>     6
<wohnort> 20000 Hamburg </wohnort>
<telefonnummern>
        <nummer> 123456 </nummer>
        <nummer> 654321 </nummer>     7
        <nummer> 111111 </nummer>
</telefonnummern>
</adresse>
```

Lösungen

Beschreibung von HTML-Grundbegriffen:

Musterlösung:

```
<!DOCTYPE html>
<html>
    <head>
        <meta charset="utf-8" />
        <meta name="keywords" content="IT" />
        <meta name="description" content="PV-Vorbereitung" />
        <title>PV-Vorbereitung</title>
    </head>
    <body>
    </body>
</html>
```

Erläuterungen:
- `<!DOCTYPE html>`: Damit erkennt der Browser, dass ein HTML-Dokument vorliegt.
- `<html>`: Beginn des HTML-Dokuments.
- `<head>`: Beginn des Header-Bereiches.
- `<meta charset="utf-8" />`: Mit dem Meta-Tag wird der verwendete Zeichensatz angegeben.
- `<meta name="keywords" content="IT" />`: Ebenso dient der Meta-Tag zur Beschreibung von Schlüsselworten für Suchmaschinen.
- `<meta name="description" content="PV-Vorbereitung" />`: Oder als Kurzbeschreibung der Seite für Suchmaschinen.
- `<title>PV-Vorbereitung</title>`: Der Titel der Seite (erscheint auch im oberen Bereich des Browsers).
- `<body>`: Der `<body>`-Tag leiten den Hauptteil (den eigentlichen Inhalt) der Seite ein.

Kurze Erläuterungen zu HTML5-Elementen:

`<video>`:
Bindet (internen) Videoplayer ein (dem im src-Attribut der Pfad zur Videodatei übergeben wird).

`<audio>`:
Bindet (internen) Audioplayer ein (dem im src-Attribut der Pfad zur Audiodatei übergeben wird).

`<canvas>`:
Das `<canvas>`-Element wird verwendet, um Grafiken mit Javascript zu zeichnen.

`<svg>`:
Das `<svg>`-Element bietet einen Container, in dem SVG-Grafiken eingebettet werden können (SVG = skalierbare Vektorgrafik).

`<math>`:
Das `<math>`-Element bietet einen Bereich an, in dem mathematische Formeln mit der Math-Markup-Language (MathML) erstellt werden können.

Fachkompetenz Software

2.6.5 UML-Klassendiagramm

Ausgangsszenario:
Ein Kunde der IT-Firma **ConSystem GmbH** wird die Rechnungserstellung in Zukunft mit einer Software-Neuentwicklung erledigen. Bislang wurden die Rechnungen mit einer Textverarbeitung geschrieben. Im Rahmen der objektorientierten Analyse soll die Rechnungserstellung mithilfe eines Klassendiagramms erfasst werden. Das Klassendiagramm soll dann eine Ausgangsbasis für die Entwicklung der entsprechenden Klassen sein.

Aufgabenstellung:
Als erfahrener Auszubildender erhalten Sie den Auftrag, u. a. die Rechnung zu analysieren und ein Klassendiagramm mit den entsprechenden Attributen und Beziehungen zu erstellen.

Muster-Klassendiagramm:

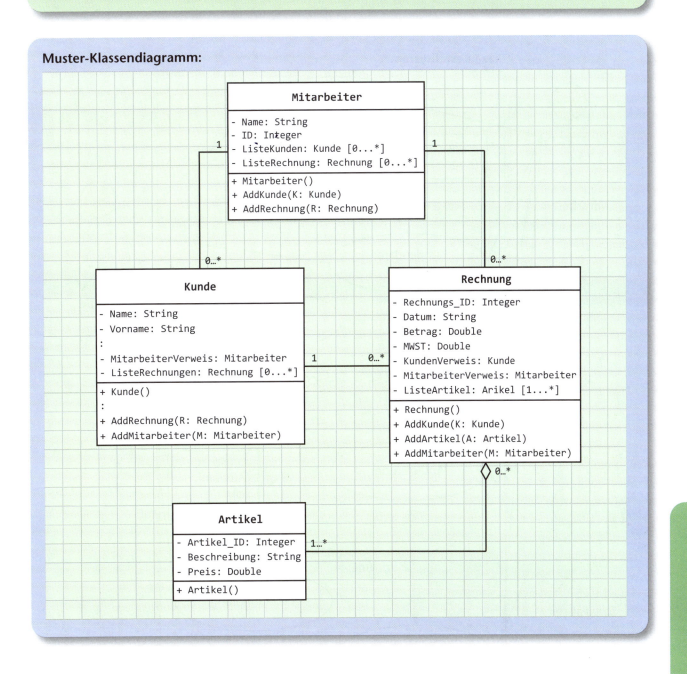

Lösungen

2.6.6 UML-Use-Case-Diagramm

Ausgangsszenario:
Ein Kunde, eine Pizzeria-Lieferservice-Kette, der IT-Firma *ConSystem GmbH* möchte für seine einzelnen Filialen eine Bestellsoftware einsetzen. Eine Standardlösung eines großen Softwarehauses kommt für ihn nicht infrage, vielmehr soll eine individuelle, einfach zu bedienende Software eingesetzt werden.

Aufgabenstellung:
Für eine erste Übersicht soll ein Use-Case-Diagramm (Anwendungsfalldiagramm) entwickelt werden, in dem die Anforderungen des Kunden abgebildet werden. Als erfahrener Auszubildender erhalten Sie den Auftrag, u. a. die Anforderungen zu analysieren und das Diagramm zu erstellen.

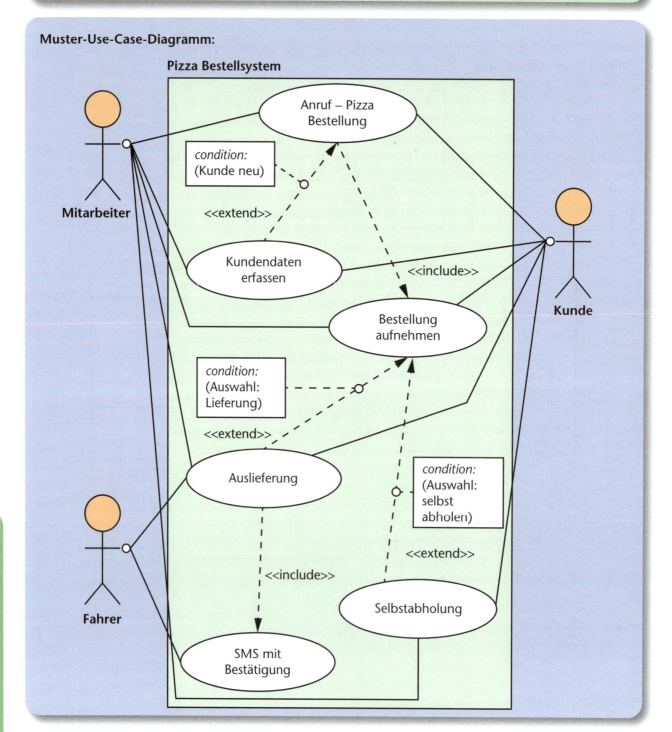

Muster-Use-Case-Diagramm:

2.6.7 Programmablaufplan – Refactoring

Ausgangsszenario:
Im Rahmen der Ausbildung der IT-Firma *ConSystem GmbH* führt der Leiter der Entwicklungsabteilung monatliche Workshops für die Auszubildenden durch. Eines der Workshop-Themen ist das Refactoring von Software. Dazu hat der Leiter der Entwicklungsabteilung einen Programmablaufplan erstellt, der im Sinne des Refactoring überarbeitet werden soll.

Aufgabenstellung:
Im Vorfeld möchte der Leiter der Entwicklungsabteilung diese Aufgabe testen und bittet Sie, als erfahrenen Auszubildenden, eine Musterlösung zu erstellen.

Musterlösung

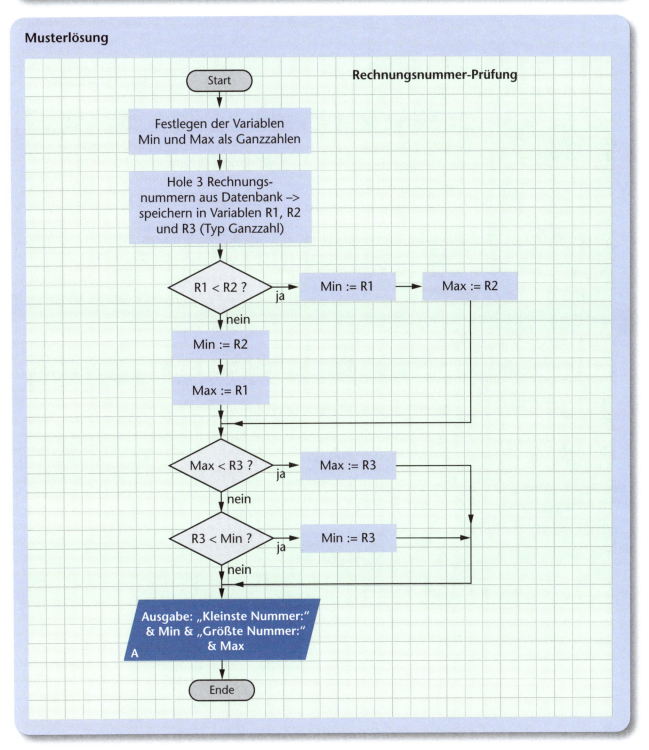

2.6.8 Einordnung Datenbankaspekte

Ausgangsszenario:
Ein Kunde der IT-Firma *ConSystem GmbH* möchte ein Datenbanksystem einführen. Dazu möchte er im Vorfeld beraten werden. Der Leiter der Entwicklungsabteilung soll diese Beratung übernehmen. Er hat sich dazu entschlossen, Sie als erfahrenen Auszubildenden einzubeziehen.

Aufgabenstellung:
Für die Vorbereitung der Kundenpräsentation hat der Leiter der Entwicklungsabteilung einige Aspekte zu Datenbanksystemen skizziert. Sie erhalten den Auftrag, diese Vorbereitungen zu ergänzen und einzuordnen.

Aspekte zu Datenbanksystemen

Vergleich relationales Datenbanksystem und objektorientiertes Datenbanksystem:

Datenbanksystem	Vorteil	Nachteil
Relationales Datenbanksystem	– Weite Verbreitung – Gute Unterstützung – Geprüfte Qualität	Bruch zwischen objektorientierter Programmierung und Datenhaltung → Zwischenlösung durch ORM (Objektrelationales Mapping)
Objektorientiertes Datenbanksystem	Sinnvolle Ergänzung zur objektorientierten Programmierung (kein Bruch zwischen Anwendung und Datenbank)	– Kaum verbreitet – Wenig *Know-how* in den Firmen vorhanden

Einordnung von SQL-Befehlen:

SQL-Kategorie	Befehle
DML (Data Manipulation Language)	SELECT, INSERT, UPDATE, DELETE
DDL (Data Definition Language)	CREATE, TRUNCATE, ALTER, DROP
DCL (Data Control Language)	GRANT, REVOKE
Transaktionssteuerung	ROLLBACK, COMMIT

Fachkompetenz Software

2.6.9 Entity-Relationship-Diagramm

Ausgangsszenario:

Der Kunde der IT-Firma *ConSystem GmbH* hat sich für eine relationales Datenbanksystem entschieden. In einem ersten Schritt sollen eine Konzeption für die Speicherung von Buchhaltungsdaten entwickelt werden.

Aufgabenstellung:

Als erfahrener Auszubildender erhalten Sie den Auftrag, die u. a. Anforderungen zu analysieren und ein ER-Diagramm zu erstellen.

Entwurf eines ER-Diagramms

Anforderungen des Kunden:

Das Unternehmen hat feste und freie Mitarbeiter, deren Daten verwaltet werden müssen. Sowohl feste als auch freie Mitarbeiter sind Projekten zugeordnet. Die festen Mitarbeiter sind in einer Lohntabelle eingruppiert. Die freien Mitarbeiter werden nach festen Tagessätzen bezahlt. Die Anzahl der Tage wird durch die Dauer der Projektzugehörigkeit bestimmt.

Musterlösung:

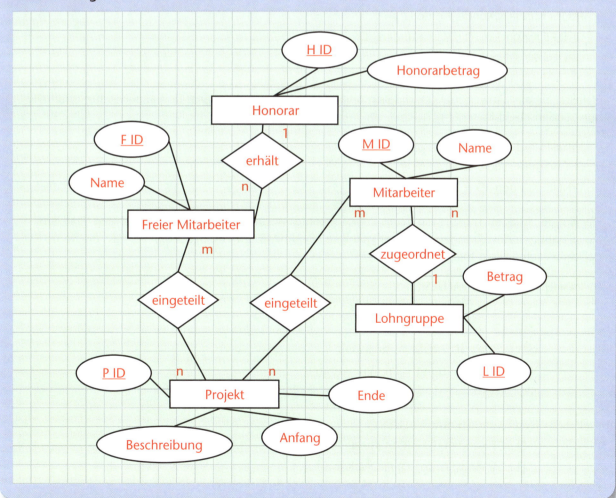

2.6.10 SQL-Abfragen

Ausgangsszenario:
Die Bank 42 ist ein langjähriger Kunde der IT-Firma *ConSystem GmbH*. Die Bank speichert die kundenrelevanten Daten in einer relationalen Datenbank. Die u. a. Tabellen zeigen einen Ausschnitt aus der Datenbank.

Aufgabenstellung:
Als erfahrener Auszubildender erhalten Sie den Auftrag, einige SQL-Abfragen für die Bankmitarbeiter zu erstellen.

SQL-Abfragen

Erstellen Sie eine Abfrage, die alle Kundendaten anzeigt, deren Nachname alphabetisch vor „M" steht.

```sql
SELECT * FROM Kunde
WHERE Name < 'M%';
```

Erstellen Sie eine Abfrage, die alle Kundennamen sowie die Anzahl der zugehörigen Konten auflistet.

```sql
SELECT K.Name, COUNT(K_K.Kunden_ID)
FROM Kunde K, Kunde_Konto K_K
WHERE K.Kunden_ID = K_K.Kunden_ID
GROUP BY K.Name;
```

Erstellen Sie eine Anweisung, um das Konto von Frau „Kaiser" zu ändern. Sie hat geheiratet und heißt nun „Lüdenscheid-Kaiser"

```sql
UPDATE Kunde
SET Name = 'Lüdenscheid-Kaiser'
WHERE Kunden_ID = 3;
```

Der Kunde „Maisen" möchte ein neues Premiumkonto (Kontonummer: 238238) eröffnen. Erstellen Sie alle nötigen Anweisungen (eventuell mehrere SQL-Anweisungen). Beachten Sie, dass die Konto_ID dabei fortlaufend sein soll.

```sql
INSERT INTO Konto VALUES (
    (SELECT MAX(Konto_ID) FROM Konto) + 1,
    238238,
    (SELECT Art_ID FROM Kontoart
    WHERE Beschreibung = 'Premiumkonto'),
    SYSDATE);

INSERT INTO Kunde_Konto VALUES (
    (SELECT Kunden_ID FROM Kunde WHERE Name = 'Maisen'),
    (SELECT MAX(Konto_ID) FROM Konto)
);
```

2.6.11 Softwareentwicklungsprozess

Ausgangsszenario:
Als Auszubildender der IT-Firma *ConSystem GmbH* sollen Sie eine Präsentation vorbereiten, in der grundlegende Aspekte von Softwareentwicklungsprozessen dargestellt werden. Ihr Ausbilder hat einige Informationen zusammengetragen, die von Ihnen aufbereitet werden müssen.

Aufgabenstellung:
Analysieren Sie die Informationen und bereiten Sie die Informationen korrekt für die Präsentation auf.

Informationen zum Softwareentwicklungsprozess

Information 1: Es soll der Prozess vom Quellcode zum ausführbaren Programm dargestellt werden. Bringen Sie die gegebenen Symbole in die korrekte Abfolge.

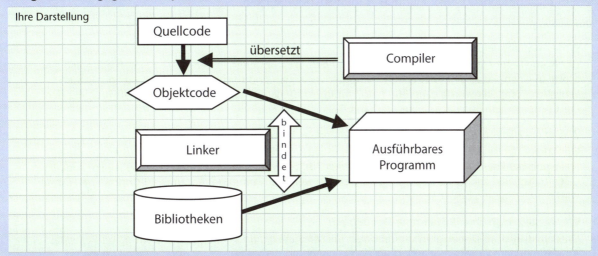

Information 2: Anhand eines Java-Quellcode-Beispiels sollen wesentliche Bezeichnungen aus der Programmierung dargestellt werden. Beschriften Sie den Quellcode entsprechend.

```java
class GrundForm
{                              // Geschützter Zugriff      // Attribut
    private String bezeichnung;
// Öffentl. Zugriff                         // Datentyp
    public GrundForm() {
        bezeichnung = "";                   // Konstruktor
    }              // Parameterkonstruktor
    GrundForm(String _bezeichnung) {
        if (_bezeichnung != "" ) bezeichnung = _bezeichnung;   // Zuweisung
    }    // Selektion
    public String getBezeichnung() {
        return bezeichnung;                 // Methode
    }
}              // Klassendefinition
class Viereck extends GrundForm {
                  // Vererbung
    :
}
```

Lösungen

2.6.12 Fehlersuche (Debugging)

Ausgangsszenario:
Im Rahmen der Ausbildung der IT-Firma *ConSystem GmbH* führt der Leiter der Entwicklungsabteilung monatliche Workshops für die Auszubildenden durch. Eines der Workshop-Themen ist die Fehlersuche in der Entwicklung. Dazu hat der Leiter der Entwicklungsabteilung einen kleinen Test erstellt.

Aufgabenstellung:
Als erfahrener Auszubildender bittet er Sie, eine Musterlösung zu erstellen.

Test zur Fehlersuche (Debugging)

Aufgabe 1: Der Debugger ist ein Werkzeug zur Untersuchung des Quellcodes. Beantworten Sie in diesem Zusammenhang die folgenden Fragen stichpunktartig.

Ihre Antwort:

Woher stammt der Name Debugger?
Der Name beruht auf einem Vorfall in den Anfängen der Computer. In den 1940er Jahren hatte sich eine Motte in einem Relais eines der ersten Computer verfangen und sorgte für eine Fehlfunktion. Dieser Fehler im Computer wurde dann Bug (engl. für Insekt) genannt. Ein Debugger ist also ein Tool, mit dem der Computer von Bugs befreit werden kann.

Was ist ein Haltepunkt allgemein und ein konditionaler Haltepunkt?
Ein Haltepunkt ist eine Markierung im Programmcode. Nach dem Starten stoppt das System an dieser Stelle und der Entwickler kann beispielsweise den Zustand von Variablen betrachten. Bei einem konditionalen Haltepunkt kann eine Bedingung angegeben werden, wann das Programm zu stoppen hat. Damit wird das Debugging besser steuerbar.

Was versteht man unter Just-in-time-Debugging?
Unter **Just-in-time-Debugging** versteht man die Möglichkeit, dass während des Debugging-Prozesses Anweisungen im Quelltext geändert werden können und der weitere Programmlauf direkt darauf reagiert. Damit wird das Debugging sehr flexibel.

Aufgabe 2: Der folgende Ausschnitt zeigt den Einsatz eines Debuggers in einem einfachen C#-Programm. Es wurde ein Haltepunkt gesetzt und das Programm im Debugging-Modus gestartet. Das Programm stoppt: Welche Bedingung könnte für den Haltepunkt angegeben worden sein?

```csharp
namespace Debugger
{
    class Program
    {
        static void Main(string[] args)
        {
            int x = 0;

            for (int i = 1; i < 10; i++)
            {
                x = x + i;
            }
        }
    }
}
```

Lokal

Name	Wert	Typ
args	{string[0]}	string[]
i	4	int
x	6	int

Mögliche Antworten (bitte ankreuzen):

- ☒ x > 5
- ☐ i > 5
- ☒ i == 4
- ☒ x == 6
- ☐ x % i == 0
- ☐ i > 4

2.7 Fachkompetenz Netzwerke

2.7.1 OSI-Schichtenmodell und TCP/IP-Modell

Ausgangsszenario:
Der Ausbildungsleiter der IT-Firma *ConSystem GmbH* möchte seinen neuen Auszubildenden das OSI-Schichtenmodell und das TCP/IP-Modell nahebringen, da dieses Basiswissen bei einer Vielzahl von netzwerktechnischen Aufgabenstellungen benötigt wird.

Aufgabenstellung:
Sie unterstützen den Ausbildungsleiter, indem Sie einige grundlegende Informationen zum OSI-Schichtenmodell und dem TCP/IP-Modell zusammenstellen.

Aufgabe 1: Als Einführung erläutern Sie die Begriffe „OSI-Schichtenmodell" und „TCP/IP-Modell".

OSI-Schichtenmodell:

Das OSI-Referenzmodell (Open Systems Interconnection) ist ein Modell in der Netzwerktechnik, das auf sieben Schichten basiert. Die einzelnen Schichten haben klare Schnittstellen und bauen aufeinander auf. Das bedeutet, dass die oberen Schichten die Funktionalitäten und Dienste der unteren Schichten nutzen. Damit erhöht sich die Transparenz und die Austauschbarkeit einzelner Schichtmodule.

TCP/IP-Modell:

Das TCP/IP-Modell ist ebenfalls ein Referenzmodell, das sämtliche Aspekte der Kommunikation im Netzwerk abbilden soll. Das Modell besteht aus vier Schichten.

Anwendungsschicht, Transportschicht, Internetschicht und Netzzugangsschicht

Das TCP/IP-Modell ähnelt in seiner Struktur dem DoD-Schichtenmodell (Department of Defense), das in den 1960er Jahren – deutlich früher als das OSI-Modell – entwickelt wurde.

Wie der Name bereits vermuten lässt, ist das TCP/IP-Modell auf den TCP/IP-Protokollstack zugeschnitten.

Lösungen

Aufgabe 2: Sie haben eine Tabelle vorbereitet, die die Schichten des OSI-Modells den Schichten des TCP/IP-Modells gegenüberstellt. Tragen Sie sowohl die deutschen als auch die englischen Bezeichnungen der Schichten des OSI-Modells in die Tabelle ein.

Nr.	Deutsche Bezeichnung OSI-Schicht	Englische Bezeichnung OSI-Schicht	Schichten TCP/IP-Modell
7	Anwendung	Application	Anwendung (Application)
6	Darstellung	Presentation	Anwendung (Application)
5	Sitzung	Session	Anwendung (Application)
4	Transport	Transport	Transport
3	Vermittlung	Network	Internet
2	Sicherung	Data Link	Netzzugang (Network Access)
1	Bitübertragung	Physical	Netzzugang (Network Access)

Aufgabe 3: Ordnen Sie die Protokolle und Begriffe den Schichten des TCP/IP-Modells zu.

Schichten TCP/IP-Modell	Protokoll oder Begriff
Anwendung (Application)	IMAP, HTTPS
Transport	TCP, UDP
Internet	Internet Protocol, ICMP, IPv6
Netzzugang (Network Access)	WLAN, DSL

Fachkompetenz Netzwerke

Ausgehend von der Liste an Protokollen, die Sie mit den Auszubildenden gesammelt haben, erstellen Sie nun eine kurze Übersicht einiger wichtiger Protokolle.

Aufgabe 4: Vervollständigen Sie die Tabelle.

Abkürzung	Vollständiger Protokollname	Kurzbeschreibung	Port
DNS	Domain Name System	DNS ist ein wichtiger Dienst in IP-Netzwerken. Durch DNS wird die Namensauflösung realisiert. So kann beispielweise der Name www.europa-lehrmittel.de in eine IP-Adresse (z.B. 91.250.85.179) aufgelöst werden.	53 (TCP/UDP)
SMTP	Simple Mail Transfer Protocol	SMTP wird schwerpunktmäßig zum Einliefern und Weiterleiten von Emails verwendet. Häufig wird der TCP-Port 25 verwendet. Allerdings werden teilweise auch die TCP-Ports 465 und 587 eingesetzt.	25 (TCP) 465 (TCP – mit TLS/SSL)
IMAPS	Internet Message Access Protocol over TLS/SSL	IMAPS ist die abgesicherte Variante von IMAP und wird zum Abruf von Emails verwendet.	993 (TCP)
TCP	Transport Control Protocol	TCP wird verwendet, um eine bidirektionale Verbindung zwischen zwei Netzwerkgeräten aufzubauen. Durch TCP wird eine zuverlässige Übertragung gewährleistet, da alle Segmente mit entsprechenden Nummern versehen werden. Verlorene Pakete können somit erneut angefordert werden.	–
UDP	User Datagram Protocol	Bei UDP wird keine Verbindung zwischen Sender und Empfänger aufgebaut. Stattdessen werden die Datagramme ungesichert versendet. Dies ist bei Anwendungen empfehlenswert, die eine geringe Latenz benötigen (z.B. VoIP oder Onlinespiele).	–
Telnet	Teletype Network	Mit Hilfe von Telnet kann ein Fernzugriff auf diverse Systeme realisiert werden. Allerdings wird bei Telnet keine Verschlüsselung genutzt und somit das Passwort im Klartext übertragen. Meist wird deshalb SSH genutzt.	23 (TCP)

Lösungen

Abkürzung	Vollständiger Protokollname	Kurzbeschreibung	Port
SSH	Secure Shell	SSH wird häufig verwendet, um einen abgesicherten Zugriff auf die Kommandozeile eines entfernten Systems (z. B. Switch oder Linux-Server) herzustellen	22 (TCP/UDP)
HTTPS	HyperText Transfer Protocol Secure	HTTPS ist die abgesicherte Version von HTTP und wird genutzt, um Daten zwischen Webserver und Webbrowser zu übertragen.	443 (TCP)
DHCP	Dynamic Host Configuration Protocol	Dieses Protokoll ermöglicht die Zuweisung der Netzwerkkonfiguration an einen Client (Host) durch einen Server.	67 (UDP) 68 (UDP)
NFS	Network File System	Mit Hilfe von NFS kann über eine Netzwerkverbindung auf Dateien zugegriffen werden. Das Protokoll kam ursprünglich nur im UNIX-Bereich zum Einsatz. Die aktuelle Version NFS4 nutzt nur noch den TCP-Port 2049.	2049 (TCP)
SMB	Server Message Block	Das SMB-Protokoll ermöglicht es Netzwerkfreigaben bereitzustellen. Die aktuelle Protokollversion 3.1.1 nutzt den TCP-Port 445.	445 (TCP)
ICMP	Internet Control Message Protocol	ICMP dient dem Austausch von Kontroll- und Fehlermeldungen in IP-Netzwerken. Der häufig genutzte „ping"-Befehl setzt auf die ICMP-Pakettypen „Echo Request" und „Echo Reply".	–

Fachkompetenz Netzwerke

2.7.2 Wireless Local Area Network (WLAN)

Ausgangsszenario:
Da die Außendienstmitarbeiter der IT-Firma *ConSystem GmbH* hauptsächlich Notebooks oder Tablets nutzen, ist eine flächendeckende WLAN-Ausleuchtung in der Unternehmenszentrale sehr wichtig.

Aufgabenstellung:
Als erfahrener Auszubildender werden Sie aufgefordert, das bestehende WLAN zu begutachten und Vorschläge zum weiteren Ausbau des WLANs zu erstellen.

Aufgabe 1: Erklären Sie kurz die folgenden Begriffe aus dem gegebenen Text.

Ihre Erklärung

AP:
AP ist die Abkürzung für Access Point. Für WLANs im sogenannten „Infrastructure Mode" agiert der Access Point als zentrale Sendestation, die mit den einzelnen Teilnehmern kommuniziert.

IEEE 802.11n:
Der 802.11n-Standard des IEEE (Institute of Electrical and Electronics Engineers) ist eine Erweiterung des 802.11 Standards. Die n-Erweiterung ermöglicht beispielsweise größere Kanalbandbreiten (40 MHz) und MIMO (Multiple Input Multiple Output).

SSID:
SSID steht für „Service Set Identifier". Die SSID entspricht dem Namen des ausgestrahlten Netzwerks.

Aufgabe 2: Der IEEE 802.11n-Standard wurde im Jahr 2009 veröffentlicht. Sie erwägen Hardware einzusetzen, die anderer Versionen des IEEE 802.11-Standards unterstützen. Aus diesem Grund erstellen Sie eine Übersicht, die einige Eigenschaften der verschiedenen Standard-Versionen vergleicht.

Standard	Maximale theoretische Übertragsrate	Frequenzbereiche	Maximale Kanalbandbreite
IEEE802.11a	54 Mbit/s	5 GHz	20 MHz
IEEE802.11ac	6,93 Gbit/s	5 GHz	160 MHz
IEEE802.11ad	8,085 Gbit/s	60 GHz	1760 MHz
IEEE802.11b	11 Mbit/s	2,4 GHz	20 MHz
IEEE802.11g	54 Mbit/s	2,4 GHz	20 MHz
IEEE802.11n	600 Mbit/s	2,4 GHz und 5 GHz	40 MHz

Lösungen

Lösungen

Aufgabe 3: Um Ihre Planungen für die überarbeitete WLAN-Struktur zu konkretisieren, erstellen Sie einen (vereinfachten) Netzwerkplan. Sie planen ein WLAN-System mit einem WLAN-Controller einzusetzen. Der WLAN-Controller ist bei der ausgewählten Lösung als Hardware-Einheit realisiert.

Ihr Netzwerkplan:

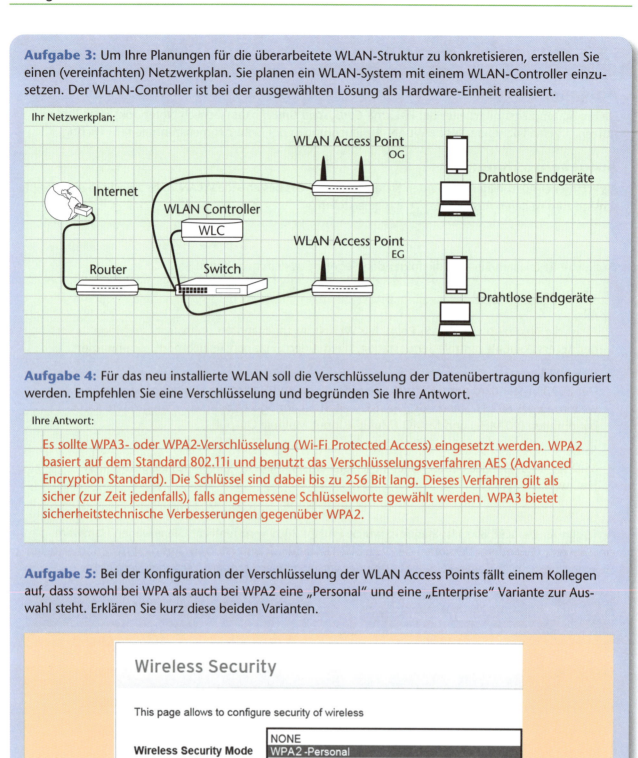

Aufgabe 4: Für das neu installierte WLAN soll die Verschlüsselung der Datenübertragung konfiguriert werden. Empfehlen Sie eine Verschlüsselung und begründen Sie Ihre Antwort.

Ihre Antwort:

Es sollte WPA3- oder WPA2-Verschlüsselung (Wi-Fi Protected Access) eingesetzt werden. WPA2 basiert auf dem Standard 802.11i und benutzt das Verschlüsselungsverfahren AES (Advanced Encryption Standard). Die Schlüssel sind dabei bis zu 256 Bit lang. Dieses Verfahren gilt als sicher (zur Zeit jedenfalls), falls angemessene Schlüsselworte gewählt werden. WPA3 bietet sicherheitstechnische Verbesserungen gegenüber WPA2.

Aufgabe 5: Bei der Konfiguration der Verschlüsselung der WLAN Access Points fällt einem Kollegen auf, dass sowohl bei WPA als auch bei WPA2 eine „Personal" und eine „Enterprise" Variante zur Auswahl steht. Erklären Sie kurz diese beiden Varianten.

Ihre Erklärung:

WPA2-Personal:

Die Personal-Variante verwendet ein vorkonfiguriertes Passwort, das auf dem Access Point und am Client eingetragen werden muss. Diese Version wird teilweise auch als WPA2-PSK (Pre-Shared Key) bezeichnet.

WPA2-Enterprise:

WPA2-Enterprise stellt eine Lösung dar, die eher im Unternehmensbereich zum Einsatz kommt. Hierbei wird vom Client eine Verbindung zu einem AAA-Server (meist ein RADIUS-Server) hergestellt. Der AAA-Server generiert dann die Verschlüsselungscodes, die von dem jeweiligen Nutzer verwendet werden.

2.7.3 Gebäudeverkabelung

Ausgangsszenario:
Ein Kunde möchte den bestehenden Firmenstandort um ein zusätzliches Gebäude ergänzen. Die IT-Firma *ConSystem GmbH* hat den Auftrag erhalten, die Netzwerkverkabelung für das neue Gebäude inklusive der Anbindung an das bestehende Netzwerk im Bestandsgebäude zu planen.

Aufgabenstellung:
Als erfahrener Auszubildender sind Sie in der Erstellung der Pläne mit eingebunden und liefern Informationen zu geeigneten Kabeltypen und zur strukturierten Gebäudeverkabelung im Allgemeinen.

Aufgabe 1: Ordnen Sie die gegebenen Begriffe und Übertragungsmedien den Bereichen der strukturierten Gebäudeverkabelung zu.

Bereich (beide Bezeichnungen eintragen)	Beschreibung	Typisches Übertragungsmedium
Campusverkabelung Primärverkabelung	In diesem Bereich wird die Verkabelung zwischen Gebäuden realisiert. Es sind häufig Distanzen von mehreren hundert Metern zu überbrücken.	Lichtwellenleiter
Stockwerksverteilung Sekundärverkabelung	In diesem Bereich wird die Verkabelung zwischen dem Hauptverteiler des Gebäudes und den Etagenverteilern realisiert. Häufig treten auch hier Kabellängen von über 100 Metern auf.	Lichtwellenleiter (oder teilweise Kupferkabel)
Etagenverkabelung Tertiärverkabelung	In diesem Bereich wird die Verkabelung vom Stockwerksverteiler zu den Anschlussdosen realisiert. Häufig wird hier eine sternförmige Struktur ausgehend vom Verteiler umgesetzt. Die Streckenlängen liegen typischerweise unter 100 Metern.	Kupferkabel

Lösungen

Aufgabe 2: Sie haben einige Aussagen zu Lichtwellenleitern zusammengetragen. Unterstreichen Sie die korrekten Aussagen.

Ihre Unterstreichungen:

- <u>Singlemode-Fasern bieten die höchsten Übertragungsraten.</u>

- Lichtwellenleiter haben immer einen Kern aus Glas.

- Multimode-Fasern erlauben höhere Übertragungsraten, da mehrere Modi gleichzeitig ausbreitungsfähig sind.

- <u>Kunststofffasern sind für kurze Strecken (z. B. im Pkw) gut geeignet.</u>

- <u>Aufgrund hoher Kosten für die Verlegung über lange Strecken werden meist sehr hochwertige Fasern vergraben.</u>

Aufgabe 3: Aufgrund der Entfernung zwischen dem Bestandsgebäude und dem Neubau empfehlen Sie die Verwendung von Lichtwellenleitern. Es gibt jedoch verschiedene Typen von Glasfasern, die hier geeignet wären. Ordnen Sie den abgebildeten Skizzen die passende Bezeichnung zu.

Multimode-Stufenindex-Faser

Multimode-Gradientenindex-Faser

Singlemode-Faser

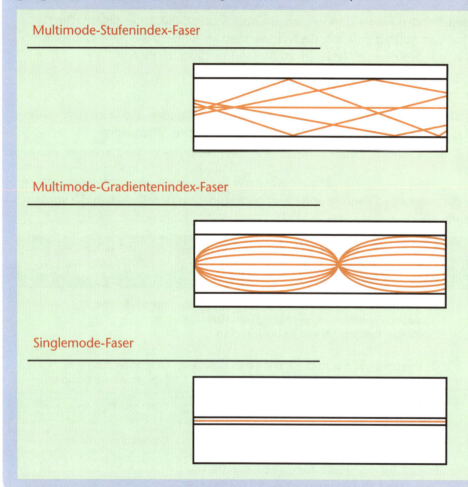

Fachkompetenz Netzwerke

2.7.4 Konfiguration von IP-Adressen

Ausgangsszenario:

Die IT-Firma *ConSystem GmbH* bietet Ihren Kunden auch Support-Dienstleistungen an. Alle Auszubildenden werden zeitweise in jedem Unternehmensbereich eingesetzt. Ein kleines Unternehmen, das bei *ConSystem GmbH* einen Support-Vertrag hat, erhofft sich Unterstützung bei der Behebung einiger Probleme bei den Computernetzwerken.

Aufgabenstellung:

Als erfahrener Auszubildender unterstützten Sie die Support-Abteilung bei der Betreuung und Beratung des Kunden.

Aufgabe 1: Der Kunde bittet um Hilfe, da er trotz Konfiguration der IP-Adresse seines Desktop PCs keine Netzwerkverbindung aufbauen kann. Auf Ihre Bitte stellt der Kunde einen Screenshot seiner IP-Konfiguration zur Verfügung. Erklären Sie, wo das Problem vermutlich liegt und machen Sie einen Vorschlag, um das Problem zu beheben.

Ihre Erklärung:

Der Kunde hat für den Server eine IP-Adresse aus dem Netz 192.168.99.0 mit der Subnetzmaske 255.255.255.0 (/24) konfiguriert.

Der Standardgateway für den Server liegt allerdings in einem anderen Netz, da dieser die IP-Adresse 192.168.**100**.254 hat.

Wahrscheinlich wurde bei der Eingabe der IP-Adresse des Standardgateways das dritte Oktett falsch eingegeben.

Ihr Lösungsvorschlag:

Um den Standardgateway erreichen zu können, muss die IP-Adresse im gleichen Netz sein wie die IP-Adresse des Servers.

Der Standardgateway des Servers muss wahrscheinlich 192.168.99.254 lauten.

Aufgabe 2: Aus der obigen Darstellung ist ersichtlich, dass der Kunde die IP-Adresse händisch konfiguriert hat. Sie schlagen dem Kunden vor die IP-Adressen zukünftig über DHCP zu vergeben.

Wofür steht die Abkürzung DHCP? Nennen Sie zwei Vorteile von DHCP.

DHCP steht für Dynamic Host Configuration Protocol.

Vorteile von DHCP:

- Die Verwaltung und Vergabe von IP-Adressen wird automatisiert.
- IP-Adresskonflikte werden vermieden.
- Verringerter Konfigurationsaufwand bei den Endgeräten.

Lösungen

Aufgabe 3: Um dem Kunden die Funktionsweise von DHCP anschaulich zu erläutern, erstellen Sie ein Diagramm. Schreiben Sie die Bezeichnungen der vorgegebenen DHCP-Nachrichten an die entsprechenden Pfeile im Diagramm.

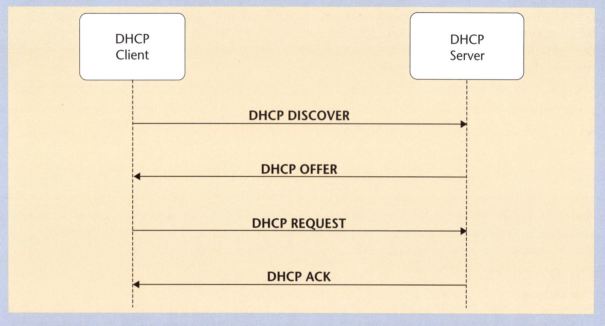

Aufgabe 4: Zur weiteren Verdeutlichung des DHCP-Ablaufdiagramms erläutern Sie kurz die Funktion der vier genannten Nachrichten.

DHCP Discover:

> Der DHCP-Client schickt eine Anfrage an alle erreichbaren Geräte. Als Quell-Adresse wird 0.0.0.0 und als Ziel-Adresse 255.255.255.255 verwendet. Jedes Gerät nimmt die Anfrage an und alle erreichbaren DHCP-Server verarbeiten die Nachricht weiter.

DHCP Offer:

> Jeder angesprochene DHCP-Server mit freien Adressen sendet ein Angebot (Offer) als Antwort auf ein DHCP-Discover. Dieses Angebot ist an die MAC-Adresse des anfragenden Geräts adressiert. Enthalten ist ein Vorschlag für eine IP-Adresse inklusive Subnetzmaske und Gültigkeitsdauer (Lease Time).

DHCP Request:

> Der DHCP-Client akzeptiert eines der erhaltenen Angebote und informiert den zugehörigen DHCP-Server.
>
> Hinweis: Nach der Hälfte der Lease Time sendet der Client standardmäßig erneut einen DHCP Request an den Server, um den DHCP Lease zu verlängern.

DHCP Ack:

> Der DHCP-Server bestätigt dem Client die Zuweisung der IP-Adresse an den Client. Gegebenenfalls können noch weitere Informationen wie die IP-Adresse des DNS Servers übermittelt werden.

Fachkompetenz Netzwerke

Aufgabe 5: Der Kunde würde gerne sicherstellen, dass IP-Adressen nur an „erlaubte" oder „bekannte" Geräte ausgegeben werden. Beschreiben Sie dem Kunden einen Lösungsansatz, der hierfür verwendet werden kann.

Ihre Antwort

Auf DHCP-Servern besteht die Möglichkeit eine Liste mit MAC-Adressen zu hinterlegen. Nur MAC-Adressen, die in der hinterlegten Liste abgelegt sind, bekommen vom DHCP-Server eine IP-Adresse zugewiesen.

Eine weitere Möglichkeit, die erhöhte Sicherheit bietet, ist die Verwendung von IEEE 802.1X. Meist wird hierfür ein RADIUS-Server verwendet, der das Endgerät authentifiziert. Nach erfolgreicher Authentifizierung kann dem Endgerät die Erlaubnis für die Kommunikation mit dem DHCP-Server gewährt werden.

2.7.5 Internet Protokoll Version 6

Ausgangsszenario:
Die IT-Firma *ConSystem GmbH* betreut das Netzwerk eines kleinen Unternehmens. Dieses Unternehmen hat eine neue Filiale eröffnet und benötigt Unterstützung mit deren Internetanbindung.

Aufgabenstellung:
Als erfahrener Auszubildender sind Sie in die Beratung des Kunden stark mit eingebunden.

Aufgabe 1: Der Kunde hat in einem Online-Forum mehrere Aussagen zu IPv6 gefunden. Unterstreichen Sie die korrekten Aussagen.

Ihre Unterstreichungen:

- Der Adressraum vergrößert sich von IPv4 zu IPv6 um das Doppelte.
- <u>IPv4 und IPv6 können mithilfe geeigneter Mechanismen (z. B. Tunnelmechanismus) parallel betrieben werden.</u>
- Der Adressraum vergrößert sich von IPv4 zu IPv6 auf das 100-fache.
- <u>IPv6 hat 2^{128} Möglichkeiten zur Bildung von Adressen.</u>
- <u>Ein Hauptgrund für die Entwicklung von IPv6 ist die Erweiterung des Adressraums.</u>
- <u>Windows 10 unterstützt IPv6.</u>
- A.B.C.D.E.F.1.2 ist eine gültige IPv6-Adresse.
- <u>A:B:C:D:E:F:1:2 ist eine gültige IPv6-Adresse.</u>
- <u>A::B ist eine gültige IPv6-Adresse.</u>

Lösungen

Aufgabe 2: Ermitteln Sie zu den gegebenen IPv6-Adressen jeweils die kürzeste, gültige Schreibweise.

Folgende Regeln sind zu beachten, um die verkürzte Darstellung von IPv6-Adressen zu ermitteln:

- Führende Nullen in einem Block von 4 Hexadezimal-Ziffern können weggelassen werden.
  Beispiel: 002B → 2B

- Benachbarte Blöcke von Nullen können durch :: ersetzt werden. Allerdings kann dies nur an einer Stelle der IPv6-Adresse angewandt werden, da ansonsten die IP-Adresse nicht eindeutig wäre. Bei mehreren Blockfolgen bestehend aus Nullen wird die längere Blockfolge ersetzt. Bei gleich langen Blockfolgen aus Nullen wird die erste Blockfolge (von links aus gesehen) ersetzt.
  Beispiel: A21B:C756:0000:0000:1234:0000:0000:01AB

  → A21B:C756::1234:0:0:1AB

AF00:0000:0000:E255:0000:0001:332D:81FA
    Verkürzte Schreibweise: AF00::E255:0:1:332D:81FA

BEAF:0776:00A0:E222:D000:0012:0000:0000
    Verkürzte Schreibweise: BEAF:776:A0:E222:D000:12::

A000:0000:0000:0000:0000:0000:0000:000B
    Verkürzte Schreibweise: A000::B

Aufgabe 3: Der Internet Service Provider hat den Kunden informiert, dass standardmäßig ein „/64-Netz" bereitgestellt wird. Auf Anfrage könne jedoch auch ein /56-Netz bereitgestellt werden. Beantworten Sie hierzu die folgenden Fragen.

Ihre Antwort:

Welche Bedeutung steckt hinter „/64" ?
/64 bedeutet, dass die ersten 64 Bit der (128 Bit langen) IPv6-Adresse den Netzanteil der Adresse definieren. Dieser Netzanteil wird meist als „Network Prefix" bezeichnet und kann auch Bits für die Subnetzbildung beinhalten. Die verbleibenden 64 Bit sind die „Interface ID", die mit dem Hostanteil bei IPv4 vergleichbar ist.

Wie viele IP-Adressen stehen in einem „/64-Subnetz" zur Verfügung?
In einem /64-Subnetz stehen 64 Bit für den Hostanteil zur Verfügung. Somit sind 2^{64} = 18.446.744.073.709.551.616 IP-Adressen verfügbar.

Fachkompetenz Netzwerke

Fortsetzung Aufgabe 3:

Ihre Antwort:

Warum ist die Vergabe eines „/64-Subnetzes" die Regel?
Für IPv6 ist Verwendung von „Autoconfiguration" angedacht. Hierbei entspricht die „Interface ID" einem zufälligen Wert oder der EUI64 (Extended Unique Identifier 64 Bit) der Netzwerkkarte, welcher aus der MAC-Adresse ermittelt werden kann. Da der Hostanteil damit 64 Bit umfasst, ist die Vergabe eines „/64-Subnetzes" normal.

Welche Funktion haben die „Privacy Extensions"?
Die „Privacy Extensions" sind Erweiterungen zu IPv6, die zum Schutz der Privatsphäre keinen direkten Rückschluss auf die Hardwareadresse des Nutzers aus der IPv6-Adresse zulässt. Für öffentlich zugängliche Dienste werden die Privacy Extensions teilweise deaktiviert.

Aufgabe 4: Dem Kunden ist die Bedeutung des Begriffs „DS-Lite" nicht bekannt. Erklären Sie dem Kunden in einfachen Worten die „DS-Lite"-Technologie.

Ihre Erklärung:

DS-Lite steht für Dual Stack Lite. Bei einem Dual Stack Lite Anschluss erhält der Teilnehmer keine öffentliche IPv4-Adresse sondern es wird eine private IPv4-Adresse und ein globales IPv6 Präfix zugewiesen. Soll IPv4-Datenverkehr transportiert werden, werden am Endkunden-Router Pakete mit einer privaten IPv4-Adresse in IPv6-Pakete verpackt. Man spricht hier von einer 4-in-6-Tunnel-Technologie. Am Endpunkt des 4-in-6-Tunnels wird der IPv6-Header entfernt. Um das Paket mit der privaten IPv4-Adresse in das öffentliche IPv4-Netz einzuschleusen zu können, nimmt der Internet Service Provider eine Adressumsetzung von der privaten IPv4-Adresse auf öffentliche IPv4-Adressen vor. Man spricht hier von Carrier Grade NAT (CG-NAT).

Lösungen

2.7.6 Netzwerkverkabelung – Kupferkabel

Ausgangsszenario:
Die IT-Firma *ConSystem GmbH* hat den Auftrag erhalten, im Bürogebäude eines Kunden die Netzwerkverkabelung auf den aktuellen Stand der Technik zu bringen.

Aufgabenstellung:
Der Kunde hat seine Wünsche und Umsetzungsvorschläge formuliert und möchte diese als Diskussionsgrundlage einbringen. Als erfahrener Auszubildender werden Sie aufgefordert, zu den Vorschlägen Stellung zu nehmen.

Aufgabe 1: Nehmen Sie zu den Vorschlägen Stellung.

Ihre Stellungnahme:

Es ist richtig, dass Kupferkabel in der Handhabung einfacher sind als Glasfasern. Glasfasern werden typischerweise nicht für die Etagenverkabelung – sprich der Verkabelung vom Stockwerksverteiler zur Anschlussdose für die Endgeräte – eingesetzt, da Anschlüsse für Glasfasern bei Endgeräten sehr unüblich sind. Daher ist der Einsatz von Kupferkabeln in diesem Bereich richtig und sinnvoll. Ebenso ist es richtig, dass der Einsatz hochwertiger Kupferkabel bei einer Neuinstallation empfehlenswert ist.

Kabel der Kategorie 8 (CAT 8) sind für hohe Übertragungsraten – z. B. 40 Gbit/s – ausgelegt. Die Version CAT 8.1 nutzt RJ45-Stecker und wäre für die Verkabelung im vorliegenden Fall denkbar. Die Version CAT 8.2 nutzt einen anderen Steckertyp und sind daher im Consumer Bereich nicht üblich. CAT 8.2-Kabel werden schwerpunktmäßig in Rechenzentren eingesetzt.

Sie empfehlen dem Kunden, aufgrund des Preis-Leistungs-Verhältnisses, Kabel der Kategorie 7 verlegen zu lassen. Dieser Kabeltyp kann aktuell als Standard für Neuinstallationen angesehen werden.

Aufgabe 2: Aufgrund Ihrer Stellungnahme bittet der Kunde um einen Vergleich der in der Netzwerkverkabelung üblichen Kupferkabel.

Kategorie	Bandbreite	Eigenschaften
CAT 5(e)	100 MHz	Bis zu 1 Gbit/s möglich bei Spezifikation CAT 5e. In der Vergangenheit wurden häufig Kabel dieser Kabelspezifikation verlegt.
CAT 6(a)	250 MHz bis 500 MHz	Bei CAT6a steht das „a" für „Augmented". Übertragungsraten bis zu 10 Gbit/s sind möglich. Wird auch heute noch für Netzwerkinstallationen eingesetzt, da die Kabel für normale Anwendungen vollkommen ausreichend sind.
CAT 7	600 MHz bis 1000 MHz	Standardkabel für bis zu 10 Gbit/s. Diese Kabelspezifikation wird heutzutage meist für Neuinstallationen verwendet.
CAT 8	1600 MHz bis 2000 MHz	Übertragungsraten von 25 Gbit/s oder auch 40 Gbit/s sind auf bis zu 30 Metern erreichbar. Der Einsatz erfolgt aktuell schwerpunktmäßig in Rechenzentren.

Fachkompetenz Netzwerke

2.7.7 Fehlersuche im Netzwerk

Ausgangsszenario:

Die IT-Firma *ConSystem GmbH* bietet Kunden unter anderem Dienstleistungen im Bereich IT-Support an. Ein Kunde wendet sich an den IT-Support mit Problemen.

Aufgabenstellung:

Als Teil Ihrer Ausbildung arbeiten Sie auch zeitweise im IT-Support-Team. Als erfahrener Auszubildender übernehmen Sie die Betreuung des Kunden und unterstützen den Kunden aktiv bei der Fehlersuche und Fehlerbehebung.

Aufgabe 1: Sie bitten den Kunden zu überprüfen, ob der Server und Standard-Gateway erreichbar sind. Der Kunde benötigt dabei Ihre Unterstützung. Erklären Sie dem Kunden wie man mithilfe von ICMP-Paketen eine Verbindungsprüfung durchführen kann.

Ihre Erklärung:

ICMP steht für Internet Control Message Protocol. ICMP wird verwendet, um in der Netzwerktechnik Diagnosearbeiten durchzuführen.

Der Benutzer sollte die Windows Eingabeaufforderung öffnen. Dies kann durch die Eingabe von „cmd" im Windows-Suchfenster einfach erreicht werden. Sobald sich das Fenster der Eingabeaufforderungs-App geöffnet hat, wird der Ping-Befehl eingesetzt.

Der Ping-Befehl benötigt die Ziel-IP-Adresse oder den auflösbaren Hostnamen des Zielgeräts. Für die Diagnose in der aktuellen Situation muss der Kunde die folgenden beiden Befehle absetzen.

Befehl zur Prüfung der Verbindung zum Gateway: ping 172.20.0.254

Befehl zur Prüfung der Verbindung zum Server: ping 172.20.0.200

Die Ergebnisse können bei Bedarf aus dem Fenster der Eingabeaufforderung kopiert werden.

Aufgabe 2: Da die Verbindungstests mit ICMP erfolgreich waren, erläutern Sie dem Kunden wie er die aktuelle IP-Konfiguration auf seinem PC auslesen kann. Sie empfehlen hierbei die Verwendung des Befehls „ipconfig /all".

Ihr Lösungsansatz:

Der Befehl „ipconfig /all" liefert ausführliche Informationen über die aktuelle IP-Konfiguration des Geräts.

In dem vom Kunden bereitgestellten Ergebnis ist ersichtlich, dass als zu verwendende DNS-Server die IP-Adressen 8.8.8.8 und 8.8.4.4 eingetragen sind.

Da der Server des Kundens auch als DNS-Server für das Firmennetzwerk fungiert, sollte die IP-Adresse des Servers (172.20.0.200) als zu verwendender DNS-Server konfiguriert werden. Vermutlich ist das Problem dadurch entstanden, dass die DNS-Server nicht automatisch über DHCP bezogen wurden, sondern von Hand eingetragen wurden.

Um sicherzustellen, dass dies die Ursache des Problems ist, kann der Zugriff auf den Webserver auch durch Eingabe der IP-Adresse anstelle der URL getestet werden.

Zur Behebung des Problems empfehlen Sie daher die zu verwendenden DNS-Server automatisch zu beziehen. Da bei den anderen Geräten im Firmennetzwerk kein Problem vorliegt, sollte dies zum Erfolg führen.

Lösungen

2.7.8 Fernwartung

Ausgangsszenario:
Als Auszubildender der IT-Firma **ConSystem GmbH** sind Sie regelmäßig an der Fernwartung von Kundensystemen beteiligt. Ihr Abteilungsleiter beauftragt Sie Informationen rund um das Thema Fernwartung in Ihrer Firma zu dokumentieren.

Aufgabenstellung:
Sie sammeln Informationen rund um Thema Fernwartung und stellen eine kurze Dokumentation zusammen.

Aufgabe 1: Erstellen Sie für die folgenden Fernwartungstechnologien eine kurze Beschreibung.

VNC:

VNC steht für Virtual Network Computing. VNC-basierte Software nutzt das plattformunabhängige Remote Framebuffer Protocol. VNC zeigt den Bildschirminhalt eines entfernten Geräts (Server) auf dem lokalen Rechner (Client) an. Tastatur- und Mauseingaben können an den Client gesendet werden. Implementierungen sind beispielsweise RealVNC oder TightVNC.

RDP:

RDP steht für Remote Desktop Protocol. RDP ist ein von Microsoft entwickeltes Netzwerkprotokoll zur Übertragung von Bildschirminhalten und Peripheriefunktionen wie Maus, Tastatur oder Audio. Bei RDP-Sitzungen kommt eine TLS-Verschlüsselung zum Einsatz. Inzwischen sind RDP-Clients für die meisten Betriebssysteme verfügbar.

SSH:

Secure Shell ist eine häufig genutzte Möglichkeit, um entfernte Kommandozeilen lokal verfügbar zu machen. SSH basiert auf einer Client-Server-Architektur. Eine typische Anwendung ist der Zugriff auf Server oder Netzwerkgeräte wie Router oder Switche. SSH arbeitet mit Verschlüsselung und hat deshalb Telnet weitestgehend abgelöst.

Clientless:

Eine aktuelle Entwicklung ist der Einsatz von Clientless Remote Access. Ein Vorteil ist, dass hierbei auf dem entfernten Gerät keine zusätzliche Software installiert werden muss. Je nach Implementierung können beispielsweise die genannten Protokolle VNC, RDP oder SSH genutzt werden.

Hinweis: Weit verbreitet sind auch kommerzielle Produkte wie TeamViewer oder AnyDesk, die teils proprietäre Protokolle einsetzen.

Fachkompetenz Netzwerke

Aufgabe 2: Für die Fernwartung von Linux-System, die nur einen Konsolenzugang bereitstellen, ist ein Dokument mit einigen Befehlen zu erstellen. Ergänzen Sie dazu die folgende Tabelle.

Befehlssyntax (allgemein)	Erklärung	Beispiel
ls	List – zeigt den Verzeichnisinhalt an. Die Option -a zeigt auch versteckte Dateien an. Die Option -l zeigt im „long format" mehr Informationen an.	ls -al
ping <IP-Adresse oder Hostname>	Sendet ICMP Echo Requests zum angegebenen Empfänger. Wird verwendet, um die Erreichbarkeit von Netzwerkgeräten zu prüfen.	ping 10.1.1.100
traceroute <IP-Adresse oder Hostname>	Traceroute liefert Informationen zur Route die Pakete dem Weg zum angegebenen Ziel-Host zurücklegen. Hinweis: Unter Windows heißt der Befehl tracert.	traceroute 172.16.0.100
cp <Quelle> <Ziel>	Copy – kopiert Dateien oder Verzeichnisse. Pfadangaben können absolut oder relativ sein. Im Beispiel wird die Datei „log" in den Ordner backup kopiert. Der Dateiname der Kopie lautet „log.bk".	cp log backup/log.bk
chmod <Rechtmaske> <Objekt>	Mit chmod kann die Rechtemaske für eine Datei oder ein Verzeichnis angepasst werden. Häufig wird die Rechtemaske als dreistellige Oktalzahl angegeben.	chmod 775 test

Lösungen

2.8 Fachkompetenz Arbeits- und Geschäftsprozesse

2.8.1 Das Unternehmen und sein Umfeld

Ausgangsszenario:

Das IT-Unternehmen *ConSystem GmbH* bietet umfangreiche Consulting Dienstleistungen in den Bereichen Projektmanagement, Qualitätsmanagement, Datenschutz und IT-Sicherheit an. Softwareentwicklung, Netzwerklösungen und die Planung und Konfiguration von IT-System sind ebenfalls im Portfolio enthalten. Es ist ein mittelständisches Unternehmen mit 62 Angestellten, davon sind 4 Auszubildende.

Aufgabenstellung:

Als Auszubildender verschaffen Sie sich einen Überblick über den Markt auf dem die *ConSystem GmbH* aktiv ist. Die Geldströme des Unternehmens sollen im Rahmen des Wirtschaftskreislaufs dargestellt und der Aufbau des Unternehmens näher betrachtet werden.

Aufgabe 1: Die *ConSystem GmbH* teilt sich als mittelständisches Unternehmen den Markt mit vielen anderen Unternehmen, der Marktanteil ist somit gering. Auf der anderen Seite verfügt das Unternehmen über einen großen Kundenkreis.

a) Welcher Marktform ist die *ConSystem GmbH* zuzuordnen?

> vollkommene Konkurrenz/zweiseitiges Polypol

b) Beschreiben Sie die unter a) genannte Marktform, in dem Sie Aussagen zur Marktmacht, zur Möglichkeit der Preisbeeinflussung und zum Wettbewerb in dieser Marktform machen.

> Im zweiseitigen Polypol treffen viele Anbieter auf viele Nachfrager. Es herrscht starker Wettbewerb. Die *ConSystem GmbH* hat nur einen kleinen Marktanteil und damit eine geringe Marktmacht. Auf die Preisbildung hat das Unternehmen kaum Einfluss, aber es kann z. B. durch Produktdifferenzierung, zusätzliche Serviceleistungen, Hotline-Dienste etc. einen absatzpolitischen Spielraum aufbauen, in dem die Kunden – auch bei Preiserhöhungen – nicht zum Wettbewerb abwandern.

c) Sie haben in der Berufsschule Käufer- und Verkäufermärkte kennen gelernt. Auf welchem Markt ist die *ConSystem GmbH* aktiv? Beschreiben Sie diesen genauer.

> Die *ConSystem GmbH* ist auf einem Käufermarkt aktiv. Hier hat der Käufer eine günstigere Position im Vergleich zum Verkäufer. Er kann auf dem jeweiligen Markt zwischen verschiedenen Anbietern auswählen, das Angebot ist groß.
>
> Auf einem Verkäufermarkt ist der Verkäufer in der stärkeren Position, das Angebot ist gering und die Nachfrage groß. Die Unternehmen können sich ihre Kunden quasi aussuchen.

Fachkompetenz Arbeits- und Geschäftsprozesse

Aufgabe 2: Geldströme:

Die Angestellten der *ConSystem GmbH* erhalten Ihre Gehälter.	15
Die *ConSystem GmbH* bezahlt die Umsatzsteuer.	2
Ein ausländischer Kunde zahlt eine noch offene Rechnung an die *ConSystem GmbH*.	10
Die Stadtverwaltung zahlt die von der *ConSystem GmbH* bereitgestellten IT-Dienstleistungen.	11
Ein Mitarbeiter der *ConSystem GmbH* verbringt seinen Sommerurlaub in Österreich und bezahlt die Hotelrechnung.	5
Die *ConSystem GmbH* nimmt einen Kredit bei der Bank auf.	14
Eine Privatperson bezahlt die Abfall- und Abwassergebühren.	8
Die *ConSystem GmbH* bezahlt die Grundsteuer für das Firmengrundstück.	2
Ein Partnerunternehmen der *ConSystem GmbH* erhält Subventionen.	11
Der Geschäftsführer der *ConSystem GmbH* bezahlt privat die Kraftfahrzeugsteuer für das Auto seiner Tochter.	8

Aufgabe 3: Um als Unternehmen erfolgreich auf dem Markt bestehen zu können, bedarf es einer flexiblen Aufbau- und Ablauforganisation. Peter Herzog ist Geschäftsführer der *ConSystem GmbH*. Er hat das Unternehmen in 4 Bereiche unterteilt mit einer jeweils unterschiedlichen Anzahl von Mitarbeiter. Jeder Bereich hat einen Vorgesetzen, allerdings können die untergeordneten Mitarbeiter von mehreren Instanzen Weisungen bzw. Aufgaben erhalten. Somit kann bei jeder Problemstellung auf Fachwissen aus den verschiedenen Bereichen zurückgegriffen werden. Weiterhin delegieren die Geschäftsführung sowie die Verantwortlichen der einzelnen Bereiche der *ConSystem GmbH* viele Entscheidungen und Verantwortung an ihre Mitarbeiter. So arbeiten alle Mitarbeiter sehr selbständig, die Vorgesetzten haben lediglich eine Koordinationsfunktion.

a) Um welches Leistungssystem handelt es sich hier? Skizzieren Sie es kurz und führen Sie jeweils zwei Vor- und Nachteile dieses Leitungssystems an.

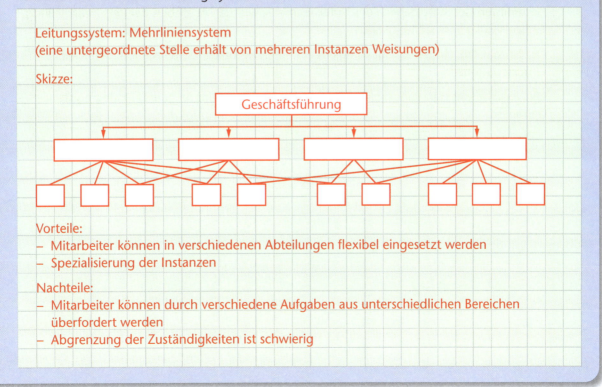

Leitungssystem: Mehrliniensystem
(eine untergeordnete Stelle erhält von mehreren Instanzen Weisungen)

Skizze:

Vorteile:
– Mitarbeiter können in verschiedenen Abteilungen flexibel eingesetzt werden
– Spezialisierung der Instanzen

Nachteile:
– Mitarbeiter können durch verschiedene Aufgaben aus unterschiedlichen Bereichen überfordert werden
– Abgrenzung der Zuständigkeiten ist schwierig

Lösungen

b) Welcher Führungsstil wird bei der *ConSystem GmbH* gewählt?

> kooperativer Führungsstil = Entscheidungen und Verantwortung werden an die Mitarbeiter weitergegeben oder diese werden daran beteiligt. Ihre Meinung wird respektiert und Vorschläge beachtet.

c) Für die Zukunft wird eine konkrete Zielabsprache in ausgewählten Bereichen geplant, die dann selbständig in der Gruppe umgesetzt wird. Damit soll die Geschäftsführung stärker entlastet werden und die Selbständigkeit und die Verantwortung in diesen Bereichen erhöht werden. Auch Prämienzahlungen werden bei Zielerreichung gewährt.
Welche Management-by-Führungstechnik wird hier beschrieben? Wie sehen Sie Ihre Rolle als Auszubildender in diesem System?

> Management-by-Prinzip: Management by Objectives / Führen durch Zielvereinbarungen
> Rolle als Auszubildender: Als Auszubildender bietet sich die Chance, schon früh im Unternehmen selbstständig mitarbeiten zu können und Aufgaben und Verantwortung übertragen zu bekommen. Allerdings kann dies auch zu einer Überforderung führen, hier ist der Ausbilder gefragt, den Auszubildenden anhand der Qualifikationen und Fähigkeiten einzusetzen und zu betreuen.

Aufgabe 4: Bei der *ConSystem GmbH* gibt es Mitarbeiter, die mit i.V., mit i.A., oder mit ppa. unterschreiben. Als Auszubildender dürfen Sie aber erst eigenständig für das Unternehmen handeln, wenn Sie ausdrücklich dazu befugt werden.

a) Erstellen Sie eine kurze Übersicht über die verschiedenen Möglichkeiten der Handlungsvollmacht (Allgemeine, Art- und Einzelvollmacht) und erklären Sie diese jeweils anhand eines Beispiels.

> Die Allgemeine Handlungsvollmacht berechtigt zu allen Geschäften und Rechtshandlungen, die der Betrieb eines derartigen Handelsgewerbes gewöhnlich mit sich bringt, wie einkaufen, verkaufen, Personal einstellen …
>
> Die Artvollmacht berechtigt zu immer wiederkehrenden Rechtshandlungen, meist in einem bestimmten Geschäftsbereich des Unternehmens, wie z. B. Aufgaben der Personalabteilung, Einkaufs- oder Verkaufstätigkeiten.
>
> Die Einzelvollmacht berechtigt zu einem einzelnen Rechtsgeschäft, wie z. B. den Kauf von Druckerpatronen.
>
> Die Vergabe von Handlungsvollmachten ist formfrei und wird nicht ins Handelsregister eingetragen.

b) Grenzen Sie die Prokura von der Handlungsvollmacht ab, in dem Sie Umfang, Ernennung und Arten beschreiben.

> Die Prokura berechtigt zu allen Arten von gerichtlichen und außergerichtlichen Geschäften und Rechtshandlungen, die der Betrieb eines Handelsgewerbes mit sich bringt (§ 49 HGB).
>
> Die Prokura kann nur vom Inhaber oder gesetzl. Vertreter durch ausdrückliche Erklärung erteilt werden. Die Prokura kann als Einzelprokura (der Prokurist ist allein vertretungsberechtigt) oder als Gesamtprokura (mehrere Prokuristen sind nur gemeinschaftlich vertretungsberechtigt) erteilt werden.

c) Stefan Schwarz ist Prokurist bei der **ConSystem GmbH**. Er erhält von einem benachbarten Unternehmen ein Angebot, ein Grundstück kaufen zu können. Da die **ConSystem GmbH** schon länger über eine Standortvergrößerung nachdenkt, nimmt Stefan Schwarz das Angebot an und kauft das Grundstück – ohne Rücksprache mit dem Geschäftsführer Peter Herzog. Dieser ist gerade aufgrund eines gesundheitlichen Eingriffs nicht erreichbar. Wochen später kehrt Herr Herzog in das Unternehmen zurück. Er ist entsetzt über den Kauf. Ist das Rechtsgeschäft wirksam abgeschlossen worden? Erklären Sie die Rechtslage.

> Stefan Schwarz ist als Prokurist berechtigt zu allen Arten von gerichtlichen und außergerichtlichen Geschäften und Rechtshandlungen, die der Betrieb eines Handelsgewerbes mit sich bringt (siehe Lösung 4b). Er hat sich aber an bestimmte Einschränkungen zu halten. So darf der Prokurist z. B. den Betrieb nicht einstellen, die Firma nicht verändern oder im Handelsregister abmelden, das Unternehmen veräußern oder den Jahresabschluss unterschreiben, Grundstücke belasten oder veräußern. Er darf aber Grundstücke erwerben. Die Prokura ist Dritten gegenüber auch nicht einschränkbar, somit ist das Rechtsgeschäft wirksam abgeschlossen worden.

2.8.2 Unternehmensziele und Wirtschaftlichkeitsüberlegungen

Ausgangsszenario:

Die *ConSystem GmbH* arbeitet an Ihrer strategischen Ausrichtung. Im Rahmen eines Workshops werden das Unternehmensleitbild und die Unternehmensziele diskutiert. Weiterhin werden neue Investitionen geplant.

Aufgabenstellung:

Als Auszubildender sind Sie zwar nicht an den Gesprächen beteiligt, dürfen aber Vorschläge einbringen. Erarbeiten Sie mit Hilfe der folgenden Fragestellungen ein Unternehmensleitbild, Unternehmensziele, wirtschaftliche Kennzahlen und Begrifflichkeiten sowie Finanzierungsmöglichkeiten.

Aufgabe 1: Sie informieren sich über Unternehmensleitbilder, d. h. über Verhaltensrichtlinien, die das Selbstverständnis des Unternehmens widerspiegeln. Formulieren Sie ein mögliches Leitbild für die *ConSystem GmbH*.

> Das Unternehmensleitbild beschreibt die Grundsätze, das Selbstverständnis eines Unternehmens. Es gibt eine Antwort auf die Frage: Was/wer wollen wir sein? Was ist unsere Aufgabe? Was ist uns wichtig? Das könnte bei der *ConSystem GmbH* z. B. der Anspruch sein, das beste IT-Haus zu sein. Dieser Anspruch sollte sich dann im täglichen Handeln widerspiegeln. Kunden sollen innovative, flexible und effiziente Lösungen geboten werden, die einen Mehrwert für sie schaffen und zukunftsfähig sind.

Aufgabe 2: Nennen Sie im Folgenden drei ökonomische, drei ökologische und drei soziale Unternehmensziele. Ist es möglich alle Ziele gleichzeitig zu erreichen bzw. zu verfolgen? Zu welchen Problemen kann es kommen? Erläutern Sie die Frage anhand eines Beispiels.

ökonomische Ziele	ökologische Ziele	soziale Ziele
Erhöhung des Marktanteils Kostenreduktion Gewinnmaximierung Expansion Marktführerschaft	höhere Recyclingquote geringerer Energieverbrauch Ausbau der Nutzung erneuerbarer Energien Umstellung auf ein papierloses Büro	sichere Arbeitsplätze schaffen Mitarbeiterzufriedenheit verbessern Arbeitsbedingungen verbessern

Möglicher Zielkonflikt?: Unternehmensziele können sich ergänzen, unabhängig von einander sein oder konkurrieren. Ein Beispiel für einen Zielkonflikt länge vor, wenn auf der einen Seite das Ziel der Gewinnmaximierung angestrebt wird, auf der anderen Seite in bessere Arbeitsbedingungen investiert werden soll oder nachhaltigere Produktionsverfahren aufgebaut werden sollen. In so einem Fall ist sinnvoll, eine Zielhierarchie aufzubauen, wobei die Prioritäten auch wechseln können.

Fachkompetenz Arbeits- und Geschäftsprozesse

Aufgabe 3: Unternehmensziele müssen auch kontrolliert werden. Dafür bieten sich u. a. Kennzahlen aus der Buchhaltung an. Ordnen Sie die richtige Formel den Kennzahlen zu, indem Sie die Lösung in die Kästchen eintragen.

a) Eigenkapitalrentabilität   **4**

b) Wirtschaftlichkeit   **2**

c) Produktivität?   **3**

Tragen Sie die Ziffer der richtigen Lösung in die Kästchen ein.

1. Gewinn · 100 : Umsatzerlöse
2. Ertrag : Aufwand
3. Ausbringungsmenge : Einsatzmenge
4. Gewinn · 100 : eingesetztes Kapital
5. Kapital : Gewinn · 100
6. Aufwendungen · 100 : Erträge
7. Umsatzerlöse · 100 : Gewinn
8. gearbeitete Stundenzahl : erstellte Stückzahl

Aufgabe 4: Die *ConSystem GmbH* plant die Anschaffung eines neuen Servers, da der bisher eingesetzte technisch veraltet ist und es gelegentlich zu Ausfallzeiten kommt. Sie haben bereits Preise eingeholt und ein Server wurde ausgewählt. Führen Sie die Berechnungen für die *ConSystem GmbH* durch:

a) Die folgende Rechnung geht der *ConSystem GmbH* zu. Berechnen Sie die Anschaffungskosten für den Server unter Berücksichtigung eines Skontoabzugs von 2%.

> Zu den Anschaffungskosten zählen alle zurechenbaren Aufwendungen, um den Vermögensgegenstand zu erwerben und in einen betriebsbereiten Zustand zu versetzen.
>
>   Anschaffungspreis (netto)
> + Anschaffungsnebenkosten (netto), wie z. B. Transport, Aufbau, …
> − Anschaffungskostenminderungen (netto), wie z. B. Rabatt, Skonto …
> = Anschaffungskosten
>
> Anschaffungskosten für den Server inkl. Transport und Aufbau netto = 3.150,00 €
> − 2 % = 63,00 €
> = 3.087,00 €

b) Der Server soll 7 Jahre im Unternehmen genutzt werden. Während dieser Zeit fallen fixe und variable Kosten an. Erklären Sie die beiden Kostenbegriffe und geben Sie jeweils ein Beispiel für fixe bzw. variable Kosten bei Nutzung eines Servers an. Erklären Sie in diesem Zusammenhang den Begriff Deckungsbeitrag.

> Fixe Kosten sind ein Teil der Gesamtkosten eines Unternehmens. Sie bleiben innerhalb einer bestimmten Zeit konstant und fallen unabhängig von der Beschäftigung an. Bei dem o. g. Server könnten dies Abschreibungskosten sein oder auch ein Wartungs- oder Garantievertrag, wenn dieser zusätzlich abgeschlossen würde.
>
> Variable Kosten bilden den zweiten Teil der Gesamtkosten und verändern sich je nach Bezugsgröße, z. B. der Beschäftigung. In unserem Beispiel könnte dies der Stromverbrauch sein. Der Deckungsbeitrag ergibt sich aus der Differenz „Umsatzerlöse-variable Kosten". Er dient dazu, die fixen Kosten im Unternehmen zu decken. Umsatzerlöse ermittelt man wie folgt: Verkaufspreis · verkaufte Stückzahl

Lösungen

Aufgabe 5: Die *ConSystem GmbH* plant die Installation einer Videoüberwachungsanlage für das Firmenaußengelände. Ihr Ausbilder beauftragt Sie, die Gesamtkosten für einen Kreditkauf (Abzahlungsdarlehen) und alternativ die Leasingkosten gegenüber zu stellen. Folgende Zahlen stehen Ihnen zur Verfügung:

Der Kaufpreis beträgt 33.320,00 € inkl. 19% Ust. Die Umsatzsteuer ist bei beiden Finanzierungsmöglichkeiten nicht zu berücksichtigen.

Kreditkauf:	Zinssatz p. a.:	4%
	Laufzeit des Kredits:	4 Jahre
	Tilgung pro Jahr:	gleich hohe Abzahlungsraten jeweils zum Jahresende
Leasing:	monatliche Leasingrate vom Kaufpreis:	2,5%
	Laufzeit:	4 Jahre

Nach Ablauf der Laufzeit wird die Anlage zurückgenommen.

a) Erstellen Sie eine übersichtliche Darstellung der Leasingkosten und der Kreditkosten in Tabellenform. Ermitteln Sie dabei die monatliche Rate und die Gesamtkosten für das Leasing, sowie für die Kreditfinanzierung die jeweilige Restschuld am Jahresanfang, die jährlichen Zinsen, die jährliche Tilgung, die jährliche Kreditrate und die Gesamtkosten. Entscheiden Sie sich für eine Variante unter Kostengesichtspunkten.

Leasingkosten:

Preis der Überwachungsanlage	28.000 € (= 100%, 33.320,00 € = 119%)
Monatliche Leasingrate in %	2,5%
Vertragslaufzeit in Jahren	4 Jahre
Vertragslaufzeit in Monaten	48 Monate
Leasingrate pro Monat in €	700,00 €
Gesamtkosten am Ende der Laufzeit	33.600,00 €

Erläuterungen: Preis für Überwachungskamera netto (33.320,00 € = 119%, 28.000,00 € = 100%)

Leasingkosten pro Monat = 28.000,00 € · 2,5% = 700,00 €

Gesamtkosten = 700,00 € · 48 Monate = 33.600,00 €

Kreditkosten:

Jahr	Restschuld zu Jahresbeginn in €	jährliche Zinsen in €	jährliche Tilgung in €	jährliche Kreditrate in €
1	28.000,00	1.120,00	7.000,00	8.120,00
2	21.000,00	840,00	7.000,00	7.840,00
3	14.000,00	560,00	7.000,00	7.560,00
4	7.000,00	280,00	7.000,00	7.280,00
			Gesamtkosten des Kredits	30.800,00

Unter Kostengesichtspunkten ist der Kreditkauf dem Leasing vorzuziehen.

Fachkompetenz Arbeits- und Geschäftsprozesse

b) Nachdem die Kosten beider Finanzierungsvarianten ermittelt wurden, diskutiert die Geschäftsführung Vor- und Nachteile des Leasing und der Kreditfinanzierung. Nennen Sie zwei Vorteile der Kreditfinanzierung und zwei Vorteile des Leasing.

Vorteile Leasing:

- geringerer Kapitalbedarf zum Zeitpunkt der Anschaffung
- Kreditrahmen des Unternehmens wird nicht beansprucht
- gleichbleibende Leasingraten ermöglichen klare Kalkulationsgrundlagen
- Kosten schmälern den Gewinn und damit die gewinnabhängigen Steuern
- weitere sind möglich …

Je nach Vertragsgestaltung:

- Möglichkeit von Service und Betreuung
- Möglichkeit des Geräteaustausches bei technischen Neuerungen
- Möglichkeit der Kaufoption nach Ablauf der Nutzungszeit

Vorteile Kreditfinanzierung:

- als Eigentümer komplette Verfügungsgewalt über das Gerät
- Gesamtkosten fallen meist geringer aus im Vergleich zum Leasing
- Leasingobjekte zur Sicherheitsübereignung verfügbar
- Keine Bindung an Grundmietzeiten o. ä.
- keine Nutzungsfristen des Gerätes
- weitere sind möglich …

Lösungen

2.8.3 Prozesse im Unternehmen – der Beschaffungsprozess

Ausgangsszenario:
Die *ConSystem GmbH* möchte die Abläufe im Unternehmen verbessern. Dafür müssen die Prozesse zuerst dargestellt werden. Es sollen insbesondere die wertschöpfenden, kundennahen Prozesse abgebildet werden.

Aufgabenstellung:
Sie arbeiten in der Arbeitsgruppe „Beschaffungsprozesse" mit. Folgende Aufgaben werden an Sie herangetragen:

Aufgabe 1: Stellen Sie das Wertschöpfungsdiagramm für die Beschaffung bei der *ConSystem GmbH* dar. Es zeigt die übersichtliche Folge der wertschöpfenden Prozesse.

a) Erklären Sie kurz, was unter dem Begriff Wertschöpfung zu verstehen ist. Übertragen Sie dann die aufgeführten Begriffe in der richtigen Reihenfolge, indem Sie die Zahlen in die Pfeile einsetzen.

Ihre Erklärung:

Wertschöpfung ist eine in den Wirtschaftsbereichen erbrachte wirtschaftliche Leistung. Die Wertschöpfung ist die Differenz der erbrachten Leistung in einem Unternehmen abzüglich der Vorleistungen (z. B. Leistungen, die von anderen Unternehmen bezogen wurden).

1 → 4 → 6 → 8 → 5 → 7 → 2 → 3

1) Bedarfsplanung   2) Wareneingang   3) Lagerung   4) Mengenplanung
5) Bestellung   6) Zeitplanung   7) Bestellverfolgung   8) Lieferantenauswahl

b) Erläutern Sie Ihren Kollegen den Unterschied von Kernprozessen und Unterstützungsprozessen und nennen Sie jeweils ein Beispiel.

Kernprozesse dienen der Wertschöpfung im Unternehmen, sie sind zentral und erbringen die Hauptleistung im Unternehmen. Hier fließen die meisten Ressourcen ein, wie z. B. der Beschaffungsprozess, die Herstellung eines Produktes/einer DL, die Auftragsabwicklung etc. Unterstützende Prozesse sind nicht wertschöpfend, aber notwendig, um Kernprozesse ausführen zu können z. B. Personalwesen, Buchhaltung, Lagerhaltung

Aufgabe 2: Im Rahmen der Beschaffung wird die ABC-Analyse bei der Bedarfsplanung eingesetzt. Sie ist ein Verfahren zur Priorisierung von Aufgaben, Produkten, Problemen und Aktivitäten.

a) Erklären Sie die Einteilung in A-, B- und C-Güter.

A-Güter: hoher Wert, geringe Menge
B-Güter: mittlerer Wert, mittlere Menge
C-Güter: geringer Wert, große Menge

b) Nennen Sie weitere Einsatzbereiche der ABC-Analyse im Unternehmen.

Die ABC-Analyse kann z. B. im Marketing/Vertrieb für die Klassifizierung von Kunden eingesetzt werden oder in der Lagerhaltung.

Fachkompetenz Arbeits- und Geschäftsprozesse

Aufgabe 3: Bei der Mengenplanung wird in Ihrer Arbeitsgruppe immer wieder über die optimale Bestellmenge gesprochen. Erklären Sie, wie diese Größe ermittelt wird.

Ihre Lösung:

Die optimale Bestellmenge bezeichnet die Menge, bei der die Summe aus Lagerkosten + Bestellkosten ihr Minimum erreicht (= Minimum der Gesamtkostenkurve).

Aufgabe 4: Der kalendertägliche Bedarf eines PC-Teils bei der ComSystem GmbH beträgt 40 Stück, die Lieferzeit 6 Tage und der eiserne Bestand 120 Stück. Die optimale Bestellmenge beläuft sich auf 480 Stück.

a) Berechnen Sie

aa) den Meldebestand
= Tagesverbrauch · Lieferzeit + eiserner Bestand
= 40 Stück · 6 Tage + 120 Stück
= 360 Stück

bb) den Höchstbestand
= eiserner Bestand + optimale Bestellmenge
= 120 Stück + 480 Stück
= 600 Stück

b) Zeichnen Sie die Bestandsentwicklung für den Monat Oktober in das Diagramm ein. Ausgangspunkt Ihrer Überlegungen ist der Abend des 5. Oktober. Der Lagerbestand ist zu diesem Zeitpunkt 400 Stück (einschließlich eiserner Bestand). Zeichnen Sie auch den Meldebestand, Höchstbestand und eisernen Bestand ein sowie die entsprechenden Stückzahlen auf der Y-Achse.

Ausgangspunkt 5.10. = 5 Tage wurde Ware verkauft (5 · 40 Stück = 200 Stück)
Der Bestand beläuft sich am 5.10. abends auf 600 Stück − 200 Stück = 400 Stück
Dauer vom Höchstbestand bis zum eisernen Bestand (= optimale Bestellmenge)
480 Stück optimale Bestellmenge : 40 Stück Tagesverbrauch = 12 Tage
Tage vom Höchstbestand bis zum Meldebestand: 600 Stück − 360 Stück = 240 Stück : Tagesverbrauch 40 Stück = 6 Tage

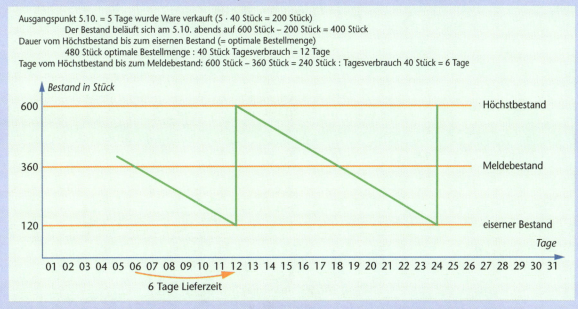

c) Handelt es sich bei der Zeitplanung um das Bestellpunkt- oder Bestellrhythmusverfahren? Begründen Sie Ihre Aussage.

Ihre Lösung:

Hier handelt es sich um das Bestellpunktverfahren, bei dem eine Bestellung immer dann ausgelöst wird, wenn der Lagerbestand eine festgelegte Höhe (Meldebestand oder Bestellpunkt) erreicht bzw. unterschreitet. Im Bestellpunktverfahren mit fester Bestellmenge wird bei Erreichen des Meldebestandes eine festgelegte Menge (optimale Bestellmenge) bestellt, die bei Eintreffen dann den Lagerbestand auf den Höchstbestand auffüllt.

(Beim Bestellrhythmusverfahren wird in festgelegten Zeitabständen eine fixe Menge bestellt ((dies führt bei ungleichmäßigem Lagerabgang zu stark schwankenden Lagerbeständen)) oder es wird in festgelegten Zeitabständen jeweils die Menge beschafft, die den Lagerbestand auf einen festgelegten Höchstbestand auffüllt)

Lösungen

Aufgabe 5: Vervollständigen Sie die erweiterte Ereignisgesteuerte Prozesskette (eEPK), anhand der folgenden Ausgangssituation:

In der Abteilung Einkauf der ComSystem GmbH geht eine Bedarfsmeldung ein. Daraufhin werden mit Hilfe der Lieferantendatei und einer Internetrecherche Bezugsquellen ermittelt. Im Anschluss werden Anfragen geschrieben und verschickt. Kurze Zeit später gehen verschiedene Angebote ein, die dann verglichen werden. Das passende Angebot wird ausgewählt und eine Bestellung geschrieben und versandt. Ein Prozesswegweiser zeigt den dann folgenden Wareneingangsprozess an.

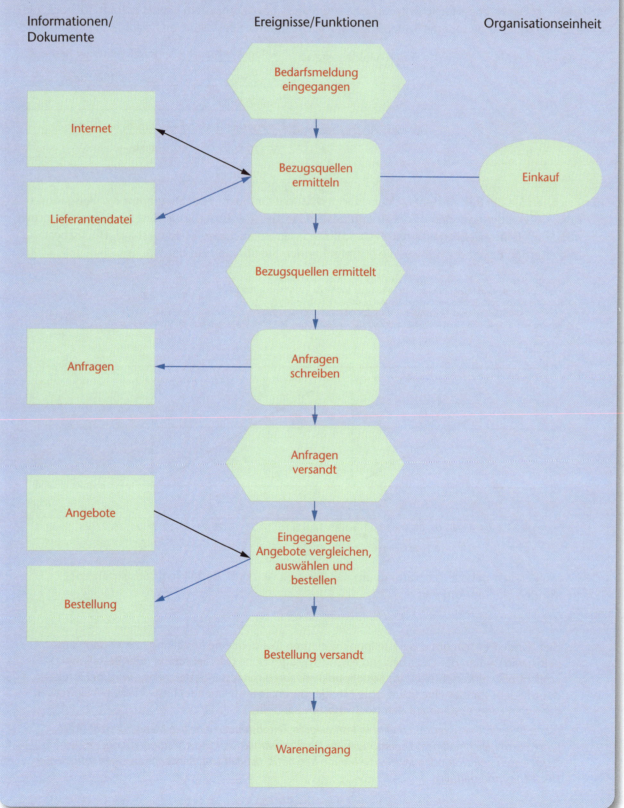

Fachkompetenz Arbeits- und Geschäftsprozesse

2.8.4 Beschaffungs- und Absatzprozesse im Unternehmen – rechtliche Hintergründe

Ausgangsszenario:
Sie haben in der Einkaufsabteilung viele Kenntnisse über die Abläufe, die Bedarfs-, Mengen- und Zeitplanung erlangt. Mit diesem Wissen können nun die benötigten Güter/DL am Markt beschafft werden.

Aufgabenstellung:
Ihr Ausbilder fordert Sie auf, mögliche Bezugsquellen für einen Multifunktionsgerät zu ermitteln und Preise anzufragen. Es werden zwei Geräte benötigt. Sie sollen folgende Aufgabenstellungen bearbeiten, bevor es zur Kaufentscheidung kommt.

Aufgabe 1: Wann beginnt die Rechtsfähigkeit? Wann beginnt die Geschäftsfähigkeit?

Ihre Lösung:

Rechtsfähigkeit heißt, Träger von Rechten und Pflichten zu sein. Sie beginnt bei natürlichen Personen mit der Geburt und endet mit dem Tod, bei juristischen Personen beginnt sie mit Gründung und endet mit der Auflösung (Eintragung bzw. Löschung aus dem Handelsregister).

Geschäftsfähigkeit heißt, dass Rechtsgeschäfte (RG) rechtswirksam abgeschlossen werden können.

Alter: 0–6 Jahre = geschäftsunfähig, der gesetzliche Vertreter handelt

Alter: 7–17 Jahre = beschränkt geschäftsfähig, RG sind schwebend unwirksam und von der nachträglichen Zustimmung des gesetzl. Vertreters abhängig (Ausnahme: das RG bringt nur Vorteile für den beschränkt Geschäftsfähigen mit sich; das RG wird mit eigenen Mitteln bewirkt; das RG wird im Rahmen eines Arbeits- oder Ausbildungsvertrags abgeschlossen oder im Rahmen eines selbständigen Geschäftsbetriebs)

Alter: ab 18 Jahre, voll geschäftsfähig

Aufgabe 2: Nennen Sie vier mögliche Bezugsquellen, um potenzielle Lieferanten kontaktieren zu können.

Ihre Lösung:

Bezugsquellen: Internetrecherche, gelbe Seiten, Messen, Fachzeitschriften, etc.

Aufgabe 3: Beschreiben Sie kurz die Besonderheiten von Anfragen, Angeboten und grenzen Sie die Anpreisung ab!

	Anfrage	Angebot	Anpreisung
Gibt es Formvorschriften?	formfrei	formfrei	formfrei
Wer ist die Zielgruppe?	potenzielle Lieferanten	an eine bestimmte Person oder ein Unternehmen gerichtet	an die Allgemeinheit gerichtet (z. B. Schaufenster)
Wie ist die rechtliche Wirkung?	unverbindlich	verbindlich	unverbindlich

Lösungen

Aufgabe 4: Erklären Sie den Begriff „Freizeichnungsklausel" und die rechtliche Wirkung.

Ihre Lösung:

Freizeichnungsklauseln sind Klauseln, durch die die Bindung an ein Angebot oder Angebotsbestandteile ausgeschlossen wird. Sie können sich auf das gesamte Angebot beziehen (z. B. Angebot freibleibend) oder nur auf einzelne Inhalte des Angebots („nur solange der Vorrat reicht", „Preis freibleibend", …)

Aufgabe 5: Nennen Sie mindestens fünf Aspekte, die ein Angebot enthalten sollte (außer Adresse, Datum, Angebotsnummer, Unterschrift …).

Ihre Lösung:

Inhalte eines Angebots bzw. eines Kaufvertrags: Preis der Ware; Menge; Zahlungsbedingungen; Beförderungskosten; Lieferzeit; Art, Beschaffenheit und Güte der Ware; Gerichtsstand; Erfüllungsort

Aufgabe 6: Sie haben interessante Angebote vorliegen, vergleichen diese in quantitativer und qualitativer Hinsicht, entscheiden sich für einen Anbieter und möchten nun eine Bestellung aufgeben.

a) Beschreiben Sie, wie ein Kaufvertrag zustande kommt und welche Kaufvertragsart hier vorliegt (einseitiger oder zweiseitiger Handelskauf, bürgerlicher Kauf).

Ihre Lösung:

Ein Kaufvertrag kommt durch zwei übereinstimmende Willenserklärungen zustande (Antrag und Annahme). Schließen zwei Kaufleute einen Vertrag ab, handelt es sich um einen zweiseitigen Handelskauf.

b) Es sollen statt zwei Geräten doch nur eines bestellt werden. Sie bestellen ein Gerät bei dem ausgewählten Lieferanten. Ist mit der Zustellung der Bestellung der Kaufvertrag rechtswirksam abgeschlossen?

Ihre Lösung:

Nein, der Lieferant hat Ihnen zwei Geräte angeboten (= verbindliche Willenserklärung). Wird jetzt nur ein Gerät von der *ConSystem GmbH* bestellt, handelt es sich um eine neue Willenserklärung des Käufers, also um einen neuen Antrag. Der Lieferant muss auf den neuen Antrag reagieren. Bestätigt er mit einer Auftragsbestätigung oder einer Lieferung, dass er auch bei nur einem Gerät den Auftrag zu den angebotenen Konditionen ausführt (= Annahme), ist der Kaufvertrag abgeschlossen. Ist dem Lieferanten aber der Preis für ein Gerät zu gering, teilt er dies mit. Die *ConSystem GmbH* muss jetzt ihrerseits reagieren: entweder das Angebot zum höheren Preis annehmen, dann ist der Kaufvertrag geschlossen oder es ablehnen, dann ist kein Kaufvertrag abgeschlossen. Es greift immer die Regelung: zwei übereinstimmende Willenserklärungen müssen vorliegen, erst dann liegt ein Kaufvertrag vor.

Fachkompetenz Arbeits- und Geschäftsprozesse

Aufgabe 7: Das Multifunktionsgerät wird pünktlich geliefert. In den Allgemeinen Geschäftsbedingungen hat der Verkäufer vermerkt, dass er einen Eigentumsvorbehalt bis zur vollständigen Zahlung des Gerätes hat.

a) Erläutern Sie den Zweck von Allgemeinen Geschäftsbedingungen (AGB).

> Ihre Lösung:
>
> Allgemeine Geschäftsbedingungen (AGB):
> Bürgerliches Gesetzbuch (BGB)
> § 305 Einbeziehung Allgemeiner Geschäftsbedingungen in den Vertrag
> (1) Allgemeine Geschäftsbedingungen sind alle für eine Vielzahl von Verträgen vorformulierten Vertragsbedingungen, die eine Vertragspartei (Verwender) der anderen Vertragspartei bei Abschluss eines Vertrags stellt.
>
> AGB sollen die Vertragsgestaltung vereinfachen.

b) Erklären Sie, was unter einem Eigentumsvorbehalt zu verstehen ist und welche Gründe es für eine solche Vorgehensweise geben könnte.

> Ihre Lösung:
>
> Bei einem Eigentumsvorbehalt geht das Eigentum einer Sache erst bei vollständiger Zahlung des Kaufpreises auf den Käufer über. Ein Grund dafür ist die Sicherung des Geschäfts. Der Verkäufer bleibt quasi Eigentümer der Ware bis zur Zahlung. Weitere Formen sind der erweiterte und der verlängerte Eigentumsvorbehalt.

Aufgabe 8: Bei der **ConSystem GmbH** kommt es immer wieder zu Störungen im Beschaffungs- und Leistungsprozess, denn Käufer und Verkäufer sind mit dem Kaufvertrag Pflichten eingegangen. Vervollständigen Sie die folgende Übersicht, indem Sie die Pflichten und mögliche Störungen von Kaufverträgen (Schlechtleistungen) einsetzen.

	Verkäufer	Käufer
Kaufvertragspflichten	– pünktliche und mangelfreie Übergabe der Kaufsache und Übertragung des Eigentums	– Annahme der Kaufsache – Zahlung der Kaufsache
Kaufvertragsstörungen/ Schlechtleistungen	– Nicht-rechtzeitig-Lieferung/Übergabe – Mangelhafte Lieferung/Übergabe (Abweichung bei Anforderungen an der Kaufsache)	– Nicht-Annahme der Kaufsache – Nicht-rechtzeitig-Zahlung

Lösungen

2.8.5 Auftragseingangsprozesse im Unternehmen und Preisbildung

Ausgangsszenario:

Bei der *ConSystem GmbH* geht eine externe Kundenanfrage über die Ausstattung eines PC-Arbeitsplatzes ein. Nachdem ein Gespräch mit dem Kunden zwecks genauer Bedarfsanalyse geführt wurde, wird auf der Grundlage eines Lastenheftes ein Grobkonzept geschrieben. Daraufhin geht es in die Feinplanung: ein Pflichtenheft wird erstellt, die Terminplanung koordiniert und ein Angebot ausgearbeitet...

Aufgabenstellung:

Als Auszubildender der *ConSystem GmbH* begleiten Sie die Bearbeitung der Anfrage, von der Preiskalkulation bis zur Rechnungsstellung.

Aufgabe 1: Sie haben zusammen mit einem Kollegen die benötigten Hardware-Komponenten zusammengestellt. Sie sollen jetzt im Rahmen einer Handelskalkulation den Bildschirmpreis kalkulieren. Vervollständigen Sie mit Hilfe der folgenden Tabelle:

Listeneinkaufspreis: 200 €

Ihr Lieferant gewährt 10 % Rabatt, 2 % Skonto und berechnet 2,60 € Versandkosten.

Sie gewähren Ihrem Kunden 20 % Rabatt, 3 % Skonto und berechnen eine Vertreterprovision von 10 %. Der Gewinnzuschlag beläuft sich auf 8,87 % und die Handlungskosten auf 25 %.

Handelskalkulation

	%	Betrag in €
Listeneinkaufspreis		200,00
– Lieferantenrabatt	10	20,00
= *Zieleinkaufspreis*		180,00
– Lieferskonto	2	3,60
= *Bareinkaufspreis*		176,40
+ Bezugskosten		2,60
= *Bezugs- oder Einstandspreis*		179,00
+ Handlungskosten	25	44,75
= *Selbstkosten*		223,75
+ Gewinnzuschlag	8,87	19,85
= *Barverkaufspreis*		243,60
+ Kundenskonto	3	8,40
+ Vertreterprovision	10	28,00
= *Zielverkaufspreis*		280,00
+ Kundenrabatt	20	70,00
= *Listenverkaufspreis netto*		350,00

Fachkompetenz Arbeits- und Geschäftsprozesse

Aufgabe 2: Ermitteln Sie mit den Werten aus Aufgabe 1

a) den Kalkulationszuschlag für den Bildschirm.

Ihre Lösung:

Der Kalkulationszuschlag ist der prozentuale Aufschlag auf den Einstands-/Bezugspreis, um den Listenverkaufspreis zu berechnen.

Kalkulationszuschlag = (Listenverkaufspreis − Bezugspreis) · 100 : Bezugspreis
= (350,00 € − 179,00 €) · 100 : 179,00 €
= 95,53 %

Bezugs/Einstandspreis
+ Kalkulationszuschlag
↓
= Listenverkaufspreis

b) die Handelsspanne für den Bildschirm.

Ihre Lösung:

Als Handelsspanne wird die Differenz zwischen dem Listenverkaufspreis (netto) und dem Einstandspreis bezeichnet, ausgedrückt in Prozent des Listenverkaufspreises (netto).

Handelsspanne = (Listenverkaufspreis − Bezugspreis) · 100 : Listenverkaufspreis
= (350,00 € − 179,00 €) · 100 : 350,00 €
= 48,86 %

Bezugs/Einstandspreis
+ Handelsspanne
↑
= Listenverkaufspreis

Aufgabe 3: Ihr Ausbilder weist Sie darauf hin, dass viele Unternehmen bei Investitionsentscheidungen nicht nur die Anschaffungskosten in die Entscheidungsfindung einfließen lassen, sie versuchen auch die TCO (Total Cost of Ownership) zu ermitteln. Erklären Sie, was darunter zu verstehen ist.

Ihre Lösung:

Zur Berechnung der Total Cost of Ownership werden die Anschaffungskosten, sowie die Kosten des gesamten Betriebs eines Anlagegutes berücksichtigt. Dies können z. B. Schulungskosten, Energie- oder Wartungskosten oder Entsorgungskosten sein.

Lösungen

Aufgabe 4: Sie tragen gerade alle Zahlen für das Angebot zusammen und fragen sich, ob die *Con-System GmbH* bei dieser Preisstellung den Auftrag erhalten wird. Im Berufsschulunterricht haben Sie sich mit der Preisbildung befasst.

Ermitteln Sie die folgenden Werte aus der Grafik:

a) Gleichgewichtspreis = 40 €

b) Umsatz beim Gleichgewichtspreis = 40 € · 400 Stück = 16.000 €

c) Nachfrageüberhang bei einem Preis von 20 € = 400 Stück (Angebot 200 Stück, Nachfrage 600 Stück)

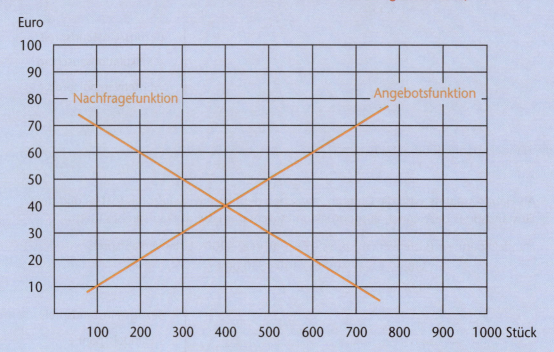

Aufgabe 5: Die *ConSystem GmbH* erhält den Kundenauftrag. Nach Auslieferung, Installation und Übergabe wird die Rechnung erstellt.

a) Nennen Sie die Mindestinhalte, die eine Rechnung enthalten muss.

Ihre Lösung:

Inhalte einer Rechnung

Laut Umsatzsteuergesetz §14, muss eine Rechnung folgende Punkte enthalten:

- Vollständige Namen und Anschrift des Leistenden und Leistungsempfängers
- Steuernummer oder Umsatzsteuer-Identifikationsnummer
- Ausstellungsdatum der Rechnung
- fortlaufende Rechnungsnummer
- Menge und handelsübliche Bezeichnung der gelieferten Gegenstände oder die Art und den Umfang der sonstigen Leistungen
- Zeitpunkt der Lieferung bzw. Leistung
- nach Steuersätzen und -befreiungen aufgeschlüsseltes Entgelt
- Steuersatz und Betrag, der auf das Entgelt entfällt
- Entgelt
- Name des Registergerichts und Registernummer des Handelsgerichts bei Kaufleuten

b) Erklären Sie den Begriff Skonto und geben Sie einen Grund an, warum die *ConSystem GmbH* ihren Kunden Skontoabzug ermöglicht.

Ihre Lösung:

Skonto ist ein prozentualer Preisnachlass auf den Verkaufspreis bei Barzahlung oder bei Zahlung innerhalb einer vom Lieferanten vorgegebenen Frist. Die *ConSystem GmbH* hat das Ziel, ihre Kunden durch diesen Preisnachlass zu einer schnelleren Zahlung anzuhalten bzw. zu motivieren.

Lösungen

3.1 Prüfungssimulation 1

Ausgangsszenario:

Das Reisebüro *„Up&away"* verfügt momentan über 4 Arbeitsplätze mit Kundenservice. Nur zwei der Arbeitsplätze sind mit einem PC und Internetzugang über LAN-Kabel ausgestattet. Die beiden anderen Plätze teilen sich einen Laptop ohne Internetzugang, da kein WLAN vorhanden ist. Die Geschäftsführung des Reisbüros möchte in Zukunft 4 moderne Arbeitsplätze mit Optionen auf Erweiterbarkeit.

Handlungsschritt 1 [24 Punkte]:
Kundenbedarfe zielgruppengerecht ermitteln

1a) [4 Punkte]: Ihr Vorgesetzter bittet Sie, eine geeignete Methode für die genaue Bedarfsermittlung des Kunden auszuwählen und diese Methode kurz zu beschreiben.

> In dieser Situation ist das direkte Gespräch mit dem Kunden sinnvoll. Bei dieser direkten Bedarfsermittlung werden dem Kunden *möglichst offene Fragen gestellt, auf die der Kunde nicht einfach mit ja oder nein antworten kann.* Damit soll zu möglichst vielen Informationen führen, die im Anschluss strukturiert werden können, um dann die genaue Planung der weiteren Vorgehensweise zu beginnen.

1b) [12 Punkte]: Nach der Bedarfsanalyse soll dem Kunden ein erster Planungsentwurf präsentiert werden. Dazu erhalten Sie den Auftrag, einen Netzwerkplan zu erstellen. Die Arbeitsplätze und Komponenten sind vorgegeben.

> Im Rahmen der Planung sind eine Vielzahl an Punkten zu klären. Diese Punkte haben wiederum Auswirkungen auf den zu erstellenden Netzwerkplan. Jeder Arbeitsplatz soll künftig mit einem kabelgebundenen Netzwerkanschluss versehen werden. In den meisten Fällen ist es sinnvoll mehr als eine Netzwerkdose pro Arbeitsbereich vorzusehen. So können beispielsweise Drucker oder Voice-over-IP-Telefone an das Netzwerk angeschlossen werden.
>
> Bei der Wahl der Komponenten spielen neben Leistungsfähigkeit und Preis auch ergonomische Aspekte eine wichtige Rolle. Die Monitore sollten eine ausreichende Größe und Bildwiederholfrequenz haben. Die aktiven Netzwerkkomponenten wie Switch oder Router sollten nach Möglichkeit geräuschlos oder geräuscharm sein. Auch bei der Positionierung von Monitor und anderen Arbeitsgeräten ist auf Ergonomie am Arbeitsplatz zu achten.
>
> In der abgebildeten Musterlösung werden zu jedem Arbeitsplatz zwei Netzwerkkabel der Kategorie 7 (CAT7-Kabel) gelegt. An die Decke werden ebenfalls zwei CAT7-Kabel gelegt, wovon eines für den Access Point verwendet wird. Der Access Point ist idealerweise Power-over-Ethernet-fähig (PoE) und der ebenfalls PoE-fähige Switch liefert die Spannungsversorgung.

Prüfungssimulation 1

1b) Fortsetzung

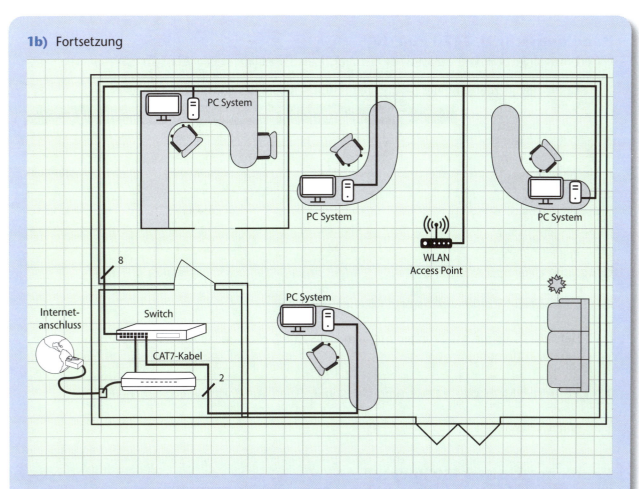

1c) [8 Punkte]: Nach der erfolgreichen Präsentation des Netzwerkplans muss die Entscheidung über die zu installierende Software getroffen werden. Die Bedarfsanalyse ergab, dass das Reisebüro folgende Software benötigt:

✓ Reisebuchungssoftware

✓ Office-Programme: Textverarbeitung, Tabellenkalkulation, Terminplanung und E-Mail

Die Reisebuchungssoftware ist durch bestehende Verträge fest vorgegeben. Die Office-Programme sind frei wählbar. Erstellen Sie dazu eine Übersicht, in der Sie verschiedene Office-Programmpakete vorstellen und dabei auf Kosten, Lizensierungen und die damit verbundenen Vor- und Nachteile eingehen.

> Grundsätzlich kann zwischen einer Open-Source-Variante (OpenOffice oder LibreOffice) und einer kostenpflichtigen Lösung wie Microsoft-Office mit verschiedenen Lizensierungsmodellen unterschieden werden. Die kostenfreien Varianten der Open-Source-Lösung stehen der kostenpflichtigen Variante in Sachen Standard-Funktionalität nicht nach. Jedoch bieten die kostenpflichtigen Varianten wie Microsoft-Office weitere Funktionen und zusätzliche Angebote innerhalb des Programmpaketes. Eine Variante wie Office365 bietet zudem zusätzliche Online-Funktionalitäten und Cloud-Speicher. Letztendlich ist aber ein wichtiges Kriterium, ob die Office-Software einwandfrei in das Gesamtsystem integrierbar ist und, ob die Mitarbeiterinnen und Mitarbeiter bereits mit einer Variante vertraut sind oder, ob es Schulungen im Vorfeld bedarf. Diese ganzen Aspekte sind abzuwägen und mit einer entsprechenden Priorität zu gewichten.

Lösungen

Handlungsschritt 2 [20 Punkte]:
Hard- und Software auswählen und ihre Beschaffung einleiten

2a) [12 Punkte]: Ermittlung des Bezugspreises und Auswahl des günstigsten Lieferanten:

	Anbieter 1	Anbieter 2	Anbieter 3
Listenpreis gesamt	390 € · 4 = 1.560,00 €	335 € · 4 = 1.340,00 €	395 € · 4 = 1.580,00 €
– Rabatt	30 % = 468,00 €	20 % = 268,00 €	25 % = 395,00 €
= Zieleinkaufspreis	= 1.092,00 €	= 1.072,00 €	= 1.185,00 €
– Skonto	2 % = 21,84 €	3 % = 32,16 €	–
= Bareinkaufspreis	= 1.070,16 €	= 1.039,84 €	= 1.185,00 €
+ Bezugskosten	5 € · 4 = 20,00 €	–	25 €
= Einstandspreis/Bezugspreis	= 1.090,16 €	= 1.039,84 €	= 1.210,00 €

Günstigster Lieferant: **Anbieter 2**

2b) [6 Punkte]: Nicht-quantifizierbare Kriterien:

> Lieferzeit, Garantie, Erfahrungen mit dem Lieferanten, ökologische Aspekte (Entsorgung der Geräte, Entfernung)

2c) [2 Punkte]: Methode zur Bewertung nicht-quantifizierbarer Entscheidungskriterien:

> Nutzwertanalyse

Handlungsschritt 3 [30 Punkte]:
Einen IT-Arbeitsplatz konfigurieren und testen und dabei die Bestimmungen und die betrieblichen Vorgaben zum Datenschutz, zur IT-Sicherheit und zur Qualitätssicherung einhalten

3a) [12 Punkte]: Nach der Beschaffung und Installation der Hardware soll der Schutzbedarf der installierten Komponenten ermittelt werden. Dazu erhalten Sie den Auftrag eine Tabelle anzulegen, in der die Komponenten entsprechend ihrem Schutzziel und Schutzbedarf eingeordnet werden. Begründen Sie ihre Einordnungen.

Komponente	Schutzziel/Schutzbedarf	Begründung
Router	**Vertraulichkeit:** sehr hoch	Die Übertragung von Kundendaten über das Internet hat einen sehr hohen Schutzbedarf, vor allem wenn auf Verschlüsselung verzichtet werden muss.
	Integrität: normal	Fehlerhafte Daten können relativ einfach erkannt werden.
	Verfügbarkeit: hoch	Die Verfügbarkeit ist bei den Reisbuchungen sehr wichtig. Einige Stunden können vielleicht überbrückt werden, aber danach müssen die Buchungen gesendet und bestätigt sein.
Firewall	**Vertraulichkeit:** sehr hoch	Die Übertragung von Kundendaten über das Internet hat einen sehr hohen Schutzbedarf, deshalb ist auch der Schutz durch die Firewall entsprechend wichtig.
	Integrität: normal	Fehlerhafte Daten können relativ einfach erkannt werden (siehe Router).
	Verfügbarkeit: hoch	Die Verfügbarkeit ist bei den Reisbuchungen sehr wichtig. Einige Stunden können vielleicht überbrückt werden, aber danach müssen die Buchungen gesendet und bestätigt sein.

Prüfungssimulation 1

3a) Fortsetzung

Komponente	Schutzziel/Schutzbedarf	Begründung
Arbeitsplatz-PC mit LAN-Anbindung	**Vertraulichkeit:** sehr hoch	Auf den Arbeitsplatz-PCs wird die komplette Abwicklung der Kundenaufträge gespeichert. Deshalb ist der Schutzbedarf sehr hoch.
	Integrität: normal	Die Aufträge werden in der Regel von einem oder maximal zwei Mitarbeiterinnen oder Mitarbeitern bearbeitet. Die Gefahr, dass die Datenintegrität beeinträchtigt wird, ist deshalb relativ gering.
	Verfügbarkeit: hoch	Die Verfügbarkeit ist bei den Reisebuchungen sehr wichtig. Einige Stunden können vielleicht überbrückt werden, aber danach müssen die Buchungen gesendet und bestätigt sein

3b) [5 Punkte]: Nach der Ermittlung des Schutzbedarfs fragt der Kunde, ob es sinnvoll wäre das Netzwerk zusätzlich durch ein *Intrusion Detection System* (IDS) absichern zu lassen und, ob dadurch eine Firewall eingespart werden könnte. Geben Sie dem Kunden eine Einschätzung dazu.

> Eine Firewall dient zur Absicherung des Netzwerkes vor unerwünschten Zugriffen. Dazu wird die Firewall entsprechend konfiguriert. Die Firewall erkennt aber nicht, ob ein Angriff auf das Netzwerk erfolgt. Dazu dient das IDS (Intrusion Detection System). Das IDS kann als Gerät oder Software arbeiten und die Firewall ergänzen, **aber nicht ersetzen.** Deshalb ist das Zusammenspiel einer gut konfigurierten Firewall mit einem IDS sinnvoll.

3c) [8 Punkte]: Bislang haben die Mitarbeiter des Reisebüros die Daten der Kunden ohne Rückfragen erfasst und dauerhaft gespeichert. In Zukunft soll die Erfassung und Verwendung der Kundendaten unbedingt datenschutzrechtlich konform sein. Dazu erhalten Sie den Auftrag, den Mitarbeitern die grundsätzlichen datenschutzrechtlichen Bestimmungen zur Erfassung und Verwendung von Kundendaten in einer Präsentation zu vermitteln. Schreiben Sie vorab stichpunktartig die wesentlichen Aspekte dazu auf:

- Erst einmal gilt das grundsätzliche Verbot der Verarbeitung von personenbezogenen Daten, außer es gibt einen gesetzeskonformen Anlass – in diesem Fall eine Reisebuchung (Grundsatz des Verbots mit Erlaubnisvorbehalt).
- Die Daten dürfen nur für den eigentlichen Zweck gespeichert und genutzt werden (Zweckbindung)
- Das Prinzip der Datenminimierung muss angewendet werden (nur so viele Daten speichern, wie unbedingt notwendig)
- Keine unbegrenzte Speicherung (wenn der Zweck erfüllt oder die gesetzliche Aufbewahrungspflicht erfüllt ist, muss gelöscht werden)
- Integrität und Vertraulichkeit (geeignete technische und organisatorische Maßnahmen wurden ergriffen, um die Daten zu schützen)
- Die Weitergabe der Daten ist prinzipiell verboten, es sei denn, es wurde vorher eine Einwilligung eingeholt
- Umfassende Information des Kunden über die Speicherung seiner Daten
- ….

Lösungen

3d) [5 Punkte]: Um einen wichtigen neuen Kunden zu gewinnen, muss das Reisebüro sicherstellen, dass die Kommunikation auf höchstem Sicherheitsniveau stattfindet. Der Geschäftsführer möchte deshalb den E-Mail-Austausch mit diesem neuen Kunden nur noch verschlüsselt stattfinden lassen. Beraten Sie den Geschäftsführer, mit welcher Methode das angemessen umgesetzt werden könnte.

> Grundsätzlich kann zwischen einer Client-Verschlüsselung und einer Server-Verschlüsselung unterschieden werden. Die einfachere Variante für die Nutzer von Reisebüro und Kunde wäre eine serverseitige Verschlüsselung, die auf beiden Seiten eine automatische Ver- und Entschlüsselung vornimmt. Da das Reisebüro aber viele Kunden hat, wäre die Umstellung auf eine Serververschlüsselung eventuell problematisch im E-Mail-Austausch mit anderen Kunden. Zusätzlich müsste auch der Kunde sein System auf Server-Verschlüsselung umstellen, was eventuell Schwierigkeiten im E-Mail-Austausch mit seinen Lieferanten oder Kunden bedeuten könnte.
>
> Die einfachste Lösung wäre deshalb, dass ein Mitarbeiter des Reisebüros eine clientseitige-Verschlüsslung zu einem Mitarbeiter des Kunden etabliert (eine Ende-zu-Ende-Verschlüsslung). Dazu würde sich beispielsweise PGP anbieten, welches einfach auf in die E-Mail-Clients der beiden Mitarbeiter integriert werden könnte.
>
> PGP (Pretty Good Privacy, engl. „ziemlich gute Privatsphäre") ist ein Programm zur Verschlüsselung und zum Unterschreiben von Daten und ist auch als kostenfreie Version in einer GNU GPL-Variante einsetzbar (GPL ist die General Public License und steht für eine allgemeine Veröffentlichungserlaubnis oder -genehmigung).

Handlungsschritt 4 [26 Punkte]:
Kunden und Kundinnen in die Nutzung des Arbeitsplatzes einweisen/ die Leistungserbringung kontrollieren und protokollieren

4a) [12 Punkte]: Nach der Einweisung der Mitarbeiter in die installierte Software, soll eine kurze Bedienungsanleitung für den Umgang von wichtigen Textverarbeitungsfunktionalitäten verfasst werden. Sie erhalten den Auftrag, diese Anleitung zu verfassen. Dazu nutzen Sie eine Beschreibung zum Thema „Kopieren, Ausschneiden und Einfügen", die allerdings in englischer Sprache vorliegt. Übersetzen Sie den Text ins Deutsche und schreiben Sie damit die kurze Anleitung.

> Das Ausschneiden und Kopieren von Text in Writer gleicht dem Ausschneiden und Kopieren von Text in anderen Anwendungen. Sie können Text innerhalb eines Dokuments oder zwischen Dokumenten kopieren oder verschieben, indem Sie den Text per Drag&Drop ziehen oder Menüoptionen, Symbole oder Tastaturkürzel verwenden. Sie können auch Text aus anderen Quellen wie Webseiten kopieren und in ein Writer-Dokument einfügen.
>
> Um ausgewählten Text mit der Maus zu verschieben (auszuschneiden und einzufügen), ziehen Sie ihn an die neue Position und lassen Sie ihn los. Um den ausgewählten Text zu kopieren, halten Sie beim Ziehen die Strg-Taste gedrückt. Der Text behält die Formatierung bei, die er vor dem Ziehen hatte.
>
> Nach der Auswahl von Text können Sie für diese Vorgänge die Maus oder die Tastatur verwenden.
>
> Ausschneiden: Verwenden Sie Bearbeiten > Ausschneiden oder die Tastenkombination Strg + X oder das Symbol Ausschneiden in der Symbolleiste.
>
> Kopieren: Verwenden Sie Bearbeiten > Kopieren oder die Tastenkombination Strg + C oder das Symbol Kopieren.
>
> Einfügen: Verwenden Sie Bearbeiten > Einfügen oder die Tastenkombination Strg + V oder das Symbol Einfügen.
>
> Das Ergebnis eines Einfügevorgangs hängt von der Quelle des einzufügenden Textes ab. Wenn Sie einfach auf das Symbol Einfügen klicken, bleibt die Formatierung des Texts (z. B. fett oder kursiv) erhalten. Von Websites und anderen Quellen übermittelter Text kann auch in Frames oder Tabellen eingefügt werden. Wenn Ihnen die Ergebnisse nicht gefallen, klicken Sie auf das Symbol Rückgängig oder drücken Sie Strg + Z.

4b) [10 Punkte]:

IT-ProSystem GmbH

Maier-Allee 5, 45678 Kornbach

Elektronic-Trading GmbH
Bonnstraße 398
50858 Köln

Ihr Zeichen/Ihre Nachricht vom
/

Unser Zeichen/Ansprechpartner
em / Elias Meier

E-Mail
e.meier@it-prosystem.eu

Telefon/Fax
0456 7890-0 / 0456-7890-10

Datum
26. Juni 2022

Mängelrüge

Sehr geehrte Damen und Herren,

wir beziehen uns auf Ihre Router-Lieferung XY vom xy. Juni 2022, Rechnung VC4587.

Wir haben einen der von Ihnen gelieferten Router beim Kunden eingesetzt. Jetzt kommt es allerdings bei Dauernutzung zunehmend zu Fehlern beim WLAN-Empfang. Wir vermuten, dass die Ursache eine zu hohe Temperaturentwicklung bei starker Nutzung sein könnte, also ein thermisches Problem vorliegt. Dieser versteckte Mangel konnte bei der Einführung der PC-Arbeitsplätze nicht festgestellt werden.

Wir bitten um einen schnellstmöglichen Austausch des Gerätes.

Wir erwarten eine umgehende Rückmeldung von Ihnen, um die weitere Vorgehensweise zu besprechen. Bis dahin verbleibt das Gerät bei unserem Kunden.

Mit freundlichen Grüßen

IT-ProSystem GmbH

Unterschrift

i. A. Elias Meier

Sitz der Gesellschaft	Bankverbindung	Geschäftsführer	Amtsgericht
Maier-Allee 5	SPK Kornbach	Peter Maus	Kornbach
45678 Kornbach	IBAN: DE12 3456 7890 1234 56		USt.-IdNr.
	BIC: DUEHSZE65T		DE12345678

Hinweise zur Mängelrüge

Formaler Rahmen:

Beachten Sie die korrekte Eingabe der Adresse, Unser Zeichen, Ansprechpartner, E-Mail-Adresse, Datum (da es sich um einen zweiseitigen Handelskauf handelt, ist die IT-ProSystem GmbH verpflichtet, den Mangel unverzüglich anzuzeigen, HGB § 377), sowie die Grußformel und die Unterschrift.

Lösungen

Text

– Betreffzeile (kurze Information über den Zweck des Briefes)

– Sachverhalt beschreiben: der Mangel sollte möglichst genau beschrieben werden (Sachmangel, versteckter Mangel, Mangel in der Beschaffenheit)

– Auswahl des Rechts: ohne Nachfrist kann die Nacherfüllung direkt eingefordert werden, d. h. ein Ersatz der Ware oder eine zweimalige Reparatur (BGB § 439). Weiterhin kann Schadenersatz neben der Leistung verlangt werden, wenn der Schuldner die Leistung nicht wie geschuldet erbringt (BGB § 280). In diesem Fall bietet sich eine Ersatzlieferung an, da sich wahrscheinlich aufgrund eines Defekts der IC-Bausteine eine Reparatur sich nicht anbietet.

Einstweilige Aufbewahrung des Routers beim Kunden, bis das weitere Vorgehen geklärt ist (HGB § 379)

4c) [4 Punkte]: Der Zulieferer möchte nach der Mängelrüge ein persönliches Gespräch führen. Zur Vorbereitung auf ein solches Gespräch erhalten Sie den Auftrag, sich mit Kommunikationsmodellen auseinanderzusetzen, damit Sie in dem Gespräch mögliche Kommunikationsstörungen schnell erkennen können. Beantworten Sie dazu folgende Fragen:

Ist es möglich, nicht zu kommunizieren?

Ihre Antwort:

Der berühmte Psychologe Watzlawick hat es so formuliert: Man kann nicht nicht kommunizieren. Auch, wenn jemand nicht spricht oder keine Mimik hat, ist es immer eine Kommunikation, da es etwas ausdrückt!

Nach dem 4-Ohren-Modell nach Schulz von Thun gibt es 4 Seiten einer Nachricht. Passen die Aussagen zu der jeweiligen Seite der Nachricht?

Sachebene: Die Produktion der WLAN-Router war fehlerhaft!

Selbstoffenbarung: Wir haben den Fehler der Router leider nicht erkannt!

Beziehung: Eine Mängelrüge musste doch nun wirklich nicht sein!

Appell: Beim nächsten Problem bitte einfach anrufen!

3.2 Prüfungssimulation 2

Ausgangsszenario:

Der freie Versicherungsmakler „*PersonalSecure GmbH*" hat durchschnittlich 30 freie Mitarbeiter, die Kundenbesuche machen und Verträge abschließen. Diese Mitarbeiter haben keine eigenen Arbeitsplätze in der Firma, sondern teilen sich ein Großraumbüro mit mehreren Schreibtischen, Druckern und WLAN-Anbindung. Die freien Mitarbeiter bringen deshalb auch ihre eigenen Endgeräte (**BYOD**) mit und melden sich dann im Firmen-WLAN an. Auf diesen Endgeräten ist eine Firmen-Versicherungsapp installiert. Bei Anmeldung an das Firmen-WLAN startet eine automatische Datensynchronisierung der Versicherungsapp mit dem Firmen-Server. Damit kann die Firmenleitung jederzeit den aktuellen Stand der abgeschlossenen Verträge einsehen. Die freie Wahl der Endgeräte der Mitarbeiter hat aber in der Vergangenheit zu zahlreichen Problemen geführt. Unter anderem auch zu Kompatibilitätsproblemen mit den verschiedenen Endgeräten und der Versicherungsapp (die Versicherungsapp ist für die Betriebssysteme Android 9.0 und iOS 11 optimiert). Der Kunde möchte deshalb eine einheitliche Lösung. Für diese einheitliche Lösung würde er auch die entsprechenden Kosten übernehmen.

Handlungsschritt 1 [20 Punkte]:
Kundenbedarfe zielgruppengerecht ermitteln

1a) [6 Punkte]: Ihr Vorgesetzter bittet Sie, die Situation zu analysieren und die Kundenbedarfe zu ermitteln, um die Probleme mit den verschiedenen Endgeräten zu beheben.

> Die Problematik liegt an dem BYOD-Prinzip der Firma. Die Mitarbeiter verfügen über beliebige Endgeräte mit verschiedenen Betriebssystemen. In einer solchen heterogenen IT-Landschaft ist die Synchronisierung mithilfe einer App kaum durchführbar. Die Lösung ist natürlich die Ausstattung aller Mitarbeiter mit einem Firmen-Handy, das mit der Software kompatibel ist.

1b) [14 Punkte]: Erstellen Sie nach der Analyse ein Anwendungsfalldiagramm, das die allgemeine Situation darstellt. Das Diagramm sollte die internen Mitarbeiter des Maklers, die freien Mitarbeiter (Vertreter) und die Kunden enthalten. Weiterhin soll das Diagramm die Vorgänge der Beratung, der Vertragsabschließung und das Drucken der Verträge beschreiben.

Muster-Anwendungsfalldiagramm:

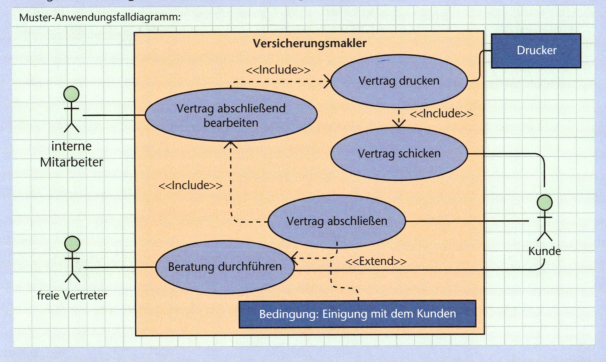

Lösungen

Handlungsschritt 2 [26 Punkte]:
Hard- und Software auswählen und ihre Beschaffung einleiten

2a) [6 Punkte]: Entsprechend der Bedarfsermittlung wählen Sie mehrere Möglichkeiten der Hardwareausstattung aus.

> Die Versicherungsapp ist für die Betriebssysteme Android 9.0 und iOS 11 optimiert. Damit kämen sowohl Android-Handys als auch Apple-Handys in Betracht.
>
> Folgende Möglichkeiten stehen damit zur Auswahl:
> - iPhone ab Version 5S: iPhone 5s, iPhone 6 , 8 X ...
> - Beispielhaft für Android: Samsung: Galaxy A6, Galaxy S8, Nokia 7 Plus, Xiaomi Mi Mix 2S, Sony Xperia XZ2, Oppo R15 Pro....

2b) [8 Punkte]: Stellen Sie die verschiedenen Optionen der Hardwareausstattung in Form einer Nutzwertanalyse gegenüber und entscheiden sich begründet für eine Option.

Kriterien	Gewicht	Apple	Punkte	Android	Punkte
Kompatibilität Hardware und App	50	10	500	8	400
Kosten Hardware	25	4	100	8	200
Sicherheitsaspekte Hardware	25	9	175	6	150
Summe	100		775		750

Fazit: Das Apple-Handy hat nach der obigen Gewichtung die bessere Bewertung. Das basiert aber auf einer subjektiven Einschätzung der Kriterien. Andere Lösungen sind ebenfalls denkbar und korrekt, wichtig ist vor allem die korrekte Darstellung und Summierung der einzelnen Punkte.

2c) [6 Punkte]: Bevor die Entscheidung für ein Handy-Modell endgültig gefällt wird, wünscht das Unternehmen noch Informationen zur Nachhaltigkeit der Geräte. Führen Sie Nachhaltigkeitsaspekte an, die die Kundenentscheidung beeinflussen können.

> Nachhaltigkeitsaspekte beim Handy-Kauf:
> - werden recycelte Materialien verwendet?
> - wird bei der Produktion Strom aus erneuerbaren Energien verwendet?
> - wird bei der Produktion auf gefährliche Chemikalien verzichtet?
> - wie hoch ist der Stromverbrauch?
> - sind Reparaturen möglich? Bauteile austauschbar?
> - sind Updates auf neue Betriebssysteme und Sicherheitsupdates möglich?
> - können alte Handys zurückgegeben werden?
>
> Problematisch ist die Tatsache, dass es bis heute (Stand 05/21) kein einheitliches Siegel/Zertifikat gibt, dass die Nachhaltigkeit der Endgeräte bescheinigt. Hersteller, die ihre Lieferketten, Arbeitsbedingungen und ihr Umweltengagement offenlegen, sollten bevorzugt werden. Die großen Hersteller von Handys haben ihr Umweltengagement gesteigert, ausführliche Informationen werden auf den jeweiligen Homepages veröffentlicht.

2d) [6 Punkte]: Die Handy-Entscheidung wurde getroffen. Der Beschaffungsprozess wird eingeleitet. Die ProSystem GmbH bestellt die Handys bei der IT-Hardware GmbH & Co.KG. Geben Sie an, ob in diesem Fall ein einseitiger oder ein zweiseitiger Handelskauf vorliegt und welche Art von Vertrag mit dem Lieferanten abgeschlossen wird.

> Es handelt sich bei den beiden Unternehmen um Kaufleute, es liegt ein zweiseitiger Handelskauf vor. In diesem Beispiel hat die ProSystem GmbH mit ihrem Lieferanten der IT-Hardware GmbH & Co.KG einen Kaufvertrag abgeschlossen (BGB § 433). Zum Kaufvertrag siehe auch Kapitel 2.8.4 Aufgabe 6 und 8.

Handlungsschritt 3 [24 Punkte]:
Einen IT-Arbeitsplatz konfigurieren und testen und dabei die Bestimmungen und die betrieblichen Vorgaben zum Datenschutz, zur IT-Sicherheit und zur Qualitätssicherung einhalten

3a) [16 Punkte]: Nach der Beschaffung der Hardware (Endgeräte) möchte der Kunde ein individuelles Sicherheitskonzept für den Einsatz der neuen Hardware und der Versicherungsapp. Sie erhalten den Auftrag dieses Sicherheitskonzept auszuarbeiten. Die Vorgehensweise ist dabei vom Kunden vorgegeben.

> **1. Analyse der möglichen Bedrohungen, Gefahren und Schäden.**
>
> a) Systemausfälle (Fehler in der Hardware, Software)
>
> b) Fehlbedienungen des Personals an den PCs im Firmennetzwerk → unbemerktes Einschleusen von Schadsoftware
>
> c) Angriffe auf das Netzwerk der Firma von außen (über WLAN, über Internet)
>
> d) Nutzung des Firmenhandys für private Installationen bzw. Internetnutzung → unbemerktes Einschleusen von Schadsoftware auf dem Handy → Einschleusen in das Firmennetzwerk
>
> **2. Bewertung der Eintrittswahrscheinlichkeit der Bedrohungen, Gefahren und Schäden.**
> Die Wahrscheinlichkeit wird in die Kategorien **gering, mittel und hoch** eingeteilt:
>
> a) Systemausfälle (Fehler in der Hardware, Software)
>   → **Eintrittswahrscheinlichkeit gering**
>
> b) Fehlbedienungen des Personals an den PCs im Firmennetzwerk → unbemerktes Einschleusen von Schadsoftware
>   → **Eintrittswahrscheinlichkeit mittel**
>
> c) Angriffe auf das Netzwerk der Firma von außen (über WLAN, über Internet)
>   → **Eintrittswahrscheinlichkeit mittel**
>
> d) Nutzung des Firmenhandys für private Installationen bzw. Internetnutzung → unbemerktes Einschleusen von Schadsoftware auf dem Handy → Einschleusen in das Firmennetzwerk
>   → **Eintrittswahrscheinlichkeit hoch**

Lösungen

3a) Fortsetzung

3. Abschätzung der möglichen Schadenshöhe:

Die Abschätzung erfolgt in folgender Einordnung: **unter 10.000 Euro, zwischen 10.000 und 100.000 Euro, mehr als 100.000 Euro**

a) Systemausfälle (Fehler in der Hardware, Software)
→ **unter 10.000 Euro**

b) Fehlbedienungen des Personals an den PCs im Firmennetzwerk → unbemerktes Einschleusen von Schadsoftware
→ **unter 10.000 Euro**

c) Angriffe auf das Netzwerk der Firma von außen (über WLAN, über Internet)
→ **zwischen 10.000 und 100.000 Euro**

d) Nutzung des Firmenhandys für private Installationen bzw. Internetnutzung → unbemerktes Einschleusen von Schadsoftware auf dem Handy → Einschleusen in das Firmennetzwerk
→ **mehr als 100.000 Euro**

4. Planung und Festlegung der Maßnahmen zur Verhinderung der Bedrohungen, Gefahren und Schäden.

a) Systemausfälle (Fehler in der Hardware, Software):
Hier sollte im Vorfeld Wert auf qualitativ hochwertige Hardware gelegt werden. Eventuell sollte Hardware ersetzt werden. Ebenso sollte nur geprüfte Software eingesetzt werden, die auch über einen entsprechenden Support verfügt.

b) Fehlbedienungen des Personals an den PCs im Firmennetzwerk → unbemerktes Einschleusen von Schadsoftware
Hier helfen klare Richtlinien für die Verwendung der PCs (keine privaten Installationen, kein „Surfen" auf unsicheren Internetseiten). Zusätzlich werden Virenscanner installiert und durch regelmäßige Updates aktuell gehalten

c) Angriffe auf das Netzwerk der Firma von außen (über WLAN, über Internet)
Gegen Angriffe/unberechtigte Zugriffe von außen sollte eine Firewall in Verbindung mit einem IDS (Intrusion Detection System) installiert werden.

d) Nutzung des Firmenhandys für private Installationen bzw. Internetnutzung → unbemerktes Einschleusen von Schadsoftware auf dem Handy → Einschleusen in das Firmennetzwerk
Dieser Aspekt birgt die größte Gefahr für das Firmennetzwerk und den damit verbundenen Verlust von wichtigen Daten. Deshalb sollten die Mitarbeiter mit einem Firmenhandy ausgestattet werden, das zentral installiert wird. Durch die zentrale Installation und Wartung der Handys kann die Sicherheit weiter erhöht werden (beispielsweise ist nur den Firmenhandys der Zugang zum WLAN erlaubt, Virenscanner und andere Schutzprogramme können zentral initialisiert werden). Zusätzlich wird ein klares Regelwerk vereinbart, das die Nutzung des Handys für private Zwecke regelt.

3b) [8 Punkte]: Die neuen Endgeräte verbinden sich über einen WLAN-Access-Point mit dem Netzwerk des Kunden. Dabei kommt das WPA2-Protokoll zum Einsatz. Die eigentliche Authentifizierung der Endgeräte (Clients) erfolgt dabei über einen 4-Wege-Handshake. Der Kunde hat dazu eine Grafik vom Hersteller des Access-Points erhalten. Erklären Sie dem Kunden anschaulich, wie diese Authentifizierung entsprechend der Grafik erfolgt.

> Der Client möchte sich beim Access-Point authentifizieren, um Zugang zum Netzwerk zu erhalten. Der Access-Point schickt dem Client dazu eine einmalig erzeugte Zufallszahl (Nonce = Number used once). Der Client kann mit dieser Zufallszahl des Access-Points nun den PTK (Pairwise Transient Key) erzeugen. Dabei werden auch der Pre-shared-Key (im Prinzip das WLAN-Passwort), die MAC-Adressen des Clients und des Access-Points und ein eigener Zufallswert einbezogen. Der Client sendet diesen eigenen Zufallswert (Nonce) mit einem MIC (Message Integrity Code) nun an den Access-Point, damit der Access-Point ebenfalls den PTK berechnen kann. Der MIC dient zur Sicherung der Datenintegrität. Mithilfe des PTK kann nun die verschlüsselte Kommunikation zwischen Client und Access-Point stattfinden. Damit der Client auch mit anderen angebundenen Geräten des Access-Points kommunizieren kann (Multicast), sendet der Access-Point noch einen GTK (Group Transient Key) mit Integritätsanhang (MIC). Abschließend bestätigt der Client die Kommunikation.

Handlungsschritt 4 [30 Punkte]:
Kunden und Kundinnen in die Nutzung des Arbeitsplatzes einweisen/ die Leistungserbringung kontrollieren und protokollieren

4a) [8 Punkte]: Nach der Einführung des neuen Systems und die Ausgabe der Hardware an die Mitarbeiter möchte der Kunde eine Videoüberwachung in dem Großraumbüro installieren. Die Überwachung soll vor allem zur Prüfung dienen, ob die Anzahl der Arbeitsplätze angemessen ist, wenn im Laufe des Tages die verschiedenen freien Mitarbeiter in dem Büro eintreffen. Sie erhalten den Auftrag den Kunden zu beraten. Dabei ist vor allem die rechtliche Seite der Videoüberwachung zu beleuchten. Mit der Hardwareinstallation wurde bereits ein anderes Unternehmen beauftragt.

> **Rechtliche Analyse der Videoüberwachung und konkrete Umsetzungshinweise:**
>
> Es ist eine zusätzliche Einwilligung im Arbeitsvertrag erforderlich, wenn in einzelnen Bereichen Videoüberwachung eingesetzt werden soll. Das Recht auf informationelle Selbstbestimmung umfasst nämlich auch das Recht am eigenen Bild.
>
> Willigt der Betroffene hierin nicht aktiv ein, sind Überwachung und andere Vorgänge, die nicht einer Gesetzesgrundlage entspringen, unzulässig. Besonders wichtig bei der Einwilligungserklärung sind folgende Aspekte:
> - Freiwilligkeit
> - erkennbarer Zweck
> - expliziter Vorgang
> - Widerrufbarkeit
> - Eindeutigkeit (auch formal)

4b) [6 Punkte]: Generell werden bei der Warenannahme in Anwesenheit des Frachtführers/Überbringers die Lieferpapiere und der Zustand der Verpackung kontrolliert. Erst später wird die Ware genau kontrolliert und eingelagert bzw. Mängelansprüche geltend gemacht. Wann die Ware überprüft und Mängel angezeigt werden müssen, liegt daran, ob es sich bei den Vertragspartnern um zwei Kaufleute handelt (zweiseitiger Handelskauf) oder ob der Kunde ein Verbraucher ist (Verbrauchsgüterkauf oder einseitiger Handelskauf). Erläutern Sie die Unterschiede zur Prüf- und Rügefrist beim zweiseitigen und beim einseitigen Handelskauf.

Lösungen

Überprüfung gelieferter Waren nach Vertragspartnern:

	Einseitiger Handelskauf/Verbrauchgüterkauf (ein Kaufmann, ein Verbraucher)	Zweiseitiger Handelskauf (zwei Kaufleute)
Prüfpflicht/Rügefrist	– innerhalb der Gewährleistungsfrist von 2 Jahren können die Mängel noch angezeigt werden – innerhalb des ersten Jahres nach Lieferung muss der Verkäufer nachweisen, dass die Ware bei Übergabe mangelfrei war (Beweislastumkehr)	– unverzüglich nach Prüfung bzw. nach Entdeckung des Mangels (bei versteckten Mängeln)

4c) [8 Punkte]: Die IT-ProSystem GmbH hat nach der Erbringung der vereinbarten Leistungen ein Recht auf Abnahme, wenn keine wesentlichen Mängel aufgetreten sind. D. h., die Versicherungsmakler „*PersonalSecure GmbH*" muss erklären, dass die gewünschte Leistung erbracht, der Vertrag somit erfüllt wurde. Geben Sie Möglichkeiten an, wie eine Abnahme erfolgen kann und Konsequenzen, die sich aus der Abnahme ergeben.

Möglichkeiten der Abnahme:
– stillschweigende Abnahme, z. B. durch Zahlung der Leistung
– Kunde lässt die gesetzte Frist zur Abnahme verstreichen
– Unterzeichnung einer Abnahmeerklärung

Konsequenzen einer Abnahme:
– Zahlung der Leistung wird fällig (BGB § 641 Abs. 1)
– Verzinsungspflicht des Auftraggebers (BGB § 641 Abs. 4)
– Gefahrenübergang auf den Auftraggeber (BGB § 644 Abs. 1)
– sollte bei der Abnahme kein Vorbehalt erklärt worden sein, findet eine Beweislastumkehr statt
– die Verjährungsfrist der Gewährleistungsansprühe beginnt
– Unkündbarkeit des Werkvertrages (vor Fertigstellung war dies möglich BGB § 648)

4d) [8 Punkte]: Eine weitere Aufgabe der IT-ProSystem GmbH ist die Einweisung der 30 Versicherungsmakler in die neue Handytechnik. Nennen Sie vier Möglichkeiten, wie die notwendigen Inhalte vermittelt werden können und beschreiben Sie diese genauer.

Schulung am Arbeitsplatz: Erfolgt vor Ort im Versicherungsbüro, während der Arbeitszeit. Da nicht jeder Makler einen festen Arbeitsplatz hat, müssen mehrere Schulungen vor Ort mit jeweils beschränkter Teilnehmerzahl erfolgen.

Video Tutorien: Hier werden in elektronischer Form (Videos) visuelle Inhalte vermittelt. Dies geht losgelöst vom Arbeitsplatz und der Mitarbeiter ist zeitlich flexibel.

Web-Seminare: Diese Schulungsseminare werden über das Web abgehalten, sind zeitlich in einem bestimmten Rahmen festgelegt und interaktiv, d. h. eine beidseitige Kommunikation ist möglich.

Multiplikatoren-Schulung: Es werden einzelne Mitarbeiter geschult, die dann ihr Wissen an die weiteren Mitarbeiter weitergeben.

3.3 Prüfungssimulation 3

Ausgangsszenario:
Das mittelständische Unternehmen „*CNC-Pro GmbH*" fertigt Werkstücke mithilfe von CNC-Maschinen (**C**omputerized **N**umerical **C**ontrol-Maschinen – rechnergesteuerte Maschinen). Die Firmenleitung möchte die CNC-Maschinen vernetzen (im Sinne von Industrie 4.0) und die Produktionsmitarbeiter sollen zentral auf die Maschinen zugreifen können. Zusätzlich denkt die Firmenleitung darüber nach, die ganze Steuerung der Maschinen in eine Cloud auszulagern.

Handlungsschritt 1 [22 Punkte]: Kundenbedarfe zielgruppengerecht ermitteln

1a) [10 Punkte]: Analysieren Sie das Ausgangsszenario und erstellen Sie einen Fragebogen mit mindestens 5 Fragen, mit dem der Bedarf des Kunden genau festgestellt werden kann.

Fragebogen zur Bedarfsermittlung:

Frage 1:
Sollen alle CNC-Maschinen ausschließlich über eine Cloud gesteuert werden?
ja ☐   nein ☐

Frage 2:
Soll die Software selbst installiert und gewartet werden, mit der die CNC-Maschinen gesteuert werden?
ja ☐   nein ☐

Frage 3:
Sollen die Daten für die Maschinen ausschließlich in der Cloud erstellt und gesichert werden?
ja ☐   nein ☐

Frage 4:
Soll die Cloud selbst installiert und administriert werden?
ja ☐   nein ☐

Frage 5:
Soll der Personalaufwand durch die Cloud verringert werden?
ja ☐   nein ☐

1b) [12 Punkte]: Nach der Bedarfsanalyse stehen zwei Cloud-Modelle zur Auswahl: Software as a Service (SasS) oder Infrastructure as a Service (IaaS). Der Leiter der Entwicklungsabteilung hat zu diesen Modellen eine Übersicht für den Kunden erstellt. Vor der Übergabe an den Kunden muss diese Übersicht entsprechend dem untenstehenden Beispiel ergänzt werden.

Funktionalitäten	Software as a Service (SasS)	Infrastructure as a Service (IaaS).
Eigene Installationen nötig	Nein	Ja
Vermehrter IT-Personalbedarf	Nein	Ja
Monatliche Miete	Ja	Ja
Eigene Verantwortlichkeit für die IT-Sicherheit	Nein	Ja

1b) Fortsetzung

Funktionalitäten	Software as a Service (SasS)	Infrastructure as a Service (IaaS).
Freie Anpassung der Anwendungen	Nein	Ja
Vertiefte Ausbildung der IT-Fachkräfte nötig	Nein	Ja
Automatische Updates der Anwendungen inkl.	Ja	Nein
Skalierbarkeit	Ja	Ja

Handlungsschritt 2 [30 Punkte]:
Hard- und Software auswählen und ihre Beschaffung einleiten

2a) [8 Punkte]: Für die Anbindung der CNC-Maschinen kommt ein spezielles Netzwerkprotokoll infrage. Der Kunde hat allerdings nur Informationen auf Englisch vorliegen. Übersetzen Sie diese Informationen ins Deutsche.

> MQTT ist ein Standard um Daten zwischen einem IoT-Gerät und einem Server auszutauschen. MQTT ist zum tatsächlichen IoT-Standard für den Anschluss aller Arten von IoT-Geräten geworden. Heute unterstützen alle wichtigen IoT-Plattformen, IoT-Cloud-Dienstanbieter und viele IoT-Edge-Gateways und -Geräte die Konnektivität mit MQTT.
>
> MQTT ist ein Publish/Subscribe-Protokoll, das leichtgewichtig ist und einen minimalen Platzbedarf und eine minimale Bandbreite erfordert, um ein IoT-Gerät anzuschließen. Im Gegensatz zum Anfrage-/Antwortparadigma von HTTP ist MQTT ereignisgesteuert und ermöglicht das Weiterleiten von Nachrichten an Clients. Diese Art von Architektur entkoppelt die Clients voneinander, um eine hoch skalierbare Lösung ohne Abhängigkeiten zwischen Datenproduzenten und Datenkonsumenten zu ermöglichen.

2b) [8 Punkte]: Ein wichtiger Aspekt für die Auswahl des Protokolls für die CNC-Maschinen ist der Unterschied zwischen einem *publish/subscribe protocol* und dem *request/response paradigm*. Erläutern Sie dem Kunden kurz die beiden Sachverhalte.

> publish/subscribe protocol:
>
> Beim **Publish/Subscribe Protokoll** gibt es keine Ende-zu-Ende-Verbindung, wie beispielsweise bei HTTP mit seinem **Request/Response Paradigma**, sondern einen zentralen Server (Broker), zu welchem sich Sender und Empfänger von Daten gleichermaßen verbinden. Gesendet (published) oder empfangen (subscribed) werden Nachrichten über sogenannte Topics (URL-ähnlicher String). Der Broker überprüft nun, welche Interessenten einen Kanal geöffnet haben und leitet die Nachrichten an diese weiter.
>
> request/response paradigm:
>
> Beim **Request/Response Paradigma** sendet ein Computer (Client) eine Anfrage (Request) an einen anderen Computer (anderen Client oder Server). Sie wird vom anderen Client oder Server empfangen, bearbeitet und beantwortet (Response). Die Verbindung zwischen den beiden Kommunikationspartner wird solange offen gehalten, bis die Antwort eingegangen ist, oder bis die Zeitbegrenzung überschritten ist.

2c) [14 Punkte]: Analysieren Sie die folgenden Angebote von Cloud-Betreibern und geben Sie eine begründete Empfehlung ab. Gehen Sie davon aus, dass 24 Mitarbeiter des Kunden mit der Cloud arbeiten, 14 CNC-Maschinen eingebunden sind und pro Maschine im Jahr 127 GByte an Daten anfallen. Beachten Sie weiterhin, dass der Kunde die Anzahl der CNC-Maschinen in der Zukunft erhöhen will (die Anzahl der Mitarbeiter muss sich dann ebenfalls erhöhen: 1 Mitarbeiter für 2 CNC-Maschinen).

Berechnung mit 14 CNC-Maschinen/24 Mitarbeitern (pro Monat)

Anbieter 1: Cloud-CNC		14 Maschinen
Grundpauschale	1200	1200
Anbindung pro CNC-Maschine	59	826
Data-Storage pro GByte	1,5	223,50
User-Pauschale (24 Mitarbeiter)	35	840
	Summe	3089,50

Anbieter 2: IoT-onNet		
Anbindung pro CNC-Maschine	139	1946
Data-Storage pro angefangenes TByte	325	325
User-Pauschale (24 Mitarbeiter)	19	456
	Summe	2727

Bei 14 Maschinen ist der erste Anbieter teurer. Da die Firma aber die Anzahl der Maschinen erhöhen will, ist es sinnvoll weitere Varianten mit erhöhter Anzahl zu berechnen.

Berechnung mit 20 CNC-Maschinen/27 Mitarbeitern (pro Monat)

Anbieter 1: Cloud-CNC		20 Maschinen
Grundpauschale	1200	1200
Anbindung pro CNC-Maschine	59	1180
Data-Storage pro GByte	1,5	318
User-Pauschale (27 Mitarbeiter)	35	945
	Summe	3643

Anbieter 2: IoT-onNet		
Anbindung pro CNC-Maschine	139	2780
Data-Storage pro angefangenes TByte	325	325
User-Pauschale (27 Mitarbeiter)	19	513
	Summe	3618

Lösungen

2c) Fortsetzung

Berechnung mit 30 CNC-Maschinen/32 Mitarbeitern (pro Monat)

Anbieter 1: Cloud-CNC		30 Maschinen
Grundpauschale	1200	1200
Anbindung pro CNC-Maschine	59	1770
Data-Storage pro GByte	1,5	477
User-Pauschale (27 Mitarbeiter)	35	1120
	Summe	4567
Anbieter 2: IoT-onNet		
Anbindung pro CNC-Maschine	139	4170
Data-Storage pro angefangenes TByte	325	325
User-Pauschale (32 Mitarbeiter)	19	608
	Summe	5103

Bei einer Erhöhung von 20 auf 30 Maschinen zeigt sich, dass der erste Anbieter günstiger ist. Je mehr Maschinen eingesetzt werden, desto vorteilhafter ist es Anbieter 1 einzusetzen.

Hinweis: Durch die Aufstellung von zwei Kostenfunktionen kann der *break even*-Punkt auch genau ermittelt werden.

$K_1(x) = 92{,}375x + 3089{,}5$
$K_2(x) = 148{,}5x + 2727$

$K_1(x) = K_2(x) \rightarrow x = 6{,}46$
also wird Anbieter 1 ab 21 Maschinen günstiger!

→ x steht für die weiteren Maschinen mit $0 \leq x \leq 16$
→ 3089,5 sowie 2727 sind die Fixkosten bei 14 Maschinen

Prüfungsschritt 3

Handlungsschritt 3 [20 Punkte]:
Einen IT-Arbeitsplatz konfigurieren und testen und dabei die Bestimmungen und die betrieblichen Vorgaben zum Datenschutz, zur IT-Sicherheit und zur Qualitätssicherung einhalten

3a) [10 Punkte]: Nach der Entscheidung für eine Cloud-Lösung möchte der Kunde nun datenschutzrechtliche Aspekte beleuchten. Für den Kunden ist vor allem wichtig, dass die Produktionsdaten (auch die seiner Kunden) in der Cloud gesetzeskonform gespeichert sind. Beantworten Sie dem Kunden dazu einige Fragen.

Fragen des Kunden zu Auftragsverarbeitung:

Muss mit dem Cloud-Anbieter ein Vertrag zur Auftragsverarbeitung abgeschlossen werden?

Ja, das ist zwingend (nach BDSG § 62, Absatz 5).

Falls ja, was regelt dieser Vertrag genau?

In dem Vertrag wird klar geregelt, dass der Auftragsverarbeiter an den Auftraggeber gebunden ist. Ebenso wird klar definiert, welche Daten verarbeitet werden (Art der personenbezogenen Daten), wie lange die Daten verarbeitet werden sollen und was der Zweck der Verarbeitung ist.

Kann der Cloud-Anbieter die Produktionsdaten auf Servern im Ausland speichern?

Solange die Server in einem Mitgliedstaat der EU stehen, spricht nichts gegen die Speicherung. Weitergabe der Daten in Nicht-EU-Staaten kann nur mit Genehmigung aller Beteiligten erfolgen, deren Daten gespeichert werden sollen. Es ist in der Regel aber davon abzuraten, Cloud-Anbieter zu wählen, die Daten außerhalb der EU speichern.

3b) [10 Punkte]: Nach der Einführung des Cloud-basierten Systems denkt der Kunde über ein Online-Hilfe-System nach, um die Mitarbeiter zu unterstützen. Dem Kunden wurden verschiedene Modelle angeboten. Klären Sie den Kunden über die verschiedenen Angebote auf und helfen Sie ihm eine sinnvolle Entscheidung zu treffen.

Kurzerklärungen zu den Angeboten:

Online-Handbuch:

Online-Handbücher sind im Prinzip die digitalen Varianten der klassischen gedruckten Handbücher. Allerdings mit dem Vorteil, dass auch multimediale Inhalte eingebunden werden können. Im einfachsten Falls ist es eine PDF-Datei.

Online-Wiki:

Ein Online-Wiki hilft bei der Strukturierung und der Erweiterung von Wissen und Kompetenzen innerhalb eines Unternehmens oder einer Gruppe. Ein Wiki ist beliebig erweiterbar und unterstützt vor allem durch die Verlinkungen innerhalb der Texte auch den Wissenstransfer.

CMS-System:

Ein Content-Management-System CMS erlaubt die Erstellung und Pflege von Webinhalten (Internetauftritten) ohne Programmierkenntnisse. Durch differenzierte Rechtevergabe können Mitarbeiterinnen und Mitarbeiter an verschiedenen Inhalten mit verschiedenen Zugriffsmöglichkeiten arbeiten. Ein CMS ist vor allem auch für eine Homepage eines Unternehmens geeignet.

Lösungen

3b) Fortsetzung

Online-Helpdesk:

Ein Helpdesk ist eine Funktionalität in einem Unternehmen, um auf Beschwerden oder Probleme der Kunden zu reagieren. Ein Online-Helpdesk bietet diese Funktionalität online an – beispielsweise in Form eines Ticketsystems.

Ihre Empfehlung für den Kunden:

Der Kunde möchte seine Mitarbeiter bei der Umstellung auf die cloudbasierte Lösung unterstützen. Hier bietet sich eindeutig ein Online-Wiki an, welches auf verschiedene Arten Unterstützung anbieten kann – vor allem beim Wissenstransfer und Problemlösungen.

Handlungsschritt 4 [28 Punkte]:
Kunden und Kundinnen in die Nutzung des Arbeitsplatzes einweisen/ die Leistungserbringung kontrollieren und protokollieren

4a) [8 Punkte]: Für die Bedienung der CNC-Maschinen über die Cloud-Applikationen brauchen die Mitarbeiter weitere Hilfestellungen. Der Kunde wünscht sich diese Hilfestellungen in Form von Programmablaufplänen und Struktogrammen. Der Leiter der Entwicklungsabteilung hat ein Struktogramm als Prototyp entworfen, das die Eingabe der Anfangskoordinaten bei einer CNC-Maschine simulieren soll. Dabei ist wichtig, dass weder die x- noch die y-Koordinate kleiner als Null ist. Ansonsten muss die Eingabe wiederholt werden. Die Mitarbeiter haben allerdings Schwierigkeiten mit diesem Struktogramm und halten es für fehlerhaft. Sie erhalten den Auftrag, das Struktogramm auf Fehler zu prüfen und gegebenenfalls zu korrigieren.

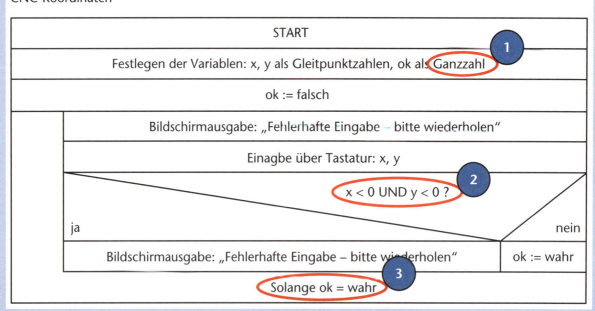

① Die Variable *ok* sollte vom Typ *Wahrheitswert* (Boolean) sein und nicht vom Typ Ganzzahl.

② Die logische Verknüpfung ist nicht korrekt. Es reicht aus, wenn eine der beiden Variablen kleiner als Null ist. **Also: ODER statt UND**

③ Die Bedingung der Wiederholung ist nicht korrekt.
Solange **ok = falsch** ist die korrekte Bedingung.

Prüfungssimulation 3

4b) [20 Punkte] In der CNC Pro GmbH gehen jetzt monatlich die Rechnungen für die Nutzung der Cloud ein. Sie sollen den Rechnungseingangsprozess in Form einer Ereignisgesteuerten Prozesskette übersichtlich darstellen. Vervollständigen Sie den Ausschnitt der EPK, indem Sie Ereignisse, Funktionen, Operatoren und Informationsobjekte beschriften. Ergänzen Sie die Funktion „korrigierte Rechnung anfordern" und das Dokument „Schreiben an Lieferanten" in die Prozesskette und stellen Sie den Informationsfluss für diese Elemente durch Pfeile dar.

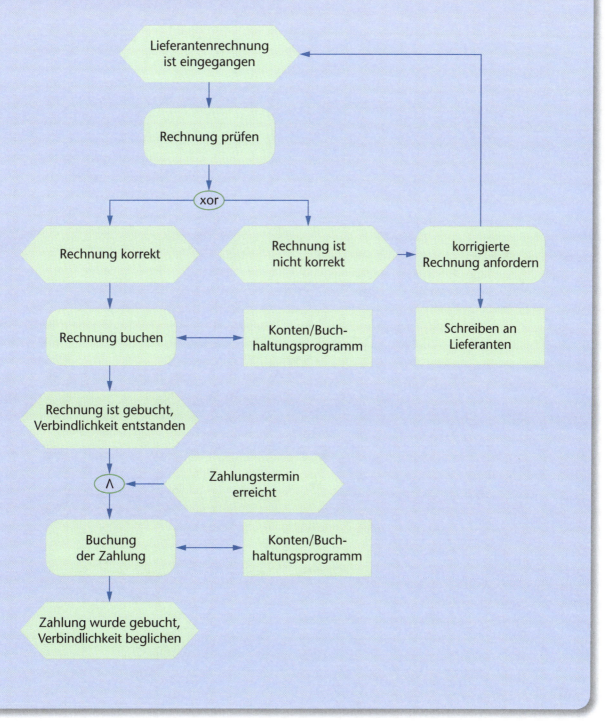